한국인에게 더 특별한 세계여행지

세계 속 한국 찾기
스토리텔러와 함께하는 해외여행

한국인에게 더 특별한 세계여행지

세계 속 한국 찾기
스토리텔러와 함께하는 해외여행

글·사진 이종원

상상출판

프롤로그

일생에 한번은 꼭 가봐야 할
大한국인 해외여행지

20여 년 전에 프랑스의 베르사유 궁전을 찾은 적이 있다. 그 규모와 화려함에 혀를 내차며 우리에게 이런 웅장한 궁전 하나 없는 것을 원망했다. 남의 나라가 국력을 키울 때 우리는 당파싸움만 하며 세월을 까먹었다고 여겼다.

지금 생각해보면 무지가 낳은 편견이었다. 그래도 일말의 양심이 있었을까? 우리 유물을 제대로 한 번 보고 나서 손가락질을 해야겠다는 생각을 가졌다. 그래서 찾아간 곳이 당시 경복궁 옆에 자리 잡은 국립중앙박물관이었다. 미술책에 등장한 서화와 고려청자를 만나니 우리 문화도 나름 괜찮다고 여기게 되었다. 그런데 이때 그야말로 망치로 얻어맞은 듯한 느낌을 주는 명품이 나타났으니 바로 국보 제83호 금동미륵반가사유상이었다. 미끄러지는 옷주름과 생동감 있는 수인은 나를 혼돈으로 몰아넣었고 무아지경의 표정은 내 천박한 사대주의를 단박에 깨트렸다. 그 후 우리 문화에 대해 관심을 갖게 되었고 안목을 높이기 위해 책을 뒤적였으며 훌륭한 스승까지 만나게 되었다. 급기야 멀쩡히 다녔던 회사까지 그만두고 우리 국토의 숨소리를 듣기 위해 전국을 주유하는 여행작가가 되었다. 예술품 하나가 이렇게 한 사람의 삶을 바꿔놓았다. 역설적이지만 내가 이렇게 직업을 바꾸게 된 계기는 순전히 해외여행의 경험이었다. 내가 그랬듯 여행을 통해 인생을 바꿀 수 있는 여행 책을 써 보는 것이 꿈이었다.

얼마 전 해외관광지출액이 5조 원에 육박한다는 기사를 접했다. 봇물처럼 터진 해외여행의 흐름은 이제 막을 수 없는 대세인가 보다. 그렇다면 감각적이고 유희적인 여행지에서 벗어나 유익한 스토리가 묻어 있고 우리나라를 애타게 사랑할 수 있는 여행지를 찾으면 어떨까 싶다. 지구라는 넓은 틀 안에서 한국이라는 나라를 냉철하게 바라보고 또 세계인들 속에서 나의 정체성을 찾길 바라는 마음에서 펜을 들었다.

Travel Story 길에서 만난 민초들은 참 솔직하다. 그들과 나눈 이야기는 동화처럼 달콤했다. 바이칼의 원주민인 브리야트 사람들은 맷돌을 사용하고 씨름과 강강술래를 즐긴다. 선녀와 나무꾼 전설까지 있는 것을 보아 바이칼이야말로 한민족의 시원임을 확신했다. 백두산 천지에 올라 천지물을 컵에 담고 제주 삼다수 물도 섞어 마셨으니 난 통일물을 마신 셈이다. 압록강 유람선에서 북한의 아이들이 물놀이하는 것을 보았다. 아이들의 그 천진난만한 미소에서 난 통일의 씨앗을 보았다. 삼촌이 한국전 참전용사라면서 나에게 포옹을 해준 중년의 아저씨를 통해 터키가 형제국가임을 온몸으로 실감했다.

Travel Culture 해외에서 만난 우리 문화재를 보면 옛 애인을 만나는 것처럼 가슴이 두근거린다. 일본 법륭사에서 만난 백제 관음상은 팔등신의 몸매와 청초한 얼굴을 가지고 있어 그날 이후 나는 '미스 백제'라 부른다. 대마도에서는 한류의 원조인 조선통신사의 긴 행렬을 상상했고 조선인 12만 명의 코가 묻혀 있는 교토 코무덤 앞에서는 너무 화가 나 통곡을 했다. 중국 집안에 가면 고구려의 국립묘지인 산성하 무덤떼가 나온다. 세계 최대의 1,582기의 무덤 사이를 거닐면서 비장함을 느꼈다. 주몽이 세운 첫 도읍지 졸본성에서는 산과 물 그리고 돌을 절묘하게 다루는 고구려인도 만났다.

Travel People 세계 속에서 한국을 빛낸 인물들은 시공을 초월한 나의 멘토들이다. 1,500년 동안 『왕오천축국전』이 잠들어 있던 돈황 막고굴에서 혜초스님을 만났고, 중국 석도의 적산법화원에서는 장보고 대사의 절절한 신라 사랑을 느낄 수 있었다. 하얼빈과 여순감옥에서 안중근 의사가 얼마나 위대한지 그 심성을 닮기로 했다. 북간도 용정에서는 애국운동에 헌신한 조선동포들의 살가운 정을 느꼈으며 지금은 아파트촌으로 변한 러시아 블라디보스토크의 한인촌에서는 잡초처럼 살아온 고려인의 쓸쓸한 뒷모습을 지켜보았다. 16세 앳된 김대건 소년이 6개월 유랑 끝에 마카오에 도착해 기도하는 모습은 티끌보다 못한 내 신앙심에 경종도 울렸다. 교토 도시샤 대학에서는 윤동주와 정지용 시인을 만나 주옥같은 시를 가슴에 담기도 했다. 네팔 안나푸르나 설벽을 마주하고는 영원히 산이 되어버린 박영석 대장의 투지도 읽을 수 있었다.

Travel Episode 연길에서 대련 가는 기차에서 가수 빅뱅을 좋아하는 연변처녀를 만났고, 드라마 〈왕가네 식구들〉에 폭 빠진 조선족 아줌마의 수다에 시간 가는 줄 몰랐다. 히말라야에서 가장 밑바닥 삶을 살고 있는 포터에서 큰 절을 바친 한국인들의 사연을 담았고, 내가 베트남 여인의 남편이 될 뻔한 황당무계한 사건 그리고 낙타발바닥 요리를 먹고 난 후 나를 거부했던 낙타 이야기 등 길 위에서 경험한 좌충우돌의 에피소드를 양념처럼 뿌렸다. 이 밖에 7080세대들의 혼을 빼놓았던 홍콩의 영화기행, 모차르트와 영화 〈사운드 오브 뮤직〉의 고향인 잘츠부르크, 그리고 초창기 불교 유적지인 인도 바라나시, 세계 최고의 건축물인 타지마할 등 세계인이 자랑스러워할 여행지도 욱여넣었다.

Korea Travel 단순히 해외여행으로만 끝나는 것이 아니라 그와 관련된 국내여행지까지 친절하게 소개했다. 용정의 윤동주 생가를 다녀왔다면 서울 부암동의 '시인의 언덕'을 둘러봐야 하며 하얼빈에서 안중근 의사를 만났다면 효창공원의 가묘와 남산의 안중근 기념관을 가야 한다. 광륭사 목조반가사유상을 친견했다면 국립중앙박물관을 찾아 금동미륵반가사유상을 보며 그것이 일란성 쌍둥이임을 확인해야 한다. 일본의 코무덤을 보았다면 사천의 선진리 성을 다녀와야 비로소 해외여행은 마침표를 찍게 된다.

Supplement 권내 부록으로 옹골차게 즐기는 해외여행팁, 세계 제1위 공항인 인천공항 100배 즐기기, 중국·일본·러시아 등을 오가는 선박여행 멋지게 즐기기 등을 담았다. 해외여행 팁에는 왜 해외여행을 떠나야 하는지 위인들의 사례를 통해 그 당위성을 설명했고 저렴하면서도 알찬 해외여행상품, 비수기 여행상품 고르기 그리고 지역별, 유형별 전문 여행사까지 소개했다. 해외여행정보와 민속공연 등을 미리 볼 수 있는 해외여행박람회도 빠뜨리지 않았다. 그 밖에 여행일정표, 여행경비, 추천시기 등 여행에 필요한 정보를 꼼꼼히 담았다.

이 책을 준비하면서 가족의 사랑을 확인했다. 75세 아버지와 동행하면서 진솔한 얘기를 나누었고 아버지가 나를 얼마나 사랑하고 있는지 알게 되었다. 홍콩 취재여행 때 일정이 너무 빡빡해 아버지는 결국 나를 따라오지 못하고 그만 공원에 누우셨다. 평소 빈틈없는 아버지가 힘에 겨워 꾸부정하게 몸을 꺾고 낮잠을 주무시는 모습은 나약한 노파의 모습이었다. 한국으로 돌아가는 비행기 안에서 세상 모르고 잠에 취한 아버지 손등도 보았다. 가뭄에 쩍쩍 갈라진 논두렁 같았다. 한 번도 시도해보지 않아 조금은 머뭇거렸지만 아버지의 손을 꼭 잡았다. 그리고 이번 여정이 마지막 해외여행이 아니길 기도했다.

함께 세계여행하며 금쪽같은 이야기를 쏟아내 준 모놀과 정수, 1만 7천 명의 회원들이 없었다면 이 책은 세상에 얼굴을 내밀 수 없었을 것이다. 힘겨울 때마다 어깨를 두드려주고 나태할 때 채찍을 가해준 나의 동창들에게도 고마움을 전한다.
집필에 매진할 수 있도록 사무실 공간을 제공해준 상상출판의 유철상 대표, 그리고 3개월 동안 함께 동고동락하면서 조언을 아끼지 않았던 직원들께도 이 자리를 빌려 감사인사를 전한다.

2014년 7월, 나의 골방에서
이종원

Contents

특별부록 떠나기 전 알고 가기
1. 해외여행 옹골차게 즐기기 … 028
2. 인천공항 100배 즐기기 … 034
3. 한중일 선박여행 … 040

01 한민족의 성지, 백두산 천지의 품에 안기다 … 048
02 북간도 독립운동의 요람, 용정 … 058
03 고구려의 자존심, 광개토대왕비와 장수왕릉 … 070
04 주몽이 선택한 고구려 첫 도읍지, 환인 졸본성 … 078
05 북한까지 한 발자국, 단동 일보화 … 088
06 안중근 의사의 혼이 깃든 하얼빈역과 인간 생체실험장 731부대 … 096
07 뤼순감옥에서 안중근 의사를 만나다 … 106
08 혜초의 『왕오천축국전』이 발견된 곳, 돈황 막고굴 … 116
09 중국 석도에서 해상왕 장보고를 만나다 … 126
10 세계 3대 트레킹 코스, 호도협에서 차마고도 분위기를 맛보다 … 136
11 동양문화의 정신적 고향, 곡부의 공자 유적지 … 146
12 홍콩 영화를 따라가는 추억 여행 … 158
13 김대건 신부의 정신적 요람, 마카오 신학교 … 170
14 동양의 진주, 마카오 25개의 세계문화유산을 도보로 감상하다 … 178
15 위안부 할머니의 눈물, 사이관 … 188
16 블라디보스토크에서 애국지사를 만나다 … 198
17 바이칼 호수와 속 깊은 대화, 환바이칼 기차여행 … 210

18 한민족 정신의 고향, 바이칼의 심장인 알혼섬 … 222
19 12만 명의 조선인 혼령이 묻혀 있는 교토 코무덤 … 234
20 교토 도시샤 대학에서 윤동주와 정지용을 만나다 … 242
21 쌍둥이의 재회를 꿈꾸다 광륭사 금동미륵반가사유상 … 250
22 백제 목탑을 만나려면 법륭사를 찾아라 … 258
23 백제 장인이 만든 세계 최대의 사찰, 동대사 … 268
24 부산에서 70분, 대마도에서 한국 혼을 찾다 … 278
25 바이욘의 미소, 앙코르와트에서 … 288
26 박영석 대장이 산이 된 곳, 네팔 안나푸르나 … 298
27 부처, 대중과의 첫 만남, 인도 바라나시 … 308
28 세계에서 가장 아름다운 건축물, 타지마할 … 320
29 미지근한 신앙인이여, 터키 데린쿠유를 기억하라 … 330
30 피를 나눈 형제 국가, 터키 이스탄불 … 340
31 모차르트와 〈사운드 오브 뮤직〉의 감동, 오스트리아 잘츠부르크 … 352
32 드라마 〈프라하의 연인〉의 현장, 체코 프라하에서 로맨스를 꿈꾸다 … 362
33 유럽 속 아시아 섬마을, 헝가리 부다페스트를 누비다 … 372

터키 카파도키아 우치히사르

'뾰족한 바위'라는 뜻을 지닌 우치히사르는 자연이 만들어낸 성채다. 바위 표면에 뚫린 구멍은 비둘기 둥지로, 마을 사람들은 비둘기 배설물을 모아 포도밭의 비료로 사용했다고 한다. '비둘기처럼 다정한 사람들이라면' 이 노래의 주인공들이 오순도순 살아가고 있다.

캄보디아 앙코르와트 타프롬
거대한 나무와 건물과의 한판 싸움이다. 사원은 밀림 속에서 천년의 세월동안 잠을 자고 있었다. 열풍과 내린 석조물의 흙을 걷어 냈더니 정지된 것 같은 나무뿌리가 육중한 돌덩이를 조금씩 밀어내고 있었다. 인간과 자연의 치열한 생존경쟁이 절묘한 조화를 이루고 있다.

중국 돈황 양관고성
양관고성은 한나라의 관문으로, 중국의 끝이자 서역남로의 시작점이다.
현장과 삼장법사 그리고 혜초도 이 관문을 지났다고 한다.
이글거리는 사막을 거닐 때는 설산을 보며 위안을 삼았을 테고,
혹독한 설산을 올라갔을 때는 뜨거운 사막을 꿈꾸었을 것이다.

러시아 바이칼 호수

알혼섬 가기 전, 말로에 모여 선착장 뒤쪽에 깎아지는 절벽이 서 있다.
바위와 구름 그리고 검푸른 호수가 하나가 되었다.
바위에 걸터앉아 하염없이 호수를 바라보니 대자연의 품에 안긴 기분이다.
이 넓고 깊은 심연이 바로 한민족의 시원이다.

네팔 안나푸르나
빙하가 녹은 물이 연못을 이루고 그 물이 거울이 되어
히말라야의 연봉을 담고 있다. 8091m 안나푸르나 정상을
가장 쉽고도 안전하게 오르는 방법은
연못 가운데로 첨벙첨벙 들어가면 된다.

오스트리아 잘츠부르크

홀로 시내를 배회하다가 작은 교회 옆으로 난 길을 따라 올라갔더니
잘츠강과 구시가지가 한 눈에 내려다보이는
전망 포인트가 나타났다. 강은 'S' 자로 휘감아 돌고 있으며
중세의 도시는 아침 햇살을 받아 붉은 빛을 발하고 있었다.
가히 눈으로 보는 모차르트 음악이었다.

러시아 바이칼 호수의 오지, 빨라빈늬 마을
빨라빈늬 마을 사람들이 세상과 소통하는 유일한 길은
이틀에 한 번씩 정차하는 환바이칼 열차다.
마을의 작은 연못에서, 난 세상에서 가장 아름다운 자작나무 숲을 보았다.

체코 프라하, 틴 성모 성당

프라하의 심장이라고 할 수 있는 구시가 광장.
때마침 틴 성모 성당과 건물 사이로 해가 떠올랐다.
기도할 때 두 손을 모은 모양으로, 일명 쌍둥이 탑으로 통한다.
아담과 이브를 상징한다고 한다.

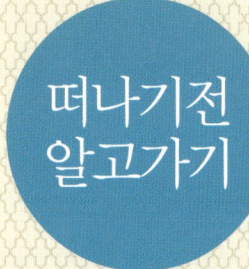

떠나기전
알고가기

01_ 해외여행 옹골차게 즐기기
02_ 인천공항 100배 즐기기
03_ 한중일 선박여행

해외여행 옹골차게 즐기기

7번 국도를 무전여행하고 있는 대학생

여행은 미래를 위한 투자

스티브 잡스는 인도 여행을 통해 禪(선) 사상을 접했고 단순함과 파격의 철학으로 바로 아이폰을 탄생시켰다. 대한항공 기장 출신 맹우열 대표는 이태리 여행 중 부라보콘처럼 생긴 피자를 만나고 바로 한국으로 돌아와 코코피자를 설립해 성공했다. 만약 맹 대표가 이태리를 가지 않았다면 그는 새로운 일을 시작하지 못했을 것이다. 이렇듯 여행을 많이 다닐수록 세상에 대한 안목이 넓어지고 아이디어와 영감을 떠오르게 해준다. 따라서 여행은 사치가 아닌 미래를 위한 투자로 봐야 한다. 앞으로 돈을 벌어 여행을 떠날 것이 아니라 성공하기 위해 여행을 떠나야 한다.

세상에 뿌려진 아이디어를 줍자

일본 오사카의 지하철은 서울만큼이나 복잡하다. 출퇴근 시간대면 한국의 지하철만큼이나 인파가 가득한데 지하철을 기다리는 줄이 사선으로 되어 있는 것이 이채롭다. 그래서 아무리 사람이 많아도 통행하는 데 지장이 없다. 바로 이런 아이디어를 한국에 도입하면 역내 질서를 유지하는 데 도움이 될 것 같다. 교토의 청수사 입장권은 청수사의 근사한 사진을 담고 있다. 종이가 빳빳한 데다 크기가 작고 계절별로 사진을 달리해 책갈피 대용으로 쓸 수 있다. 사계절 입장권을 모으기 위해 청수사를 4번이나 찾는 사람도 많다고 한다. 홍콩에서 만난 관광안내소는 50년대 버스를 개조해놓았다. 상담을 기다리는 좌석도 예전 버스 좌석 그대로 사용했다. 추억을 되살려줄 뿐 아니라 오래된 버스를 재활용할 수 있어 깊은 인상을 받았다. 우리도 천편일률적인 네모 모양의 관광안내소에서 벗어나 신선한 감동을 줘야 하지 않을까. 홍콩의 옥토퍼스 카드는 버스, 배, 기차, 관광지 요금, 편의점, 맥도널드, 심지어는 노점상까지 이용할 수 있다. 또한 수시 충전이 가능하며 출국 시 돈이 남으면 환급 받을 수 있어 홍콩 자유여행을 가능하게 해준 1등 공신이다. 연길시에서 만난 과일 행상 아저씨는 수박을 절묘하게 썰어 내는데 그 기술 역시 나에게 놓치기 아까운 아이디어였다. 이렇듯 집을 나서는 순간부터 부지기수의 아이디어가 널려 있으며 그것을 잘 선택해 일상에 이용하거나 더 나아가 신사업에 적용하면 새로운 인생을 살 수 있는 계기가 될 것이다.

"오래 산 사람은 많은 것을 안다. 여행하는 사람은 더 많이 안다."라는 아랍 속담이 있다. 길에서 만난 아이디어를 잘 활용해서 행복한 삶을 누리길 바란다.

전차를 개조한 카페 _ 프라하

책갈피로 사용할 수 있는
청수사 입장권 _교토

사선으로 줄을 서는
오사카 지하철

시선을 끄는 피자집_ 프라하

버스를 개조한 홍콩
빅토리아피크의 관광안내소

버스를 개조한 관광안내소

일본 교토 소바집 간판

피와 살이 되는 해외여행 팁

1 처음 해외여행 하는 사람은 직항이 있는 대도시를 선택하라

도쿄, 교토, 오사카, 규슈 등은 한국과 가깝고 비행기 편수가 많아 예산에 가장 큰 비중을 차지하는 항공료를 절감할 수 있다. 기차, 버스, 지하철 등 현지의 교통이 편리하며 이정표 역시 한글이 적혀 있어 길을 잃을 염려도 없다. 음식도 입에 맞아 호텔만 미리 구한다면 자유여행 하는 데 문제가 없다. 방콕이나 타이베이는 물가가 저렴하며 이국적 풍경을 도심에서 즐길 수 있고 가격대비 만족도가 높다. 북경, 상해, 홍콩, 마카오는 관광지가 한데 몰려 있으며 음식문화도 발달해 역시 처음 해외 자유여행을 하는 사람들에게 권할 만하다.

교토역에서 바라본 교토타워

간사이공항, 하루카 특급열차

2 저렴한 해외여행상품을 공략하라

땡처리닷컴(www.072.com)은 마감이 임박한 패키지 여행상품을 판매한다. 여행사에서 항공권을 입도선매했기에 울며 겨자 먹기로 땡처리, 긴급모객, AD투어 등의 명목으로 여행상품을 판다. 투어캐빈(www.tourcabin.com)은 여행상품과 할인항공권 관련 가격비교사이트다. 익스피디아(www.expedia.co.kr)는 해외호텔 예약사이트로 숙박 관련 특가상품이나 할인쿠폰을 얻을 수 있다. 티켓몬스터(www.ticketmonster.co.kr), 쿠팡(www.coupang.com) 등 소셜커머스나 항공사 특가상품을 이용해도 저렴하게 다녀올 수 있다. 하나투어에서 운영하는 투어팁스(www.tourtips.com)는 무료 가이드북, 지도, 추천 숙박지 등 정보를 제공한다. 가끔 특가항공권 정보도 올라온다. 방콕, 하와이, 파리, 오사카, 싱가포르, 홍콩 등 소개하는 도시가 계속 늘어나고 정보는 계속 업데이트된다.

마감임박한 여행상품과 항공권을 구매할 수 있는 땡처리닷컴

3 알뜰하게 여행하려면 성수기를 피하라

성수기와 비수기에 따라 여행 시 가격 차이는 무려 4배 이상 난다. 초·중·고등학교의 여름, 겨울방학은 물론, 봄방학도 성수기다. 휴가시즌인 7월 말에서 8월 초 역시 극성수기이며, 추석과 구정을 낀 연휴, 5월과 10월 징검다리 공휴일이 많을 때도 여행 성수기다. 요일별로 2박 3일이라면 목금토와 금토일이 성수기이며, 일월화, 월화수, 화수목 등이 비수기에 해당된다. 3월, 4월, 10월, 11월 등이 비수기로 아무래도 관광객의 수요가 적을 때다. 아이가 없거나 미취학 아동이 있다면 이 비수기 상품을 집중 공략하면 저렴하게 여행할 수 있을 뿐 아니라 관광지 역시 번잡하지 않다.

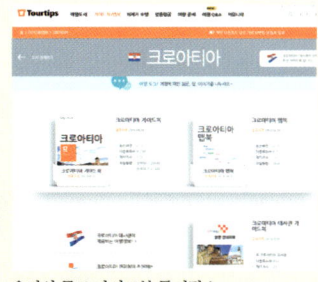

온라인 무료 가이드북 투어팁스

4 자유여행을 두려워하지 마라

여러 지역을 움직여야 하는 실크로드나 인도여행은 자유여행보다는 패키지여행이 비용이 덜 들고 실속 있게 다녀올 수 있다. 북경, 상해, 오사카, 교토 등 시내 교통편이 좋거나 도시 간 이동거리가 짧다면 자유여행이 훨씬 비용이 절감되고 알차게 둘러볼 수 있다.

항공권과 현지 숙박은 여행사에서 예약하고 가이드북과 여행정보에 의지해 직접 코스를 짜고 맛집을 찾아다니면 그 감동은 배가 된다. 가고 싶은 곳, 먹고 싶은 것을 찾아 마음껏 시도해볼 수 있으며 시간에 구애받지 않는 것이 가장 큰 매력이다. 호텔에 틀어박혀 휴식을 취하거나 노상 카페에 들어가 커피 한잔 시켜놓고 지나가는 사람만 구경해도 나름 의미 있는 여행이 될 것이다.

자유여행을 즐길 수 있는 홍콩

5 전문 여행사를 찾아라

각 여행사마다 강점인 지역들이 있으며 수많은 인솔 경험을 통해 나름대로 노하우를 가지고 있다. 만약 현지에서 사고를 당했을 때 능동적으로 대처해주며 여행코스도 융통성을 발휘해 상황에 맞게 잘 조합해준다. 안나푸르나와 에베레스트 베이스캠프 등 히말라야 트레킹 코스는 혜초여행사가 좋으며, 돈황, 티베트 등 실크로드는 여행쟁이라는 여행사가 전문이다. 시베리아 횡단열차, 바이칼과 몽고는 BK투어가 러시아 지역 전문여행사이며, 백두산, 중국, 일본 산행 코스 등 등산코스는 산이좋은사람들이 좋은 코스를 가지고 있다. 도쿄, 오사카, 규슈 등 일본여행은 여행박사, TNT투어가 나름 전문성을 확보하고 있다. 투어인케이씨 여행사는 중국 청도, 위해, 하얼빈, 실크로드, 절강성, 파키스탄, 인도까지 숙박과 하루 1끼 식사만 함께하고 나머지는 개별로 여행하는데 패키지여행과 자유여행을 접목시킨 상품을 팔고 있다. 유럽이나 동남아시아는 하나투어, 모두투어, 롯데관광 등 대형여행사가 현지에 탄탄한 기반을 가지고 있으며 노랑풍선, 보물섬, 웹투어, 참좋은여행사 등도 가격 경쟁력으로 틈새시장을 공략하고 있다.

히말라야 트레킹 전문여행사인
혜초여행사 홈페이지

6 여행지가 결정되면 여행지 관련 다큐멘터리를 시청하라

〈세계테마기행〉, 〈세상은 넓다〉, 영상앨범 〈산〉 등을 시청하라. 지난 방송 프로그램은 티플이나 피디팝 등 웹하드 업체나 P2P업체에서 비용을 치르고 다운을 받을 수 있다. 현지에서 무엇을 봐야 할지 예습한다면 여행에 대한 기대감을 높일 수 있으며 시행착오도 막을 수 있다. 유럽, 아시아, 네팔 등 여행전문카페도 살아 있는 정보를 얻을 수 있으며 여행블로거의 생생한 이야기를 들을 수 있다.

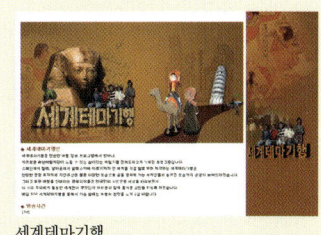
세계테마기행

7 현지인을 위한 선물을 준비하라

한국의 풍경 사진이나 엽서 또는 한류스타 사진 등을 현지인에게 선물로 주면 아주 좋아한다. 무게가 가볍고 부피가 작은 껌이나 사탕도 전달하기 수월하다. 고무줄도 유용하게 사용한다. 의외로 한국의 컵라면과 일회용 팩소주도 좋아하니 남는 것은 현지인에게 선물로 주는 것이 팁보다 더 나을 것 같다. 네팔, 인도 등 극빈국에 갔을 때는 너무 화려하게 옷을 입으면 소매치기의 표적이 될 수 있으니 수수하게 입고 가서 그 옷을 현지인에게 선물로 주고 현지에서 기념 티셔츠를 사 입으면 좋다.

하나투어 여행박람회 특가여행상품

8 패키지여행은 Input=Output

만약 여행상품 가격으로 299,000원을 지불했다면 그에 상응한 대우를 받게 된다. 호텔과 음식의 질에서 차이가 날 뿐 아니라 현지 비용을 빼기 위해서는 쇼핑센터 뺑뺑이(?)를 돌게 된다. 만약 보석이나 건강식품 등을 사지 않으면 치욕적인 언사까지 들어야 하는 경우도 있다. 말 그대로 싼 게 비지떡이니 제 값 주고 떠나는 여행이 오히려 편하다. 해외여행 시 제일 소중한 것이 바로 시간이기 때문이다.

9 호텔은 시내 한복판에 구하라

일정을 마치고 근사한 펍에서 맥주를 즐기거나 야경을 보며 도시 산책을 하는 것이 오히려 본 여행보다 더 감동적일 수 있다. 새벽에 중세도시 프라하 도심을 뚜벅뚜벅 산책했을 때 그 감동은 이루 말할 수 없다. 이런 감동은 호텔이 시내에 있을 때만 가능하다. 아무리 호텔 시설이 좋아도 변두리나 외곽에 떨어져 있으면 밤이나 새벽에 할 일이 없다. 한국을 예로 들면 호텔이 시내에 있어야 밤에 명동을 둘러보게 되는데 만약 공단이 있는 곳에 호텔을 잡았다면 밤에 어딜 가겠는가? 여행상품을 고를 때는 호텔 위치를 반드시 확인하고 시설이 좀 떨어져도 시내에 위치한 호텔을 잡는 것이 여러모로 유리하다.

호텔은 시내 한복판에! 프라하 그랜드 호텔

10 힘든 여행지는 두 발이 튼튼할 때 가라 쉬운 여행지는 노후에 가도 된다

네팔의 안나푸르나 트레킹, 사막 실크로드, 인도배낭여행, 시베리아 횡단열차를 타고 가는 바이칼 호수, 게르에서 며칠 숙박하는 몽골, 때묻지 않은 자연풍경을 간직한 미얀마, 라오스, 중국 운남성 호도협 트레킹 등은 체력이 뒷받침되지 않으면 갈 수 없기 때문에 두 발이 튼튼할 때 다녀오는 것이 좋다. 미얀마나 라오스는 산업화가 급속히 이루어지고 있어 일찍 갈수록 좋은 풍경을 만나게 된다. 반면 일본, 중국, 홍콩, 필리핀,

힘든 여행지는 건강할 때, 실크로드 - 쿠무타크사막

태국, 괌, 사이판 등은 가깝기도 하고 항공편수가 많아 노후에 배우자와 휴양하러 가면 딱 알맞다.

11 낯선 음식에 도전하라

실크로드에서는 낙타발바닥, 양머리를 먹었으며 마카오에서는 비둘기요리, 터키 이스탄불에서는 고등어케밥, 하얼빈에서는 오리혓바닥과 돼지꼬리구이를 맛보았다. 현지의 토속 음식 체험이야말로 여행자를 설레게 한다. 향신료와 재료를 통해 현지인을 이해하게 된다. 그것마저 시도하지 않고 한국 식당만 고수한다면 여행의 반은 놓친 셈이다. 중국식 샤브샤브인 훠궈, 인도의 탄두리치킨, 일본의 우동과 규동, 헝가리의 굴라시, 베트남의 쌀국수, 태국의 똠양꿍 등은 한국인의 입맛에도 잘 맞는다. 특히 새벽시장과 야시장 그리고 길에서 만난 장터는 현지인의 생생한 삶을 만날 수 있는 절호의 기회이니 놓치지 마라.

낯선 음식에 도전하라! 돈황 사주 시장에서 맛보는 양머리 고기

12 국제관광전에서 여행정보를 얻어라

사전에 해외여행정보를 얻으려면 여행박람회와 국제관광전을 찾아라. 하나투어 여행박람회(www.hits2014.co.kr)는 5월 셋째 주 일산 킨텍스에서 열리며 해외관광청, 전 세계 호텔, 항공사 등 690개 업체가 참여하고 있다. 중국 서커스, 브레이크 댄스, 여행특강 등 흥미진진한 프로그램이 가득하다. 특히 여행박람회답게 여행상품, 항공권, 호텔, 입장권 등을 초특가에 예약할 수 있으며 즉석 상담이 가능하다. 하나투어 홈페이지에 회원가입하면 입장료가 무료다. 코트파가 주관하는 한국국제관광전(kotfa.co.kr)은 5월 넷째 주 4일간 코엑스에서 열리며 민속공연과 전통의상체험, 풍물체험 등 체험 위주의 프로그램을 자랑한다. 모두투어, 여행박사, 롯데JTB 등 여행상품 특별할인전이 눈길을 끈다. 부산국제관광전(www.bitf.co.kr)은 9월 첫째 주 부산벡스코에서 열리며 43개국의 관광상품과 여행정보를 얻을 수 있다. 국내 홍보관과 해외홍보관은 물론, 일본, 중국의 대형 아웃바운드 여행사가 세계여행상품 판매관을 운영해 인기를 얻고 있다.

하나투어 여행박람회

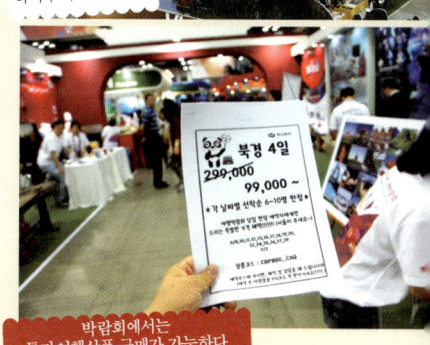

박람회에서는 특가여행상품 구매가 가능하다

인천공항
100배
즐기기

세계를 향한 꿈, 인천공항

세계를 꿈꾸고 싶다면 공항과 친해져라. 먼저 인천공항의 남다른 공기에 익숙해져야 한다. 미지의 세계로 향하는 출구이기에 사람들 표정부터 남다르다. 육중한 동체가 뜨고 내리는 것만 봐도 가슴이 두근거린다. 조금 뒤 저 비행기 안에서 하늘을 날 생각을 하니 묘한 흥분까지 인다. 굳이 해외에 나가지 않고 아이들에게 비행기의 이착륙 장면을 보여주는 것만으로도 세계를 향한 꿈을 키워줄 수 있다.

해외의 여러 공항들을 접할수록 우리 인천공항이 참 고맙다는 것을 알게 된다. 출입국 심사도 빠른 데다가 깨끗하고 부대시설도 잘 갖추고 있다. 1인당 무려 10분씩 줄을 세우는 러시아 이르쿠츠크공항, 우리네 기차역보다 못한 뉴델리공항 등에서 고행(?)을 하고 나면 여행도 하기 전에 진이 뚝 떨어진다.

인천공항은 국제공항협회 주관 공항서비스 평가에서 8년 연속 세계 1위 공항에 올랐다. 63빌딩의 3배 넓이에 상주 인원만 3만 5천 명에 달한다. 이 너른 공간에 즐길거리, 볼거리가 얼마나 많은지 그걸 찾는 재미 또한 여행 못지않게 즐겁다.

주말이나 성수기에는 한꺼번에 인파가 몰려 입국장 들어가는 것조차 고역이니 여행의 시작부터 인상을 써야 하는 일이 생긴다. 여유 있게 도착해 짐을 부치고 느긋하게 공항을 둘러보면 어떨까. 세계 최고의 인천공항을 제대로 음미하려면 출발 3시간 전에 도착하라.

세계를 향한 꿈, 인천공항

인천공항의 상징물인 미래로의 비상 　　〈스타워즈〉에 등장할 만한 외관을 가지고 있는 인천공항 교통센터

미래로의 비상

승용차나 공항버스를 타고 공항 구내에 들어서면 하늘로 비상하고 있는 인천공항 상징물을 만나게 된다. '미래로의 비상'이란 주제를 가지고 있는데 높이 18.7m, 길이 30m 유선형 조형물로 1만 개의 스테인리스 강판으로 만들었다. 태양과 빛, 바람을 형상화했다고 한다. 낮에는 태양광을 충전하고 야간에는 형형색색의 LED 조명이 불을 밝힌다. 처음 이것이 공항에 들어섰을 때 논란의 여지가 많았다. '비행기의 비상'이라기보다는 남성의 성기를 닮아 '노처녀의 꿈'이라고 혹평하는 네티즌도 있었다. 삐딱하게 보지 말고 긍정적 시각이 여행을 즐기는 매력임을 잊지 말자.

영화 속에 등장할 만한 외관, 교통센터

공항철도의 종착지인 교통센터는 우주 정거장을 연상케 한다. 마치 영화 〈스타워즈〉에 등장할 만한 외관을 가지고 있다. 내부 시설도 알차다. 음향 시설이 뛰어난 CGV 영화관을 가지고 있는데 공항에 영화관을 갖춘 것은 싱가포르, 홍콩에 이어 세계에서 3번째란다. 공항철도역이 있어 접근성이 뛰어난 데다 세련된 디자인에 영화까지 볼 수 있어 데이트 코스로 연인들이 알음알음 찾아온다. 사계절 스케이트장은 입장료가 없으며 스케이트 대여료 2천 원만 내면 된다. 이 밖에 한류스타 기념품 숍과 식료품 매장까지 두루 갖추고 있어 이곳만 둘러봐도 시간이 훌쩍 지나간다. 조명이 화려한 야경도 볼만하다. 교통센터에서 여객터미널로 이어지는 지하 1층 통로는 인터랙티브 미디어 아트가 볼만하다. 한국의 전통문화를 LED 조명으로 만날 수 있으니 일부러라도 공항철도를 이용할 만하다.

교통센터 내 스타가든은 공항의 허파 역할을 한다. 선인장, 허브, 수생식물 그리고 야생화를 볼 수 있다. 자연석으로 꾸민 자생원, 뿌리를 관찰할 수 있는 유리정원, 대나무터널 등 150여 종 9,000여 본의 식물을 볼 수 있다. 어린이를 위한 자연생태체험공간까지 갖추고 있다. 여객터미널 1층 밀레니엄 홀은 각종 공연이 펼쳐진다. 소나무 정원은 연못과 생태정원으로 꾸며졌는데 봄에는 수선화, 진달래, 가을에는 억새 등 계절별 한국의 자연을 만나게 된다. 수경정원, 선인장정원, 암석원 등 은근히 볼거리가 많다.

공항철도는 오사카 간사이공항과 홍콩의 첵랍콕공항처럼 1시간 이내에 도심 한복판까지 들어갈 수 있다. 서울역에서 인천공항까지 직통열차(8,000원, 30분 간격)는 43분이, 일반열차(3,950원 10분 간격)는 53분이 소요된다. 비록 10분밖에 차이가 나지 않지만 비용은 두 배나 차이가 난다. 물론 직통열차가 좌석이 편하고 여유롭다.

경치 좋은 한국문화거리

여객터미널 4층에 한국문화거리가 조성되어 있다. 4층 구석에 숨어 있기 때문에 잘 찾아야 한다. 전망이 탁월하며 사람이 많지 않아 일찍 공항을 찾았다면 이곳을 쉼터로 삼으면 좋다. 한옥과 정자로 꾸며져 한국 고유의 문화와 정취를 느낄 수 있다. 비선루에 서면 건너편 제2청사가 보인다. 비행기와 계류장이 내려다보여 출항 준비 과정을 가까이서 볼 수 있다. 내부에는 소원나무가 조성되어 있다. 종이에 소원을 적어 나무에 걸면 그 꿈이 이루어진다고 하니 여행을 무사히 마치기를 기원해도 좋다.

한옥으로 꾸며놓은 파리바게뜨도 눈길을 끈다. 상호명은 외국을 연상케 하지만 개방형 한옥건물에 청사초롱까지 걸어놓아 한국 분위기가 물씬 묻어난다. 이 밖에 4층에는 베니건스, 할리데이스위트 등 공항을 내려다볼 수 있는 레스토랑이 있으니 경치 좋은 곳에서 식사를 즐기게 된다. 사랑마당에는 인터랙티브 디지털 체험관이 조성되어 있다. 다양한 영상과 조명이 현란하다.

이미 입국심사를 받고 출국장 내부로 들어간 애인이나 가족들의 얼굴을 한 번이라도 더 보고 싶다면 한국문화거리를 연결하는 다리 위에서 내려다보면 된다. 제법 거리가 멀고 통유리가 가로막고 있어도 영화 속 장면처럼 마지막 모습을 지켜볼 수 있다. 비행기 이착륙 장면을 제대로 보겠다면 3층 동편 끝단에 가야 전망 포인트가 나온다.

선인장, 허브 등 다양한 식물을 볼 수 있는 스타가든

여객터미널 4층에 자리한 한국문화거리

출국장을 내려다볼 수 있는 한국문화거리

외국 비행기 구경하기

어릴 때부터 비행기 보는 것이 꿈이었다. 지금도 늘씬한 동체만 봐도 하늘을 나는 것 같은 기분이 든다. 아마 여행에 대한 DNA가 오래전부터 박혀 있었던 모양이다. 특히 평소 보지 못한 항공사의 비행기를 보면 가슴이 쿵쾅거린다. 홍콩이나 방콕에 가면 접하기 힘든 비행기를 많이 만날 수 있다. 홍콩항공은 용이 그려져 있고 동방항공은 제비, 꼬리에 꽃그림이 그려져 있는 항공사도 여럿 있다. 피지항공, 케냐항공은 한국에서 흔히 보기 쉽지 않으며 우즈베키스탄 항공기를 보면서 실크로드 여행을 꿈꾸게 된다. 외국의 공항을 구경하는 재미 또한 쏠쏠하다. 홍콩의 첵랍콕공항은 비닐하우스를 닮았고 오사카 간사이공항은 파도를 형상화했다.

우즈베키스탄 항공기

면세점 쇼핑하기

인천공항의 출국심사는 세계에서 가장 빠르다. 출국심사 국제권고는 60분인데 한국은 평균 20분에 불과할 정도로 출입 소요시간이 빨라 여유 있게 면세점 쇼핑을 할 수 있다. 가장 좋은 방법은 미리 시내 면세점이나 인터넷에서 구매를 하고 공항에서는 물건을 인도받는 것이 여러모로 유리하다. 나는 저렴한 12년산 양주 한 병을 늘 산다. 생수병에 담아 호텔에서 잠이 오지 않을 때 한 잔 마시면 몸이 나른해진다. 면세점에서 김이나 고추장을 살 수 있으며 약국에서 소화제, 감기약 등 비상약을 구입할 수 있는 마지막 기회이니 놓치지 마라.

비닐하우스를 닮은 홍콩공항

무료 와이파이 서비스와 무료 충전

인천공항 전 지역은 무료 와이파이를 즐길 수 있으며 좌석마다 충전할 수 있는 공용 콘센트가 비치되어 있다. 스마트폰이나 태블릿PC, 카메라 등을 미리 충전하면 유용하다. 110V~220V 등 다양한 코드를 가지고 있다. 아이들을 위한 놀이터도 있어 비행기를 바라보며 신 나게 놀 수 있다.

공항 제2청사

동남아시아, 중국 등 외국 항공기를 이용하려면 1청사에서 셔틀트레인을 타고 2청사로 가야 한다. 5분 간격 셔틀트레인이 양 청사를 오간다. 그러나 2청사가 궁금하다고 셔틀트레인을 탄다면 돌아오는 데 애를 먹는다. 돌아오는 기차는 입국하는 트레인이기 때문이다. 셔틀트레인을 타려면 1청사에서 에스컬레이터를 타고 지하로 내려가야 한다. 3분 정도 기차를 탑승하면 바로 2청사에 닿는다. 2청사는 조용하고 쾌적한 데다 탁트인 활주로를 볼 수 있어 개인적으로 선호하는 편이다.

출국장 내 무료 충전기

한국전통문화센터와 달항아리

제1청사, 제2청사 모두 한국전통문화센터가 있다. 제1청사 전통문화센터는 연 만들기, 매듭짜기, 한지체험, 부채 만들기 등 체험이 주가 되며 외국인만 이용할 수 있다. 제2청사 전통문화센터는 전통한복을 무료로 입어볼 수 있다. 또 하나의 볼거리는 달항아리다. 거대한 항아리가 스크린이 되어 신사임당의 초충도, 김홍도의 풍속도첩, 정선의 금강전도 등 항아리에서 전통 그림을 만나게 된다.

항아리가 스크린이 되어 한국의 전통그림을 볼 수 있다

한국문화박물관

제2청사 탑승동 4층, 달항아리 뒤편 에스컬레이터를 타고 올라가면 한국문화박물관이 나온다. 구석에 있지만 은근히 볼거리가 많은데 궁중문화, 전통미술, 전통음악, 인쇄문화 등의 주제를 가지고 있다. 석탑과 범종, 세계 최초 목판 인쇄물인 무구정광대다라니경 등을 볼 수 있다. 조선시대 불화인 감로도의 색감도 볼 수 있으며, 팔만대장경 한지탁본체험도 가능하다. 실물 크기의 백제금동대향로도 반갑다. 이해하기 쉽게 비디오아트 음악체험공간도 있다.

한국문화박물관 옆은 한적하고도 편안한 쉼터가 조성되어 있다. 워낙 구석에 숨어 있으며 이용하는 사람도 별로 없다. 침대 같은 수면의자에 누워 비행기 이착륙을 가장 편히 감상할 수 있다. 일행이 있다면 둥근 자리에 둘러 앉아 수다를 떨면 딱 좋을 장소다.

한국문화박물관

대화를 나눌 수 있는 둥근의자

기도실

한국문화박물관 근처에 기도실이 마련되어 있다. 조용한 공간에 앉아 명상을 하며 자신이 믿는 신께 기도를 하면 된다. 의자나 책상도 없고, 십자가나 부처상도 없다. 종교간 평등을 위해 아무런 장식을 하지 않았다고 한다. 무슬림을 위해 메카 방향이 표시되어 있다. 코란도 있지만 성경, 묘법연화경이 있는 것으로 봐서 다른 종교인도 이용할 수 있다.

수면의자, 한국문화박물관 옆에 있다

인천공항 견학 안내

매일 10시와 15시에 출발하는 견학코스가 있다. 출국장, 4층 한국문화거리, 1층 밀레니엄 홀, 교통센터 등 공항에 관련된 흥미진진한 이야기를 들을 수 있다. 대략 1시간 정도 소요된다. 문의 여객서비스팀(032-741-3555) / 공항 안내데스크 (032-741-3115~7)

인천공항 내 기도실

졸지에 베트남 여인의 남편이 된 사연

인천공항에서 있었던 일이다. 한국으로 시집온 베트남 여인이 3살쯤 되는 아이를 업고 지나가는 사람들에게 뭔가 물어보는데 모두들 그냥 지나친다. 내가 다가갔더니 어설픈 한국어로 다급하게 묻는다.

"하노이 가는 비행기 이쪽으로 가는 것 맞아요?"

고속버스터미널도 아닌데 도시 이름을 대니 무척 당황스럽다. 그래서 보딩 패스를 보여 달라고 했더니 게이트 번호가 108번이다. 제2청사였다. 그 아래 보딩 시간을 봤더니 탑승시간은 이미 지났고 출발시간 10분 전이었다.

"아줌마. 여기서 이러면 안돼요. 빨리 가요."

아무래도 안 되겠다 싶어 모녀를 데리고 황급히 셔틀트레인에 몸을 실었다. 다시 에스컬레이터에 올랐는데 이미 5분을 잡아먹었다. 에스컬레이터 위에서는 공항 직원이 하노이 승객을 애타게 찾고 있었다.

"여기 아줌마 올라가니 비행기 좀 잡아주세요." 하고 외쳤더니 비행기가 출발할 수도 있다고 겁을 준다. 상황이 다급해지니 아줌마는 안절부절 못한다.

"아줌마. 아이 나한테 주세요. 내가 안고 달릴게요."

그런데 그 꼬마는 낯선 사람이 자신을 안으니(상황이 어떻게 되었는지도 모르고) 마구 울어 재낀다. 이걸 보고 지나가는 사람이 한마디 던진다.

"아빠 말 잘 들어야지."

난 졸지에 이 베트남 여인의 남편이 되어버렸다. 이왕 이렇게 되었으니 남편 역할을 제대로 하기로 결심했다. 아줌마는 아이를 안고 난 보따리 3개를 들고 마구 뛰기 시작했다.

"이런 젠장."

하필 108번 게이트는 청사에서도 제일 끄트머리에 있었다. 상황이 다급하니 입에서 욕부터 나왔다. 아무래도 내가 빨리 달려가 비행기를 잡아야 했기에 걸음을 재촉했다. 뒤를 힐끔 돌아보니 베트남 엄마는 아이를 안은 채 저 멀리서 헐떡거리며 뛰어오고 있었다.

게이트 앞에서 가방에 보딩 패스가 있다고 얘기를 했더니 승무원은 가방을 뒤질 수 없다며 한사코 거부한다. 할 수 없이 내가 아줌마 가방을 뒤져 승무원에게 보딩 패스를 보여주고 비행기 문 닫는 것을 막았다. 저 멀리서 헉헉거리며 아줌마가 달려 왔다.

게이트 입구에서 가방을 건네주며

"아줌마. 비행기 잡아 놓았어요. 고향 잘 다녀오세요."

그제야 난 그녀의 얼굴을 볼 수 있었다. 20대 초반 앳된 얼굴이다. 땀과 눈물이 범벅이 되어 연신 고맙다는 말만 연발한다.

"눈물 흘릴 시간이 없으니 빨리 들어가세요."

모녀가 직원 안내를 받고 기내로 들어가니 비행기의 문이 철컥 닫힌다. 그제야 내 등줄기에 땀이 송글송글 맺힌 것을 알았다. 3살쯤 된 아이를 보니 아마 이번 고향행은 최소 5년은 넘은 것 같다. 왜 그녀가 남편도 없이 어린 딸과 함께 하노이행 비행기에 올랐는지 난 모른다. 어렵게 고향을 가는 것만은 분명한 것 같다. 만약 이 비행기를 놓쳤다면 얼마나 절망 속에 살았을까. 한국에 대한 좋은 인연을 품고 고향에 갔으면 좋겠는데 설사 그러지 못했다 하더라도 최소한 한 사람쯤은 기억했으면 좋겠다. 저 멀리 하노이행 비행기가 이륙하는 모습을 보고 그제야 자리를 떴다. 왜냐하면 난 짧은 시간이나마 그녀의 남편이었으니까.

039

한중일 선박 여행

한반도 역사와 함께한 바닷길

남북이 갈라지는 바람에 한국은 섬 아닌 섬으로 전락했다. 육로의 길이 막혀 버렸으니 하늘길만 발달해왔다. 그러나 우리에게 바다가 있다는 것을 등한시했던 것 같다. 해양 실크로드야말로 21세기 한국이 나아가야 할 방향이다. 위해, 연태, 연운항 등 서해를 가로지르는 해양길은 예로부터 우리 민족이 중국과 문화를 교류했던 교역로였다. 중국의 선진 문물을 전수받았고 한반도의 도자기들이 이 바다를 건넜다. 장보고가 선단을 꾸려 바다를 평정했으며 최초의 신라인 타운을 만든 곳도 바다 건너 석도다. 현재 중국 내 가장 큰 코리아타운인 위해는 바닷길을 이용하지 않으면 그 맛이 떨어진다. 북방의 상해라 할 수 있는 청도는 바다에서 바라본 마천루가 볼거리다.

일본의 뱃길은 오랜 역사를 거슬러 올라가야 한다. 부산을 출발해 대마도, 규슈, 오사카로 이어지는 항로는 가야국이 철기를 일본에 전달해준 문화루트이자 백제의 불교문화가 넘어간 길이며 조선시대 통신사들의 긴 여행길이다. 부산과 오사카를 잇는 팬스타호는 바로 그 항로를 따라간다. 오늘날 배의 속도는 빨라졌지만 뱃길은 변함이 없다.

동해시에서 거친 파도를 이기고 일본 사카이미나토로 이어지는 항로 그리고 블라디보스토크까지 이어지는 북방항로는 바로 발해의 교역루트다. 수많은 위험에도 불구하고 선조들은 목숨을 담보로 바닷길을 개척했다. 그 길에는 원산에서 배를 타고 해삼위(블라디보스토크)로 갔던 애국지사들의 한이 묻어 있다. 이런 역사적 의미를 곱씹다보면 12~19시간의 항해길이 지루하지만은 않다. 갑판에 서서 북한의 고깃배를 보며 가슴을 쓸기도 했고 독도를 유린하려는 일본의 야욕에 분개하기도 한다.

선박여행은 탁 트인 바다와 하늘을 볼 수 있다

선박여행의 장점

지중해의 크루즈 여행을 꿈꾼다. 그런데 시간과 돈이 없다면 차선책으로 중국 가는 배에 올라타자. 호화로운 수영장과 실내악단 그리고 근사한 뷔페는 없지만 스스로 크루즈 여행의 주인공이라 여긴다면 결코 그에 뒤지지 않으리라.
탁 트인 바다를 보면 막혔던 가슴이 뻥 뚫린다. 거기다 다양한 사람들을 만날 수 있다. 관광객, 비즈니스맨, 보따리장수, 중국 동포까지. 삶의 애환을 가장 가까이서 볼 수 있는 것이 선박여행의 매력이라 하겠다. 북한을 어떻게 생각하며 남한의 모습은 어떻게 비쳐지는지 중국 동포에게 의견을 들어본다. 공해상에서 각자 다른 시선으로 세상을 바라보는 모습이 흥미롭다. 이것이 선박여행을 해야 할 이유이기도 하다.
선박여행의 장점은 여럿 있다. 야간에 이동해 다음날 아침에 도착하기 때문에 일정 잡기가 수월하다. 이동과 숙박을 동시에 해결한다고 할까. 뭐니 뭐니 해도 비행기에 비해 저렴한 비용으로 해외여행을 즐길 수 있다. 거기다 축구장만 한 배 안 구석구석을 누비며 신 나게 놀 수 있다. 카페, 극장, 노래방, 찜질방 등 각종 편의시설은 능동적으로 찾아야 그 혜택을 누릴 수 있다.

선박여행의 단점

선박여행의 단점을 뽑으라면 소요시간이 많이 걸린다는 것이다. 아무래도 시간에 구애 받지 않는 사람이 이용하면 좋겠다. 이 긴 시간을 어떻게 활용하느냐에 따라 선박여행의 만족도는 달라진다. 난 배를 타면 책 세 권과 여행지에 대한 다큐멘터리를 노트북에 담아간다. 그러다가 심심하면 선창 난간을 부여잡고 고함을 내지르거나 바닷바람을 쐬며 소주를 홀짝거린다. 산책을 하다가 솜털 같은 구름과 쪽빛 바다에 감탄하는 재미가 남다르다. 상자에 갇힌 비행기에서는 감히 만끽할 수 없는 묘미다. 우연히 맘에 맞는 사람을 만나 술잔을 기울이다보면 밤은 더욱 짧아진다. 3만 톤 규모의 선박이기에 롤링이 거의 없어 배 멀미 걱정을 하지 않아도 된다. 데스크에 멀미약이 항상 비치되어 있으니 불안한 사람은 미리 복용하면 된다.

제2국제여객터미널

01 중국 선박여행

인천여객터미널

인천에는 두 개의 여객터미널이 있다. 제1터미널은 연안부두 옆에 자리하며 단동, 진황도, 석도를 오간다. 터미널의 규모가 크고 바로 바다로 빠져나갈 수 있다. 반면 제2여객터미널은 크기가 작고 갑문을 통해 항구를 빠져나가야 하기에 다소 시간이 걸린다. 대신 1호선 동인천역이 가까울 뿐 아니라 터미널 정문 앞에 이마트가 있어 장보기 쉽다. 출발 2시간 전부터 탑승이 시작되는데 출국심사를 받고 짐 검사를 받고 나면 면세점이 나온다. 임대료가 저렴하기 때문에 인천공항보다는 싸다. 그러나 물건 종류가 많지 않고 배 면세점도 저렴하기 때문에 그냥 지나쳐도 무방하다.

신포시장 닭강정

인천~위해 노선

위동항운의 뉴골든브리지 2호에 타면 위해는 월·수·토 출발하며 15시간이, 청도는 화·목·토 출발하며 17시간 소요된다. 3만 톤으로 우리나라에서 출발하는 여객선 중에서 가장 크다. 로비에는 안락한 응접세트가 있다. 식수대에 뜨거운 물이 나오기 때문에 컵라면을 여유 있게 준비하면 좋다. 식당에서는 뷔페식으로 먹을 수 있는데 대략 7~8천 원 선이다. 식당은 넓은 데다가 창밖으로 바다가 보여 분위기가 물씬 달아오른다.

속초와 블라디보스토크를 오가는 스테나대아호

먹을거리를 준비했다면 식당을 이용하지 않아도 된다. 빵, 김밥 등 맛난 간식을 일행들과 나눠 먹으면 된다. 동인천역 부근 신포시장에서 닭강정을 준비하면 선실 내에서 기분 좋게 먹을

선박여행의 장점 DBS호의 로비

수 있다. 달빛 아래 파도 소리 들으며 닭다리를 뜯는 재미가 남다르다. 속초에서 블라디보스토크에 갈 때는 속초중앙시장에 들러 닭강정을 사서 배에 오르는 사람이 많다.

간식을 준비하지 않아도 그리 걱정하지 않아도 된다. 야외테라스에서는 양꼬치를 판매하며 배 안에는 저렴한 먹을거리와 안주거리가 가득하다. 새우계란볶음 5천 원, 해물볶음 8천 원, 어묵우동 5천 원, 골뱅이무침 1만 5천 원 등 착한 가격이 장점이다.

친구들과 왔다면 복도의 컬러풀한 소파에 앉아 주전부리를 나누며 수다를 떨어도 좋다. 실내 골프시설을 갖추고 있으며 풍선 다트 게임까지 즐길 수 있다. 마사지 의자도 있으니 편히 앉아 여행의 피로를 풀어보는 것도 괜찮다. 편의점은 육지와 가격이 같아 만족스럽다. 커피숍에 들어가 바다를 바라보며 원두커피 한 잔 음미하면 어떨까.

바다 위에 떠 있는 배 안에서 목욕을 한다는 것은 색다른 경험이다. 통유리 사이로 파도가 넘실거린다. 이 밖에 PC방도 있으니 심심할 틈이 없다. 국내 최장 17km의 교량인 인천대교의 야경도 볼만하며 바다를 빠져나가면 불꽃놀이 이벤트가 기다리고 있다. 망망대해를 수놓은 폭죽이 장관이다.

호텔을 옮겨놓은 듯한 디럭스룸, 디럭스 로열룸도 있지만 그걸 이용하려면 차라리 저가 비행기를 타고 현지의 좋은 호텔에 머무는 것이 나을 것 같다. 4인실 비즈니스 클래스룸은 지인끼리 머물기에 좋은데 2층 침대가 불편할 수도 있다. 가장 저렴한 객실은 이코노미 클래스으로 8~16인용 다다미 스타일로 단체여행객에게 적합하다. 도란도란 앉아 수다를 떨거나 오순도순 둘러앉아 술 마시기에 좋다. 슬리퍼를 준비하면 선박 내에서 편하게 다닐 수 있다. LED 랜턴은 독서할 때 좋고 돗자리는 선창가에서 바다 풍경을 감상하기 좋으니 사전에 준비하는 것이 좋다. 분위기가 무르익으면 노래방을 이용하면 된다. 20:00~23:00 1시간에 2만 원이다. 눈을 뜨니 핸드폰은 먹통이 되고 중국 안테나가 새로 달린다. 한숨 자고 일어나 다른 나라가 나타나니 묘한 기분이다.

위해 가는 선박의 면세점은 국내 선박 중에서 가장 크고 화장품, 가방, 양주, 담배, 액세서리 등 파는 물건도 다양하며 일반 면세점보다 저렴하다. 아무래도 임대료가 없기 때문인데 선물은 돌아올 때 배에서 구입하는 것이 여러모로 유리하다. 한국 영해로 들어오면 카드결제도 가능하다.

인천~청도 노선

청도 가는 뉴골든브리지 5호는 위해행 선박보다는 크기가 작지만 내부는 짜임새 있다. 중국 관광객이 많아 인테리어도 그쪽 취향에 맞췄다. 로비의 인어공주는 촌스럽지만 중국 관광

단동페리호의 식당

실내 골프 연습장

선내 면세점

천사 날개 그림

컬러풀한 응접세트

인천갑문

객이 좋아해 사진 찍으려면 기다려야 할 정도다. 벽면에 사진을 찍을 수 있도록 대형 천사 날개까지 그려져 있다. 극장이 있어 하루 한 편씩 영화를 감상할 수 있는데 주로 중국 영화로 자막은 한국어다. 선박여행의 장점은 바다 위에서 일출, 일몰 감상이 가능하다는 것이다. 특히 내륙에 사는 중국인들은 바다를 보는 것이 소원일 정도로 바다만 보면 즐거워한다. 청도의 바닷가에 나가면 허접한 곳이라도 웨딩드레스를 입은 중국인을 많이 볼 수 있다. 하물며 배에서 일출을 보니 이들의 표정은 거의 상기되었다.

뉴골든브리지호 로비에 있는 인어공주상

지리책에 등장한 인천갑문

위해나 청도 가는 배를 타면 인천갑문을 통과하게 된다. 서해는 조수 간만의 차가 심해 항구에 물이 빠지면 배가 접안을 할 수 없다. 그래서 저수지처럼 물을 막아 늘 같은 수위를 유지하도록 했다. 배가 드나들 때는 도크가 있어 그에 맞도록 수위조절을 하고 항구로 진입하게 했다. 이것이 없다면 인천항은 24시간 개방할 수 없다. 5만 톤급과 1만 톤급 선박이 통과할 수 있도록 2개의 도크가 있다. 동양 최대의 규모로 세계에서는 3번째 규모란다. 우선 배가 흔들리지 않도록 네 방향으로 배를 묶고 뒷문을 잠근다. 그러고 나서 인천항의 수위에 맞게 물을 채운다. 물이 다 찼으면 앞문을 열고 배는 항구로 들어간다. 물 채우고 빼는 데 대략 1시간이 소요된다. 관제탑은 한복 입은 여인과 한옥이 그려져 있다. 지리책을 달달 외는 것보다 이 배를 한 번 타는 것이 교육적 효과가 더 크다.

선상 일출

선내 편의점

장보고의 해상로, 인천~석도 노선

산동반도의 끄트머리 석도를 가려면 화동페리를 타야 한다. 월·수·금 6시에 출발하며 소요시간은 16시간이 걸린다. 제1터미널에서 출발하기 때문에 갑문을 통과하지 않고 바로 바다로 나간다. 석도는 중국 대륙의 최동단으로 한국에서 가장 가까운 항로다. 하얗게 보이는 산이 적산으로 장보고가 세운 사찰인 적산법화원이 있던 자리다. 일반실은 다다미실과 4인 1실이 있다. 창 쪽에 탁자가 놓여 있어 바다를 바라볼 수 있다. 특히 한국과 중국을 오가는 보따리장수인 따이공의 애환을 느낄 수 있는데 그들의 집이자 직장이 바로 화동페리다. 하선은 이들부터 하고 관광객이 다음에 내린다.

단동 서해에서 바라본 북한배

신의주와 마주한 인천~단동 노선

압록강과 백두산의 시발점인 단동. 월·수·금 주 3회 제1터미널에서 출발하며 15시간이 소요된다. 단동 가는 배의 가장 큰 장점은 북한을 가까이서 볼 수 있다는 것이다. 한반도에서 가장 서쪽의 섬인 마안도까지 만날 수 있다. 물이 빠지면 갯벌에서 조개를 줍는 북한 사람을 볼 수 있으며 물이 차면 그물을 거두는 북한배를 볼 수 있다. 단동 도착하기 전 평안북도의 섬들이 아른거린다. 마치 혈육을 만난 심정이랄까. 도저히 선실에 앉아 있을 수가 없어 선창가 난간을 부여잡고 떨리는 시선으로 섬을 마주했다. 단동페리는 인천을 출발해 영종도~무의도~자월도를 지나 공해상으로 빠져 다시 북쪽으로 방향키를 돌리게 된다. 서해를 크게 반원을 그리며 북으로 향한다. 시간과 유류대가 많이 드는데 통일이 되면 돌지 않고 바로 갈 것이다.

북한 신의주와 마주하고 있는 단동항

선표

인천~석도 노선 따이공의 애환

선내 식당 뷔페

02 일본 선박여행

부산~오사카 팬스타

오사카의 간사이공항까지 가는 비행기 편수가 많고 저가 항공기도 수시로 떠 여러모로 비행기가 편리하다. 그럼에도 불구하고 한 번쯤은 선박을 이용해 오사카까지 다녀올 필요가 있다. 바로 이 코스가 조선의 외교사절단인 조선통신사가 이용한 일본 루트이기 때문이다. 통신사절단은 한양을 출발해 육로로 부산까지 걸어갔고 다시 뱃길로 대마도~규슈~교토를 지나 에도(도쿄)까지 왕복 6개월에서 1년이 걸렸다고 한다. 그 기나긴 길을 17시간 만에 주파한다고 생각하면 그리 먼 거리가 아니다. 수천 년 동안 이어온 한일의 뱃길을 곱씹으며 현해탄을 건너면 어떨까 싶다. 불꽃처럼 살다가 현해탄에 애인과 함께 몸을 던진 윤심덕의 한(恨)을 생각하며 최초의 대중가요인「사의 찬미」도 음미해보라.

부산~오사카 간 왕복 10만 원대 배표는 여행사에서 구할 수 있으니 부산, 경남에 사는 사람들은 이 배를 이용하는 것이 여러모로 유리하다. 부산항은 부산역(셔틀버스 운행)에서 가깝고 지하철이 근처에 있다.

일본 오사카 선박여행은 조선통신사 루트

팬스타호는 부산항을 출발해 오륙도를 지나간다. 멀리 광안대교와 해운대까지 눈에 잡히고 거친 대한해협을 지나 1시간 30분 후 대마도 옆을 지나간다. 이 배의 가장 큰 매력은 뱃길이 국보급 해상공원인 세토 내해를 지나간다는 것. 규슈와 시모노세키를 연결한 관문대교 아래를 지나가며 철로, 도로 겸용 도로로는 세계 최장의 세토대교와 3,911m로 세계 최장 현수교인 아카시대교 등 수려한 일본의 교량을 가까이서 감상할 수 있다. 세토대교는 해가 뜰 무렵에 지나가게 되니 겨울보다는 여름이 낫겠다.

부산 시모노세키를 운행하는 부관페리

일본 상세 지도 한 장쯤은 챙겨가는 것이 좋다. 지도를 짚어가며 일본의 도시들을 구경하면 경치가 남다르기 때문이다. 깔끔한 레스토랑에서 식사를 마치고 라운지에서 바다를 바라보며 커피 한 잔 즐기는 호사는 어떨까. 자판기 천국답게 동전을 넣으면 음료, 맥주와 안주까지 튀어 나온다. 사우나 또는 아로마테라피에서 여행의 피로를 푸는 것도 괜찮다. 오사카 국제여객터미널에서 내려 수속을 밟은 후 지하철 코스모스퀘어역까지 운행하는 무료 셔틀버스를 타면 시내로 접근이 쉽다.

부산~후쿠오카 뉴카멜리아

부산~후쿠오카 노선은 비틀호, 코비호, 대아호, 뉴카멜리아호까지 가세해 가장 경쟁이 치열하다. 여행사를 뒤져보면 왕복 49,000원~79,000원 상품을 쉽게 찾을 수 있으니 제주도보다

부산과 대마도 또는 후쿠오카를 운행하는 코비호

동해와 도토리현을 오가는 DBS

저렴하게 다녀올 수 있다. 출발 시에는 선박에서 1박을 해야 하며 돌아올 때는 5시간 걸려 부산항에 오후 6시쯤 도착한다. 자갈치 시장에서 회를 먹고 KTX를 타도 무난하다. 단체여행객을 위한 11인실/12인실, 24인실/37인실이 준비되어 있으며 2, 4, 5인실 침대도 갖추고 있다.

4층 선박 정면에 전망 라운지가 가장 인기 있다. 선박 좌우 측면에는 둥근 소파가 있어 도란도란 놀기에 딱이다. 대형 창문 너머 바다를 바라볼 수 있는 대욕탕과 노래방(1시간 1천 엔)까지 갖추고 있어 하룻밤을 보내는 데 지루함이 없다. 자판기에는 면세 맥주와 음료, 스낵까지 판매하고 있고 아이들이 좋아하는 오락실을 갖추고 있으며 선내에는 뜨거운 물이 있으니 컵라면을 준비하면 된다.

부산~대마도

코비호와 비틀호는 시속 83km로 바다 위를 달린다. 총 229명 정원이며, 선실은 1층과 2층에 있는데 물보라가 걸리지 않는 2층 경치가 좋다. 비행기 제트엔진 추진력으로 전진하며 선체 전후의 수중 날개에서 발생하는 양력으로 바다 위를 부상하게 되어 '바다의 비행기'로 불린다. 물 위를 날기 때문에 파도의 영향을 덜 받아 승선감이 좋다. 선실은 우리나라 연안여객선을 운행하는 선실 같다. 마치 고속버스 타는 기분이 든다. 히타카츠까지는 1시간 10분, 남쪽 미즈하라까지는 1시간 50분이 소요된다.

동해~도토리

1만 3천 톤 이스턴드림호는 정원 530명으로 일본 도토리현 사카이미나토와 블라디보스토크를 운행한다. DBS는 동해, 블라디보스토크, 사카이미나토의 앞글자를 땄다고 한다. 객실은 바다 위 호텔인 프레지던트룸, 로열스위트, 퍼스트클래스, 이코노미클래스 등 다양하게 구비되어 있다. 로비 계단은 고대 그리스 분위기로 부조가 볼만하다. 술을 마실 수 있는 바, 노래방은 물론 나이트클럽까지 갖추고 있다. 특히 히노키 탕을 갖추고 있는 사우나가 인기 있다. 동해를 가로지르는 노선이기에 바다가 무척 거칠어 미리 멀미약을 복용하는 것이 좋다. 선상에서 일본 국립공원 제1호인 다이센 산을 볼 수 있다. 14시간이 소요된다.

한민족의 성지,
백두산 천지의 품에 안기다

백두산 북파, 서파 3박 4일

1일	인천공항 → 심양공항 → 이도백하
2일	북파트레킹 → 소천지, 지하삼림
3일	서파 또는 남파트레킹 → 통화
4일	통화 → 심양 → 심양고궁 → 심양공항 → 인천공항

추천여행 패키지(항공 또는 선박 이용)　**여행경비** 110만 원(패키지 항공 100만 원, 기타 10만 원)
여행성격 역사, 자연, 힐링　**추천계절** 여름(6~8월)

지프차 타고 오르는 북파

중국에서 백두산에 오르는 코스는 북파, 서파와 남파 코스가 있다. 북파는 거친 화산재로 이루어진 암봉이 볼거리라면 서파는 어머니의 품안처럼 포근한 초원이 일품인데 카펫 꽃 문양처럼 온갖 들꽃이 만발하고 있다. 똑같은 백두산이건만 이렇게 분위기가 다를 수 있을까. 압록강을 거슬러 올라가는 남파 코스도 문이 열렸다. 갑자기 '남파간첩'이 생각나는 것은 무슨 풍딴지같은 생각인가? 씻겨내도 지워지지 않는 반공의 잔재는 언제쯤이면 털어낼까?

북파 산문은 중국풍으로 꾸며져 있어 영 불편하다. 중국 사람이 꼭 가야 할 명산 5악(태산, 화산, 형산, 항산, 숭산)이 있는데 얼마 전 백두산을 포함시켜 6악으로 만들어버렸다. 동북공정이 고구려 역사뿐 아니라 백두산까지 손길을 뻗친 것이 영 씁쓸하다. 산문에서 전기차를 타고 삼거리에 내려 지프차를 갈아타고 천문봉에 올랐다. 분홍바늘꽃 군락을 만났다. 비바람과 폭풍을 이겨내고 옹기종기 붙어사는 꽃 군락이 고맙다.

흑풍구에서 바라본 장백폭포

산 아래는 하늘 한 점 보기 힘든 울창한 산림이며 위로 올라갈수록 수목의 키가 작아지더니 기어코 파란 초지가 나타난다. 세찬 바람을 극복하고 몸을 낮춘 채 뿌리를 내리고 있는 생명력이 기특할 따름이다. 기사에게 간곡히 부탁해 흑풍구에 잠시 멈춰 섰다. 백두산의 바람은 모두 이곳에서 집결한다는 말이 틀린 말은 아니었다. 세찬 바람과 맞으며 아래를 내려다보니 장백폭포가 장엄한 자태를 드러내고 있었다. 이 물이 거대한 협곡을 따라 흘러 북쪽으로 송화강을 이룬다고 한다. 그곳에서 펼쳐진 삼림의 바다 역시 넋을 빼게 했다. 구름 그림자가 머문 곳은 유난히 어두워 마치 둥둥 떠다니는 섬처럼 보인다. 다시 지프차에 올라타 하늘로 향했고 천문봉 기상대까지 갔다. 조심스레 걸어올라 북파 코스에서 가장 높은 천문봉에 올라섰다.

'사무치도록 청정한 천지
마르지 않는 생명의 힘이며 반도와 간도를 적실 눈물이며 땀방울'

천지 가는 길

천지에서 발원한 구름은 한반도 이곳저곳 떠다니며 우리 민족을 보듬고 있었다. 이런 순간을 놓칠 수 없었다. 어느 것이 심장의 고동소리이며 카메라 셔터소리인지 구분이 가지 않는다. 내 붉은 심장에 천지의 잔영들이 선명히 박힐 때까지 마구 셔터를 눌러댔고 천지를 가슴에 퍼 담았다.
케이블카가 있는 쪽이 북한 땅에서 올라가는 동파다. 천지를 가로지르면 30여 분이면 닿을 것 같은데 지금은 지구상에서 가장 가기 힘든 곳이 되어버렸다. 다음에는 반드시 내 나라 내 땅을 통해 백두산을 보고 말테다. 최고봉인 장군봉에서 중국 쪽을 바라보며 펑펑 눈물을 쏟아낼 것이다. 20여 년 전 처음 백두산을 찾았을 때 조선족 가이드가 들려준 시구가 떠오른다.

'한라산은 백록담을 안고 눈물짓고 있고
백두산은 천지를 안고 흐느끼고 있다.
천지는 왜 이 땅의 비극을 안고 살아가야 하는가?'

백두산 두메양귀비

장백폭포를 거쳐 천지로

오전 천문봉 일정을 마치고 점심을 뚝딱 해치우고 장백폭포를 거쳐 달문, 천지에 이르는 코스에 도전해본다. 예전에는 계단이 있어 장백폭포 옆으로 오를 수 있었지만 요즘은 천지에 오르는 길을 막아 천지 물을 만져볼 기회가 없다. 북파의 대협곡은 요동 땅을 지켰던 고구려 장수처럼 힘이 있었다. 달문에서 내려온 천지의 물줄기는 장백온천을 적시고 용이 미끄러지듯 흘러 두만강, 압록강, 송화강을 일구어냈다.

장백폭포는 거대하고 웅장해 그 굉음이 귀에 거슬릴 정도다. 우리 민족은 하늘에서 강림한 배달의 자손이기에 백두산 산행길은 고향 가는 길처럼 흥겹다. 중국 사람들이 계단 오르는 것이 힘겨운 이유는 바로 남의 땅을 밟고 있기 때문이 아닐까. 폭포수는 물 폭탄이 되어 바위에 떨어지고 그 물 파편이 솟구쳐 무지개를 그려내고 있다. 장백폭포 위쪽은 달문이다. 폭포의 성난 물줄기와는 달리 달문에서 천지 가는 물은 우리네 시골 개울처럼 편안하게 흐른다. 그 물이 어찌나 차가운지 1분 이상 발을 담글 수 없었다. 개울 주변에는 형형색색의 야생화가 손짓하고 있다. 큰 오이풀 군락이 천지에서 불어오는 바람을 맞고 하늘거리고 있다. 범꼬리 군락에도 마음을 내주었다. 지난 7월 태백 분주령에서 바라본 범꼬리가 백두대간을 타고 한 달 만에 여기까지 올라온 것이다. 달걀 모양의 두메양귀비꽃은 시골처녀처럼 순박하게 보인다. 핑크빛 바위구절초도 남정네의 심금을 움직일 정도로 매혹적이다. 야생화에 취해 걷다보니 어느덧 천지가 나타났다. 생수병에 천지 물을 가득 담고 꿀꺽꿀꺽 마셔본다. 천지의 기운이 가슴속 깊은 곳까지 파고든다. 어떤 이는 제주 삼다수를 가져와 천지물과 섞어 먹는다. 남북통일물을 마셨다고 감격하며 내게 권한다. 근처엔 뜬금없이 괴물 동상이 서 있었다. 둘리 같은 이 동상을 배경으로 사진을 찍으려면 천 원씩 내야 한다. 천지 괴물보다 돈 받는 사람이 더 괴물처럼 보인다.

지금은 없어졌지만 예전에는 천지 물가에 간이매점도 있었다. 영하 30도 한겨울에 현지 사람이 꽁꽁 얼어붙은 천지물을 도끼로 깨 두레박으로 천지물을 퍼 올려 천 원씩 받고 믹스커피를 끓여주었다. 뜨거운 것이 목구멍을 타고 내려갈 때 그걸 받아들이는 내 창자도 꿈틀거렸다. 더 놀라운 것은 신라면까지 팔고 있었다. 천지물을 넣은 한국 라면이라. 이왕이면 천지 한복판에서 먹어야 의미 있을 것 같았다. 뜨거운 물을 담은 신라면 용기를 들고 얼음판 위를 걸어 천지 한복판까지 갔다. 뚜껑을 열었더니 면은 물론 기름마저 얼어붙었다. 난 천지라면을 입에 욱여 넣었다. 세상에서 가장 의미 있는 라면이니까.

중국
백두산

1. 바위구절초와 천지
2. 백두산 바위구절초
3. 영하 30도 천지 한복판에서 누워보기
4. 천지트레킹
5. 백두산 달문에서 떨어지는 장백폭포

(053)

서파 가는 길

지금이야 1시간 30분이면 북파에서 서파로 가지만 예전에는 반나절 꼬박 걸렸다. '이도백하'에서 '송강하'를 거쳐서 간 적이 있다. 백하에서 송강하까지 3시간여 기차를 타면 차창 밖으로 연변의 산하가 펼쳐진다. 아무리 봐도 강원도 땅과 흡사했다. 백두산 자락의 마을 지명도 우리네 산골 마을 마냥 정겨움이 묻어 있다. 화산(花山), 송하(松河), 무송(撫松), 송수(松樹) 등 소나무 향이 풀풀 난다. 백하역 가는 길에 쭉쭉 뻗은 미인송이 촘촘히 박혀 있다. 매끈한 여인네의 다리를 연상하게 한다. 나무를 솎지 않아 나무는 옆으로 자라지 못하고 하늘로만 치솟고 있으니 심각한 다이어트가 아닌가. 백하역에서 수박장수를 만났다. 시원하고 달달한 수박 맛보다도 수박을 먹음직스럽게 잘라내는 칼 솜씨가 내 시선을 사로잡았다. 저 기술을 연마해 아내에게 자랑해야지.

서파의 산문에 도달했다. 북파에서 천지를 가로지르면 바로 서파가 나오는데 멀리 에둘러 돌아가야 할 정도로 백두산은 넓고 험난했다. 절집의 산문이야 진리의 문이요 숭고함이 묻어 있지만 육중한 콘크리트로 세운 백두산의 산문은 중국인들이 돈을 긁어모으기 위한 곳간 문이었다. 입장료도 어찌나 비싼지 무료로 들락거리는 한국의 국립공원이 얼마나 고마운지 알게 되었다. 산문을 통과하기 직전 놓치지 말아야 할 나무가 있다. 일명 '포플러의 왕'으로 불리는 높이 36m, 수령이 300년 정도 되는 신당수다. 땅에서 4.6m 위 가지가 마치 사람 눈처럼 생겼다고 해 이곳 사람들은 신성하게 여기고 있다.

산문에서도 전기버스를 타고 숲길을 한참 달려야 천지를 만난다. 백두산의 삼림의 바다에서 마음껏 허우적거리는 재미가 쏠쏠하다. 하얀 껍질을 가진 자작나무, 가문비나무, 전나무, 소나무가 이어진다. 오를수록 나무의 수는 적어지더니 결국 초원이 주인행세를 한다. 경계선에서 어정쩡하게 서 있는 나무가 살아야 할지 고사목이 되어야 할지 고민하고 있는 것 같다.

서파 코스는 천국으로 향하는 꽃길이었다. 노란 껄껄이풀이 군락을 이루고 있는데 초록색 초원과 파란 하늘이 잘도 어우러진다. 마치 샛노란 팝콘을 초원에 뿌려 놓은 것 같다. 어제 북파에서 보았던 큰오이풀 군락도 보인다. 백두산을 따뜻하게 덮어주는 캐시밀론 이불 같다. 계단에서 본 서파의 봉우리는 사람의 형상을 하고 있다. '누워 있는 와불'이라고도

한국 연계관광지

우리 국토의 꼭짓점 독도, 마라도, 백령도

백두산을 둘러보고 한라산 등정에 나서고 대한민국 꼭짓점인 독도, 마라도, 백령도를 둘러본다면 의미 있겠다. 대한민국 최동단 독도는 울릉도 도동항에서 매일 배가 출발하며 독도의 체류시간은 20~30분이다. 최남단 마라도 가는 배는 모슬포항과 송악산유람선터미널에서 매일 배가 운항하며 30분 정도 소요된다. 1시간 30분 정도 자유시간을 통해 도보로 섬을 보게 된다. 백령도는 인천항 연안여객터미널에서 매일 출발하며 심청이가 몸을 던진 인당수, 두무진, 사곶해수욕장, 콩돌해안 등을 둘러볼 수 있다.

중국 백두산

1. 서파 가는 길에서 만난 껄껄이풀 군락
2. 포플러의 왕으로 불리는 신당수
3. 백두산 서파의 큰 오이풀 군락

하고 '호랑이가 엎드려 있는 모습'이라고도 한다. 하긴 백두산에서 신성하지 않은 것이 어디 있으랴. 새하얀 정상은 산전수전 겪은 할머니의 머리칼 같다. 화산재를 머리에 쓰고 있어 백두산이라는 이름을 얻게 되었다는 말이 실감난다.

드디어 정상. 어디가 하늘이고 어디가 땅인가? 하늘에서 내려온 배달의 자손이 태곳적 고향을 찾은 기분이다. 바위구절초가 바위 절벽에 뿌리를 내리고 가느다란 줄기에 의지한 채 온몸을 떨며 천지를 바라보고 있다. 해바라기가 애타게 해를 그리워한다면 이 물바라기꽃은 처절하게 통일을 기원하고 있는지 모른다. 은은한 꽃향기가 국경을 넘어 북한까지 퍼진다. 인간이 인위적으로 그은 국경선이 야속할 따름이다. 동행한 딸 정수에게 천지를 실컷 보여 주고 싶었다.

"정수야. 천지 어때?"

"파란 마음 같아."

천지물도 아름답지만 천지를 둘러싸고 있는 화산의 봉우리를 감상하는 것도 즐겁다. 고구려 기마병처럼 철갑옷을 두르고 장검을 하늘에 치켜든 것만 같다. 국경비인 5호 경계비는 철없는 후손들이 만든 생채기였다. 앞에는 '中國', 뒤에는 '조선'이라는 글씨가 새겨져 있다. 국경을 지키는 군인이 보이지 않아 도시락을 들고 월경해 북한 땅에서 점심을 먹었다. 월북했으니 국가보안법을 위반했는지 모르겠다. 원래 국경은 두만강이 아니라 토문강이니까 말뚝을 뽑아 송화강 상류에다 세우고 싶었다. 정수의 머리를 쓰다듬듯 비석을 어루만졌다. 고조선-고구려-통일신라-발해-고려-조선-갈라진 남북한. 우리 민족은 왜 이리 힘든 거야.

국경선 너머로 초원이 길게 드리워졌다. 이 광야를 향해 마음껏 달리고 싶었다. 제운봉을 넘어 백두대간을 따라 남쪽으로 내달려 평양을 거쳐 개성을 지나 서울의 내 집까지 가면

1. 이도백하 민박집에서 본 문구 2. 백두산 자작나무

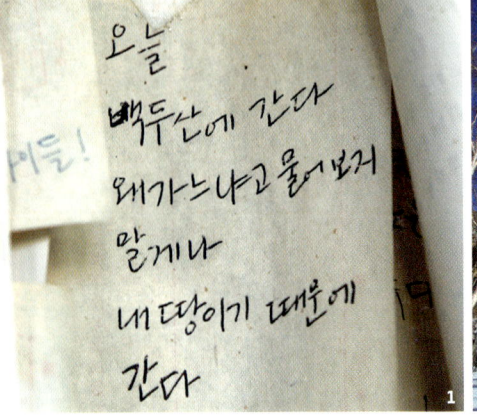

Storytelling
백두산 천지 상식

애국가의 '동해물과 백두산이 마르고 닳도록…'의 의미는 세상이 끝날 때까지라는 의미를 가지고 있다. 칼데라호는 용천수와 비슷한 원리로, 아래에서 계속 화산지하수가 뿜어 나오기 때문에 천지가 마르지 않는다. 지하수이기에 여름에 차갑고 시원하며, 겨울에는 얼지 않는다. 천지에서 유일하게 물이 빠지는 곳은 북쪽의 달문으로 장백폭포로 떨어져 송화강 상류를 이룬다. 천지는 1년 중 맑은 날을 찾기 힘들 정도로 눈발이 심하고 안개와 비가 많은데 항상 구름이 천지 주변에 분포하고 있기 때문이다. 백두산 산봉들은 평균 2,500m 이상이고, 수면은 해발 2,189m로 세계 화산호 중에서 가장 높다. 천지의 지름은 4.5km, 둘레는 14km, 평균 수심은 384m다. 천지에는 몸길이 70cm, 무게 5kg 산천어가 살고 있다. 1984년 북한에서 산천어 치어를 천지에 방류했다고 한다. 천적도 없이 20년이 되었으니 세계 최대로 자랐다고 한다. 그래서 가끔 백두산 괴물로 둔갑하기도 한다.

얼마나 좋을까? 백두산을 찾는 한국인이라면 모두 같은 심정이겠지. 백두산이 무엇이길래 이리 질긴 인연을 만들어냈을까? 아마 한국 사람들의 DNA에는 연어의 회귀본능처럼 고향을 찾아가야 한다는 인자가 박혀 있나보다.

'눈앞에 펼쳐진 산하를 잊지 마라.
발끝에 스쳐가는 바람을 잊지 마라.
눈부실 정도로 파란 천지를 기억하라.
하늘에서 내려온 배달민족임을 자랑스럽게 여겨라.'

친절한 여행 팁

백두산을 찾아가는 방법은 항공과 선박 두 가지가 있다. 항공 여행은 연길, 장춘, 심양까지 가서 육로를 이용해 백두산 북파, 서파, 남파를 집중해서 둘러볼 수 있다. 경비가 많이 들지만 시간을 절약할 수 있는 장점이 있으며 용정의 대성대학교, 일송정 등 독립운동의 현장을 둘러볼 수 있다. 선박 여행은 경비가 저렴하지만 이틀을 꼬박 배에서 보내야 한다. 대신 단동에서 압록강과 호산장성 그리고 세계문화유산인 환인의 졸본성과 집안의 광개토대왕비와 장수왕릉비 등 고구려 유적지를 묶어서 볼 수 있다. 북파 코스는 지프차를 타고 올라가 천문봉에서 천지를 내려다보게 된다. 서파 코스는 주차장에서 1,442개 계단을 따라 올라간다. 서파의 고산화원에서는 1,800종의 야생화를 볼 수 있는데 7월 초가 절정이다. 남파는 2009년 개방되었으며 북한과 최접경 지역으로 압록강을 거슬러 올라가게 되는데 압록강대협곡과 탄화목, 북한의 혜산시를 보게 된다. 백두산 전문여행사 '산이 좋은 사람들'은 북파, 서파, 남파 3코스를 모두 둘러보는 5일 백두산 항공상품을 팔고 있다.

02

북간도
독립운동의 요람, 용정

백두산 용정 3박 4일

1일	인천공항 → 연길조양천공항 → 도문 → 연길 서시장
2일	백두산 북파 → 장백폭포 → 지하삼림 → 이도백하
3일	용정 → 대성중학교 → 명동촌 → 윤동주생가 → 연길
4일	연길시내관광 → 연길조양천공항 → 인천공항

추천여행 패키지(항공 이용)　　**여행경비** 110만 원(항공 100만 원, 기타 10만 원)
여행성격 역사, 문화답사　　**추천계절** 사계절

연길을 지나 국경도시 도문에서

백두산의 땅 연길에 닿았다. 창밖에 아스라이 보이는 백두산의 위용이 이 먼 땅까지 미치고 있었다. 하긴 우리 산하에 백두산의 기가 미치지 않는 곳이 어디 있으랴. 백두산의 자애로운 손길이 자식들을 보듬고 있었다.

연길에서 도문 가는 길. 예전에는 한 시간이 더 걸렸는데 지금은 고속도로가 연결되어 30분도 채 걸리지 않는다. 연길서 도문까지만이 아니라 이 길은 장춘에서 시작해 길림, 돈화, 안동, 연길, 도문, 훈춘까지 동서를 이어주는 길림성의 실크로드로 보면 된다. 석탄가루 휘날렸던 그 음습한 도시 도문이 깔끔하게 변모했다. 빌딩도 제법 높고 가로수가 도시를 더욱 깨끗하게 해주었다. 일제강점기 때는 훈춘과 목단강을 잇는 철도의 시발점으로, 한때 조선인들로 북적거린 도시였다.

도문은 북한과 마주하는 국경도시다. 다리 양끝에 양국의 세관이 자리 잡고 있으며 강변에는 '邊境(변경)', '國境(국경)' 등의 선돌이 서 있다. 한국인이건 중국인이건 늘 강변을 거닐면 이곳에서 사진을 찍었는데 장성택 사망 이후 중국 공안의 눈초리가 예사롭지 않더니 두만강 건너 북한쪽은 아예 사진조차 찍지 못하게 했다.

분단의 아픔이 북풍한설보다 더 매섭다는 것을 도문의 공기가 말해주고 있다. 예전에는 밥 짓는 연기를 보고 그나마 마음이 놓였는데 지금은 그마저도 보이지 않으니 걱정이 태산이다. 불과 100걸음이면 넘어갈 수 있는 북한. 오늘따라 「눈물 젖은 두만강」의 가사가 더욱 애절하게 들린다.

다리 건너편은 함경북도 온성군 남양이다. 남양에서 좌측 길로 10여 분쯤 가면 우리나라 최북단 온성이 나온다. 남양을 중심으로 좌우측 지역이 바로 세종 때 김종서 장군이 여진족을 몰아내고 삼남의 백성들을 이곳에 이주시켜 우리 땅으로 만든 6진이다. 남양에서 두만강을 따라 상류로 거슬러 올라가면 종성이 나온다. 성리학자 정여창, 실학자 박제가, 허난설헌의 오빠 허봉 등이 찾았던 종성은 조선시대 단골 유배지였다. 한양을 떠나 산수갑산을 지나 천 리 길을 걸어 이곳까지 왔다고 생각해보라. 건장한 사람들도 힘에 부쳐 유배지에 닿기도 전에 죽은 사람이 부지기수다. 권력을 놓은 유배객은 복수심에 불타 후진양성에 힘을 썼다. 그래서 이곳 출신들이 현실과 타협하지 않는 성품을 지니고 있다.

400년 후 우리나라는 또 다시 영토를 넓힐 기회가 있었다. 배고픔을 이기지 못한 유민들이 압록강을 건넜고 빼앗긴 나라를 되찾기 위해 선구자들이 두만강을 건넌 곳이 바로 간도 땅이다.

용정 가는 길

도문에서 용정 가는 길은 두만강을 거슬러 올라가야 한다. 북한의 산과 들녘이 스쳐가니 마음마저 착잡해 창문만을 어루만질 뿐이다. 우리 땅을 드라이브하는 것처럼 산과 강이 빼닮았다. 남한강변 단양의 적벽 분위기도 나고, 낙동강변 상주의 경천대를 보는 기분이

중국 / 용정

1. 도문다리 건너편이 북한땅 남양이다
2. 두만강공원의 한복 입은 여인 조각상
3. 도문에서 용정 가는 길은 두만강을 거슬러 올라간다
4. 한글 자음으로 만들어진 남북 화해 조형물

윤동주 시인 생가가 있는 명동

어서 눈도 마음도 편해진다. 용정은 한때 간도의 수도이자 독립운동의 진원지였다. 1880년대 봉금이 해제된 데다가 함경도에 기근이 들자 수많은 조선인들이 주린 배를 움켜지고 두만강을 건넜다. 마치 미국의 서부개척시대를 연상할 정도로 러시를 이루어 1890년에는 간도 인구의 90%가 조선인이었다. 성실과 근면으로 무장한 이들은 척박한 황무지를 개간해 기름진 옥토로 바꾸었다. 박경리의 소설 『토지』의 주인공인 서희와 길상의 모습을 그리면 된다.

명동

간도의 대통령이라고 불리는 김약연이라는 유학자가 5가문 140명을 이끌고 두만강을 건너 명동촌에 자리를 잡으면서 마을의 역사는 시작된다. '明東村(명동촌)'의 이름도 '동쪽을 밝히는 마을'이라는 의미를 가지고 있다.

명동촌 내의 명동학교는 나라 잃은 조선을 밝히기 위해 애국혼을 가르쳤으며 윤동주, 문익환, 송몽규, 나운규, 이동휘 등 굵직한 인재를 배출해 냈다. 봉오동전투, 청산리대첩에 대패한 일본은 그 보복으로 간도 땅에서 학살을 자행했다. 그 본거지인 명동촌은 비켜갈

1. 항일운동의 요람인 명동교회
2. 명동에 자리한 문익환 목사 생가
3. 김약연선생의 어록

수 없었다. 일본은 명동촌을 와해시키려고 했지만 김약연은 이에 굴하지 않고 간도땅과 연해주를 오가며 무장투쟁을 멈추지 않았다.

대부분 1940년대에 들어서는 독립운동을 포기하고 현실과 타협하기 마련이었는데 그는 단 한순간도 희망을 잃지 않고 독립을 위해 전력을 다했다. 첫 이주 6년 만에 600만 평을 개간했으며 유학자임에도 평등을 강조했고, 독립을 위해 기독교를 받아들이기도 했다.

대성학교

용정에 가면 윤동주가 다녔던 대성학교가 나온다. 현재 이름은 용정중학교. 아직도 조선어 수업을 하고 있는 민족교육의 요람이다. 먼 이국땅에서 윤동주는 사촌 송몽규와 더불어 이곳에서 밤하늘의 별을 보며 독립을 꿈꾸었을 것이다. 학교 내 시비에 새겨진 「서시」를 음미하니 남다른 기분이다.

시인 윤동주는 북간도 명동촌에서 당시 명동학교 교사였던 윤영석의 맏아들로 태어났다. 독실한 기독교 집안으로 고종 사촌형 송몽규와 함께 민족의식을 나누며 독립운동에 일생을 바쳤다. 훗날 형제는 일본 후쿠오카 형무소에 수감되었고 결국 한 달을 사이에 두고 옥사하고 만다. 전시관에는 윤동주의 성적표를 볼 수 있으며 윤동주 교실을 만들어 교복을 입고 사진을 찍도록 했다.

연변조선족 자치구인 연길은 20년 전에 70%였던 조선족의 비율이, 지금은 40%도 채 되지 않는다. 지금 추세라면 앞으로 30년 후 간도 땅에 민족의 개념이 영원히 사라질지 모른다. 20년 전 백두산을 찾았을 때 조선족 가이드에게 넌지시 물어보았다.

"북한과 중국이 축구시합을 하면 어디를 응원합니까?"

"우리 조국인 북한을 응원해야지요."

"그럼 한국과 중국은요?"

빈말인지는 몰라도 슬며시 미소 지으며 한국이라고 답한다.

얼마 전 다시 가이드에게 다시 물어보았다. 아주 당연한 듯,

"저는 중국 사람인데 중국을 응원해야지요."

만약 100년 전으로 돌아가 명동촌 사람들에게 물어보았다면 그들은 뭐라고 답할까? 간도 문제와 통일문제의 해결책은 바로 여기에 있다. 중국 동포가 한국과 북한을 응원하도록 만들면 된다.

대성학교 옆 이상설 선생 역사전시관이 있다. 이상설은 이곳에 서전서숙을 설립하여 항일 민족정신을 가르쳤다. 용정의 벌판을 서전벌이라 불렸기에 서전서숙이라 했다. 이곳은 간도의 교육, 구국운동의 첫발자국이었다. 1907년 고종의 밀지를 받자 그는 서전서숙을 후배에게 맡긴다. 천신만고 끝에 헤이그 만국평화회의에 참석해 일본의 침략행위를 전 세계에 알리려 했다. 그러나 일본의 계략으로 참석을 거부당했고, 이준은 그 자리에서 자결을 택했다. 훗날 이상설은 궐석재판으로 종신형이 선포되자 졸지에 망명객이 되었다. 영국, 미국을 거쳐 블라디보스토크에 가서 유인석과 함께 독립운동에 헌신하지만 러시아 밀정의 배신으로 일본경찰에 붙잡혀 투옥되었다. 이듬해 석방되었으나 연해주에서 투병을 하다가 1916년, 48세의 일기로 순국한다. 그의 유해는 아무르 강가에 화장되었다. 안중근도 이토 히로부미를 주살하기 위해 용정에서 사격연습을 했다고 한다.

용두레 우물과 해란강

용정 시내에서는 가곡 「선구자」의 노랫말에 등장했던 용두레 우물을 볼 수 있다. 1879년에 조선의 이민자인 장인석, 박인연이 처음 발견해 우물가에 용두레를 세워 놓았다. 예로부터 용이 하늘로 승천했다는 전설이 내려오고 있는데 용정의 지명은 바로 이 우물에서 나왔다고 한다. 이 물이야말로 간도의 생명수였다. 용정의 물로 밥을 지었으며 이 물로 독립에 대한 갈증을 해소했을 것이다. 아무리 물을 퍼내도 바닥을 드러내지 않을 정도로 수량이 많다고 한다. 우물 주변을 감싸고 있는 수양버들이 정겹다.

용정을 관통하고 있는 해란강을 멋지게 볼 수 있는 곳이 비암산의 일송정이다. 벼랑에 위치한 소나무가 우뚝 솟은 모양이 마치 정자를 닮아서 일송정이란 이름을 얻었다. 일제강

중국 용정

1. 윤동주 시인이 다녔던 대성학교
2. 대성학교 내 윤동주 교실
3. 용두레 우물과 수양버들

점기 때는 선각자들이 정상의 바위에 올라 구국을 위한 회의를 했다는 일화도 전해진다. 당시 용정 사람들은 이 소나무를 보면서 희망을 가졌다고 하는데 그걸 우려한 일본인들은 민족의식의 말살을 위해 소나무를 향해 사격연습을 했다고 한다. 결국 대못까지 박는 만행을 저질러 소나무는 죽었고 거기에 다시 자라지 못하도록 소금까지 뿌리고 석회까지 발랐다고 한다. 1990년 이곳에 다시 소나무를 심었는데 뿌리 내리기 힘든 모양이었다. 8번 시도 끝에 지금의 소나무가 자라게 되었다. 소나무를 다시 살리고자 하는 간도 사람의 노력은 포기하지 않는 유민의 역사를 닮았다.

1. 용정에 서전서숙을 설립한 이상설을 기리는 역사전시관
2. 가곡 선구자의 가사로 등장한 일송정

친절한 여행 팁

7, 8월 성수기 때 연길직항로는 항공권을 구하기 쉽지 않고 가격이 비싸다. 심양이나 장춘을 통해 비행기로 들어오는 것도 방법이다. 속초항에서 페리호를 타고 러시아 자루비노항에서 하선해 훈춘을 거쳐 도문을 지나면 용정으로 갈 수 있다. 5박 6일 코스로 60여만 원이면 가능하다. 연길 서시장은 연길에서 가장 번화가로 우리말로 된 대형 간판이 즐비하며, 약재, 인삼, 육류, 어류 등을 파는 시장이 활발하다. 냉면, 순대, 꼬치구이 이외에도 담백한 연변 요리를 맛볼 수 있다. '오누이장 찌개'는 묵은 시골된장과 생장을 반반씩 섞어서 끓인 연변식 된장찌개다. 부모 없는 오누이가 불쌍하게 살다가 이 찌개를 맛있게 먹었다고 해서 오누이장이 되었다. '썩장'은 청국장의 함경도 사투리로 좀 짜고 친한 맛이 남은 것과 다르다. 만주 지역의 북방민족들이 콩을 삶아 말 안장에 넣으면 말의 체온에 의해 자연발효가 되는데 그것이 청국장의 원조라는 설이 있다.

Storytelling
한민족이 타고 가는 대련행 야간기차

조선족이 한국갈 때 이용하는 연길 대련 간 기차

연변조선족자치주의 주도인 연길 시는 한글 간판이 있어 얼마나 친근한지 모른다. 아마 세종대왕은 자기가 다스린 땅이 아닌 곳에서 한글을 사용한다는 소리를 들으면 무척 흐뭇해 할 것 같다. 간판은 중국어와 한글로 병기하는 것이 법으로 정해져 있다. 행정구역상 조선족자치구지만 이미 조선족 인구 50%가 무너진 지 이미 오래다. 젊은이들이 돈벌이를 위해 한국 또는 중국의 대도시로 떠나버렸기 때문이다. 이런 식으로 가다간 30년 후면 한글 간판을 내려야 할지도 모른다. 역설적이지만 한국의 경제 발전이 조선족 와해의 주범이 된 셈이다.

대련행 기차를 타기 위해서는 연길역의 2층 대합실에 올라야 한다. 에스컬레이터를 타고 2층에 오르면 한가운데 백두산 부조가 나타난다. 백두의 영봉과 파란 천지를 보는 순간 온몸에 전율이 흐른다. 백두산이야말로 한민족을 하나로 묶어주는 상징물이 아닐까.

연길역에서 난 중국 동포를 만났다. 하얼빈에서 북쪽으로 4시간을 더 들어가야 고향인 하양산이 나온단다. 연길에서 하얼빈까지 기차로 10시간이 넘는데 거기서 또 북으로 올라간다면 얼마나 먼 곳일까? 할아버지의 고향이 경상도라고 하는데 그 먼 곳에 터를 잡은 것만 해도 경이롭다. 한때 조선족이 300가구가 넘는 대규모 마을이었는데 20년 후 다시 찾아갔더니 단 3가구만 남았다고 한다. 이는 조선족의 붕괴를 의미한다. 학창시절에는 조선족 학교에 다니면서 설움을 많이 받았다고 한다. 한족 아이들이 이유 없이 돌을 던지고 괴롭혀 수업을 마치면 20명씩 뭉쳐 다녔다고 한다. 그러나 오늘날 조선족은 그 마을에서 큰소리를 치고 산다고 한다. 한국에서 돈을 많이 벌어와 고향 땅을 사고 차도 굴리니 한족들이 부러워한다고 한다.

한편으론 한국인에 대한 서운함도 드러냈다.

"나라를 빼앗겼을 때는 우리를 건사하지 못하고 내쫓아버리더니 이제 다시 고향이라고 찾아 갔더니 인간 취급도 하지 않는다."

그 아주머니의 말 한마디가 비수가 되어 가슴에 꽂혔다. 앞으로 한국으로 돌아가 식당에서 중국 동포를 만난다면 따뜻한 말 한마디 건네야겠다. 중국 동포 중 많은 사람들이 독립운동가의 후손이기에 우린 이들에게 빚을 졌다고 할 수 있다. 어느 날 북한에 긴박한 상황이 발생한다면 우리 민족을 위해 힘을 보탤 줄 사람들이 바로 이분들이 아닐까?

연길에서 낮 1시 기차를 타면 발해만 끝자락 도시인 대련에 아침 7시에 도착한다. 무려 18시간을 기차에서 보내야 한다. 연길-안동-길림-장춘-사평-심양-대련까지 소설 『토지』에 등장하는 지명들이 줄줄 등장한다. 고향을 등지고 낯선 땅을 찾아 가려는 이민자들은 기차의 구멍 사이로 솔솔 들어오는 바람을 맞으며 의자에 쪼그리고 앉아 복받친 눈물을 잠았을 것이다. 겨울이라 그런지 18시간 중 15시간은 설원이 펼쳐진다. 만주 땅에 눈이 많다는 것을 절로 실감한다. 아이스크림 같은 눈이 낭만적이 아니라 저 동토에서 뭘 일구고 사는지 걱정이 앞선다.

연길과 대련 간 기차는 한민족 기차였다. 객실에는 조선족이 반수 이상을 차지하고 있어 언어의

연길 대련 간 기차는 중국인, 조선족 동포 한국인까지 다양한 사람이 타고 있다

불편함이 전혀 없다. 연길에서 출발하는 한국행 비행기가 있지만 편수가 적고 가격이 비싸기 때문에 그 대안을 찾은 것이 대련이나 심양이다. 대련에는 인천 가는 페리호가 있으며 저렴한 비행기(25만 원 전후)가 수시로 뜨기 때문이다. 100년 전 우리 동포들이 희망을 찾아 중국으로 넘어갔듯이 지금 그들은 자신의 미래를 위해 한국을 찾는 것이다. 조선족 승무원도 반갑다. 과음하는 우릴 보고 걱정이 되었는지 한마디 던지고 지나간다.
"너무 술 많이 드시지 마시라요, 짐 조심하시구요."
투박한 어투지만 동포를 생각하는 마음만은 따뜻했다. 기차 안 좌석을 옮겨 다니며 동포들과 얘기를 나누었다. 어디든 나를 반가이 맞이하고 기꺼이 간식을 내어준다. 그들의 삶과 애환을 들어보는 재미가 쏠쏠하다.
대련에 사는 언니를 만나러 가는 처녀는 예쁜 데다 마음씨 또한 고운 것 같다. 중국어로 된 성경책을 머리맡에 두고 수시로 성경 구절을 읽는 모습은 천사를 닮았다. 중국에서 기독교인을 만나기 쉽지 않은데 말이다. 사는 곳은 북한과 마주한 도문이란다. K-POP 가수는 나보다 더 잘 안다. 지드래곤을 좋아한다는데 난 그가 빅뱅 멤버인 것을 이 처녀한테 들었다.
"아가씨는 대련에 왜 갑니까?"
"대련에는 돈 벌러 갑네다."
"가면 바로 직업을 구할 수 있어요?"
"어케 돼갔지요."
"대단하네요."
"제 사투리가 듣기 거북하지비?"
그 사투리와 억양이 얼마나 귀여운지 모른다. 이렇게 낯선 땅, 낯선 기차에서 말이 통하는 자체만으로도 감사할 따름이다. 한국에서 가져간 컵라면을 그 처녀에게 건네줬다.
"이렇게 나눠 먹어야 사람 사는 정이라요."

침대기차에서 바라본 차창 밖 풍경

곱상하게 생긴 한족 여인도 만났다. 결혼한 지 1년이 된 새댁이란다. 재미난 것은 남편이 조선족인데 한국말은 못하지만 남편 덕에 내가 하는 말은 대충 알아듣는 것 같다. 간식으로 먹을 빵까지 꺼내 내게 권한다.
연길에서 기차타고 대련까지 18시간 가서 다시 페리호에 올라타 발해만을 횡단해 산동성 위해까지 간단다. 오로지 남편을 만나기 위한 사랑의 발걸음이다.
"이렇게 예쁜 아내를 얻은 우리 조선족 동포가 부럽습네다."
66명 타고 있는 이 기차 한 량에 중국인, 조선족, 한국인까지 참 다양한 사람들이 타고 있었다.
한국으로 돈 벌러 가는 동포, 한국에 남편을 만나러 가는 아줌마, 대련에 아들 만나러 가는 아저씨, 취직하기 위해 도시로 가는 처녀 등 기차에 올라탄 사연은 제각각이지만 한결같이 한국과 연관이 있었다. 어떤 아줌마는 한국 TV를 즐겨보는데 드라마 <왕가네 식구들> 줄거리를 꿰뚫고 있었다. 어떤 이는 내가 한국서 왔다고 했더니 지나가다가 멈춰 내게 악수를 청한다.
"저 용정 삽네다."
핏줄은 어쩔 수 없나보다. 18시간 동안 난 한민족의 후예들과 함께 거친 대륙을 달렸다. 우린 100여 년 동안 서로 다른 환경에 살아왔지만 우리말로 대화를 나눌 수 있다는 것이 신기하기도 하고 고맙기도 했다.
아주 오래전 한밤중 역사에서 여권 검사를 하고 프랑스에서 스위스로 넘어간 적이 있었다. 어떻게 국경을 기차로 넘어갈 수 있지. 그러고 보니 그동안 우린 섬 아닌 섬에 갇혀 살고 있었다. 부산에서 침대 열차를 타고 서울을 거쳐 평양을 지나 신의주에서 국경을 넘어 만주로 넘어가는 꿈을 다시 꿔본다. 카스 맥주를 마시다가 북한에서는 평양 맥주 그리고 단동부터는 빙천 맥주로 바꿔야겠다.
내 생애 그날은 오겠지.

03
고구려의 자존심, 광개토대왕비와 장수왕릉

백두산 고구려 유적지 4박 5일

- **1일** 인천공항 → 심양공항 → 통화 → 송강하 → 이도백하
- **2일** 백두산 북파 → 소천지 → 지하삼림 → 이도백하
- **3일** 백두산 서파 → 5호경계비 → 대협곡 → 천상화원 → 집안
- **4일** 집안(광개토대왕비 – 장수왕릉 – 산성하 무덤 떼 – 고구려벽화) → 환인 졸본성(오녀산성)
- **5일** 환인 → 본계 → 백암산성 → 심양 → 서탑거리 → 심양공항 → 인천공항

추천여행 패키지(항공 이용)　　**여행경비** 120만 원(패키지 110만 원, 기타 10만 원)
여행성격 역사, 문화유산답사, 가족여행　　**추천계절** 봄, 여름

광개토대왕비와 태왕릉

만약 고구려의 수도 집안이 북한 땅에 있다면 중국은 동북공정을 시도하기 어려웠을 것이다. 집안의 고구려 유적이 차지하는 비중이 그만큼 크기 때문이다. 세계 최고의 고구려 고분 벽화와 1,500여 기의 산성하 무덤 떼, 국내성, 광개토대왕비와 장수왕릉까지 고구려 문화의 보고가 집결해 있다.

광개토대왕비는 남북한을 통틀어 최고, 최대의 석비다. 일본은 비를 지우고 몰래 글자를 새겨 넣었을 뿐 아니라 소똥을 발라 불에 달궜고 석회까지 덧칠하는 만행을 저질렀다. 그러나 글자를 지우고 바꾼다고 해서 역사의 진실은 바뀌지 않을 것이다. 너비 3m, 높이 6.39m 비신의 사면에는 15cm의 글자가 음각되어 있다. 비는 광개토대왕 사후 2년째 되는 414년에 건립되었다. 고구려의 건국내력과 광개토대왕의 대외정복사업 그리고 묘 관리에 관한 내용을 담고 있다.

광개토대왕비 건너편은 태왕릉이 자리 잡고 있다. 이곳에서 '太王'이라고 새겨진 방울이 발견되었기에 광개토대왕의 능으로 추정하고 있다. 고구려 역사에서 가장 두드러진 인물답게 능의 규모가 대단하다. 한 변의 길이가 66m, 높이 14.8m로 장수왕릉의 4배 규모다. 능의 내부에는 부장품 하나 없지만 돌을 잘라내고 다듬고 쌓아올린 공력만은 대단하다.

광개토대왕릉 전경

1. 광개토대왕릉 내부
2. 우리나라 최고 최대의 석비인 광개토대왕비
3. 광개토대왕비에 새겨진 글씨

장수왕릉

장수왕이 평양으로 천도해 그곳에서 생을 마감했으니 무덤의 주인은 장수왕이 아니라는 반론도 제기된다. 그러나 사후 세계를 중시한 고구려인들은 결혼을 하면 바로 능지를 마련하고 즉위하면 능을 쌓기 시작한다. 국내성에서 왕좌에 올랐기에 집안에 자리하는 것이 맞다.

장수왕릉은 '동방의 피라미드'라 불리는 고구려 대표적 적석묘다. 높이 12.4m 각 변의 길이가 31.6m 7단의 계단을 가지고 있다. 5m가 넘는 대형 화강암 1,100개를 쌓아 올려 전체 무게만 6천 톤이 넘는다. 돌 한 개의 무게는 이집트 피라미드보다 더 크고 육중하니 이동 시 엄청난 공력이 필요했을 것이다. 이 무거운 돌을 과연 어디에서 가져온 것일까? 장수왕릉으로부터 16km 떨어진 '고대 채석장'에서 돌을 날랐다고 한다. 나무를 굴려 돌을 움직였으며 다시 비스듬히 흙을 쌓아 돌을 위로 올렸다고 한다. 이 정도 규모라면 7만 명이 동원되었으리라 추측된다. 견고성을 높이기 위해 첨단 건축법을 사용하고 있다. 돌의 가장자리를 돌출시켜 홈을 파고 그곳에 정확하게 돌이 들어맞게 했다. 그 홈은 자로 잰 듯 정확하며 윗돌은 블록처럼 끼워졌다. 이런 치밀함 덕에 계단 모양의 들여쌓기가 가능했고 1,500년이 지나도 무너지지 않는 원동력이 되었다. 묘실을 보면 5.5m의 돌을 옆으로 세웠고 천장에는 50톤짜리 하나의 돌인 석판을 얹었다. 거기다 목조 가구구조를 보듯 이가 정확하게 들어맞도록 끼워 넣었다. 고구려인들은 정과 망치만으로 두부 자르듯 돌을 자유롭게 다룬 사람들이다.

높이 12m의 왕릉 정상에 오르니 남서쪽으로 광개토대왕비와 광개토대왕릉이 눈에 들어온다. 장수왕은 아버지를 위해 '광개토대왕비'를 조성했다. 그만큼 부왕의 업적을 높이 평가했다는 증거다. 아마 죽어서도 부왕의 곁에 묻히고 싶은 마음이 담겼을 것이다. 장수왕릉 옆에는 딸린무덤이 있다. 장수왕릉의 미니어처라고 할 정도로 흡사하다. 무덤의 돌이 무너져 내부를 들여다 볼 수 있으니 이를 통해 장수왕릉의 건축기법을 살필 수 있다. 광개토대왕릉 뒤편은 바로 북한 만포시다. 고구려의 터전을 중국에 내 주고, 허리가 잘린 채 형제끼리 다투고 있는 모습을 고구려왕이 본다면 얼마나 한심하게 생각할까?

환도산성

환도산성은 고구려 도읍지인 집안을 포근하게 감싸고 있다. 집안 시내에서 산성까지 가는 길은 계란의 노른자 속으로 찾아가는 여정 같다. 그 속내를 헤집고 들어갈수록 오묘한 향기가 간다. 국내성이 태평성시를 즐긴 평지성이었다면 환도산성은 사각의 링처럼 어느 한 쪽이 죽어야만 끝이 나는 싸움판이었다.

환인의 졸본성이 헬기장처럼 위 둥치만 편편하다면 이곳은 산으로 둘러싸인 요새다. 분지 안쪽은 완만한 경사로 이루어졌고 바깥쪽은 천 길 낭떠러지다. 오로지 남쪽으로만 공간이 트여 있다. 하늘 신이 고구려인에게 내려준 천혜의 요새라 할 수 있다. 세월 탓에 성벽은 허물어져 그 흔적을 찾기 어렵고 남문을 가로지르는 성곽만이 그나마 온전했다. 무너진 성벽 사이로 다부진 속살이 보였다. 자연석을 세모로 다듬어 계단을 쌓듯 차곡차곡 쌓아 올려 견고성을 높였다. 겉은 반듯한 돌로 '品(품)' 자 모양의 수직 쌓기를 했다. 전형적인 고구려 성의 특징이다. 성은 산세를 따라 7km나 이어졌다. 서쪽으로 산자락이 이어지고 성벽은 험준한 지형을 더듬으며 올라가고 있었다. 고구려가 망했어도 그들의 혼령은 산자락을 타고 살아 움직이는 것 같았다.

남문은 움푹 들어가 있다. 적의 공격에 대비해 항아리 모양의 옹성까지 갖추고 있었다. 배수구도 보인다. 적들은 이곳에서 내려오는 쌀뜨물을 보면서 성안의 병사 수를 가늠했을

집안의 5호분 5호묘 내부로 들어가면 고구려 벽화를 볼 수 있다. 6세기 무덤으로 4신도가 그려져 있는데 특히 4벽 모서리에는 상상의 동물인 용이 39마리나 그려져 있다. 그중 신선이 타고 있는 용이 있는 것으로 보아 고구려인들은 용과 친밀한 것 같다. 관광객에게 개방을 해 내부에 결로현상이 있음에도 1,500년 전 색채를 잃지 않고 있다.

심양에서 시작해 환인의 졸본성, 집안의 고구려 유적지, 백두산 북파, 서파 코스, 고구려 산성인 백암산성을 묶은 상품을 이용하면 중국 내 고구려 유적지를 한꺼번에 볼 수 있다. 인천에서 단동까지 선박을 이용한 상품은 5박 6일과 7박 8일 상품이 있으며 백두산, 집안, 압록강, 집안, 호산장성을 둘러보게 된다.

중국
집안

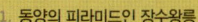

1. 동양의 피라미드인 장수왕릉
2. 돌의 가장자리를 돌출시켜 돌이 밀려나지 않도록 했다
3. 목조가구처럼 돌을 끼어 맞췄다
4. 7km나 이어진 환도산성
5. 적의 동태를 파악할 수 있는 환도산성장대

것이다.

장대는 높은 곳에 있어 적의 동태를 파악할 수 있었다. 계단만이 온전하며 성 돌로 쓰였던 돌덩이는 사방에 나뒹굴고 있었다. 장대에 올라 바라본 경치는 예나 지금이나 변함이 없다. 국내성뿐 아니라 집안 시내 그리고 압록강 넘어 북한 땅까지 눈에 들어온다. 장대는 전쟁터에서 산전수전 겪은 장수처럼 보였다. 상처투성이지만 분기탱천한 기상만은 녹슬지 않았다. 장대의 모퉁이 돌은 직각으로 다듬지 않고 원을 그리듯 다듬어 무용총의 춤사위처럼 부드럽다.

장대에서 바라본 왕궁터는 쓸쓸하다. 한때 왕이 천하를 호령하며 머문 궁궐이었지만 지금은 과수원이 되었고 소가 풀을 뜯고 있는 초지로 바뀌었다. 산자락으로 내려오는 개울에 발을 담갔다. 꼼짝없이 성에 갇혔어도 이 물만 있다면 몇 개월은 버텼을 것이다. 그 생명수는 고구려인의 심성만큼이나 맑았다.

산성하 무덤 떼

환도산성을 벗어나 산성하 무덤 떼를 보기 위해 통구하 다리에 버스를 세웠다. 고구려의 역사와 미술은 고분이 말해주듯 무덤이란 집단이 만들어낸 감동은 이루 말할 수 없다. 현재 남아 있는 무덤만 1,582기. 이곳이 세계 최대의 고분군임을 아는 사람은 그리 많지 않다. 장군이나 귀족들의 무덤으로 추측되는데 고구려의 국립묘지로 보면 될 것이다. 대한민국 군인들도 현충원에 묻히는 것을 최고의 영광으로 여기듯 고구려 장수 역시 이곳에 묻히길 원했다. 호국 혼이 절절히 묻어 있어 무덤마다 비장함이 느껴진다.

봉분의 형태도 다양하다. 장수왕릉처럼 돌을 쌓아 올린 적석총과 흙으로 봉분을 덮은 봉토묘 그리고 혼합 형태의 묘까지 그 크기도 제각각이다. 고구려의 다양한 봉분 형태를 비교하며 둘러볼 수 있으니 가히 '고구려 무덤전시관'이라고 해도 좋을 듯싶다.

한국 연계관광지

구리 대장간마을

드라마 〈태왕사신기〉가 촬영되었던 고구려 대장간마을은 담덕의 집, 말갈·거란족의 집, 우물가 등을 갖추고 있다. 지름 7m의 대형 물레방아와 화덕을 가진 고구려 제철소를 복원해 놓았으며 쇠를 녹이고 담금질하는 과정을 볼 수 있다. 아차산 유적박물관에는 아차산에서 출토된 삼국시대 토기류와 철기류를 감상할 수 있다. 대장간마을에서 100여m 떨어진 곳에는 〈태왕사신기〉 촬영 시 우연히 발견된 사람 형상의 바위인 '아차산 큰바위 얼굴'을 볼 수 있다. 배우 배용준이 발견했다고 해서 일본인도 자주 찾는다. 제4보루성과 아차산성까지는 산세가 그리 험하지 않아 산책 삼아 다녀오기 좋다. 구리경찰서 앞에는 광개토대왕 동상이 있다. 관모를 쓰고 태양을 상징하는 삼족오가 새겨진 알을 들고 있다. 그 옆에는 실물 크기의 광개토대왕비가 서 있어 고구려의 기상을 배울 수 있도록 했다.

고구려를 세운 고주몽은 천제 해모수의 아들이었다. 고구려인들은 스스로를 하늘의 자손이라 여겼고 다시 하늘로 올라가리라 믿었다. 무덤들은 하늘로 올라가는 통로인 셈이다.

눈여겨볼 것이 무덤의 그랭이공법이다. 바위를 다듬지 않고 자연석에 맞춰 이를 맞물리도록 했으며 맞물리는 부분은 'ㄱ' 자로 견고하게 다듬었다. 광개토대왕이나 장수왕릉 근처인 용산자락에 무덤군을 만들지 않고 하필 적들과 싸워야 하는 산성 아래에 국립묘지를 만든 이유가 뭘까? 생사의 갈림길에서, 산성에 오른 고구려 병사들이 죽은 선배들을 내려다보며 의지를 다지기 위함이 아닐까. 적들은 무덤 떼를 보고 오금이 저렸을 것이다. 산 자와 싸우는 것도 벅찬데 죽은 자들이 무덤에서 일어나 창과 칼을 들 것

만 같다. 환생을 믿는 고구려인에게 무덤 떼는 산성을 지키는 수호신이었다. 국난의 위기를 벗어나고 싶은 믿음의 발로인 셈이다.

잡초가 우서시고 돌넝이가 굴러나니는 무덤 떼를 바라보며서 속으로 울었다.
'산성하 무덤 떼 그리고 고구려의 정신을 다시 찾으리라.'

1. 환도산성 성곽돌 2. 고구려의 국립묘지인 산성하 무덤 떼

04
주몽이 선택한 고구려 첫 도읍지, 환인 졸본성

백두산 고구려 유적지 4박 5일

1일	인천국제여객터미널
2일	단동동항 → 압록강 유람선 → 집안
3일	집안(광개토대왕비 – 광개토대왕릉 – 장수왕릉 – 환도산성) → 통화
4일	단동(호산장성 – 일보화 – 압록강단교 – 단동동항)
5일	인천국제여객터미널

추천여행 패키지(선박 이용)
여행성격 역사, 문화유산답사, 단체
여행경비 60만 원(패키지 50만 원, 기타 10만 원)
추천계절 봄, 여름, 가을

1. 졸본성의 중국식 이름인 오녀산성. 세계문화유산으로 지정되었다 2. 2천여 개의 계단을 올라야 정상에 닿는다

고구려인의 첫 수도

"기원전 2~3세기경 고주몽은 비류수 가에 나라를 세우고, 서쪽 산 위에 성을 쌓고 도읍을 세웠다."

광개토대왕비와 『삼국사기』에 나온 이야기다. 천제의 아들 해모수, 물의 신인 하백의 딸 유화 사이에 태어난 동명성왕의 신화가 바로 눈앞에 펼쳐졌다. 신화는 얼토당토않은 이야기가 아니었다. 하늘에 우뚝 솟은 바위 절벽 위에 고구려의 첫 수도인 졸본성이 자리하고 있다. 고주몽이 하늘 신 해모수의 자식임을 말해주듯 고구려의 기상이 흘러넘치고 있다. 거기다 졸본성에서 내려다본 비류수(혼강)는 물의 신 하백의 딸 유화의 머릿결처럼 감미롭게 흘러간다. 하늘과 물의 만남, 바로 고구려의 시작이다. 대제국을 호령했던 고구려는 이렇게 신비스런 곳에서 첫발을 뗐다.

고구려인이 대제국을 건설할 수 있었던 원동력은 절묘한 입지 선정에 있다. 집안의 국내성과 환도산성, 평양의 안악궁과 대성산성 그리고 졸본성에서 보듯이 천혜의 요새를 두고 수도를 세웠던 것이다. 자연을 거스르지 않고 절묘하게 이용하는 혜안이 고구려인들의 가슴 속에 불타고 있었다.

또한 고구려인들은 비류수와 압록강, 송화강 등 물길을 절묘하게 이용했다. 거미줄처럼 연결된 수로를 통해 국가의 물자들을 손쉽게 실어 날랐다. 졸본성에서 바라본 비류수의 물길과 집안에서 바라본 압록강과 통구하를 보니 그런 확신이 들었다. 거기다 그들은 돌을 잘 다루는 민족이었다. 집채만 한 돌을 쌓아 올려 장수왕릉을 세웠고 수십 개의 고구려 성이 1,500년이 지났어도 오늘날까지 건재하다. 작은 병력으로도 성에 진을 치고 장기전에 돌입해 적의 보급로를 차단해 고사시키는 작전을 즐겨 사용했는데 그 저변에 견고한 성이 있기에 가능했다.

1. 대형 맷돌
2. 한 번도 마른 적이 없는 천지

졸본성을 오르며

고구려의 첫 수도 졸본성은 그야말로 돌을 찾아가는 여정이다. 한국과 북한의 반대에도 불구하고 중국은 졸본성(오녀산성)과 집안의 고구려 유적지를 2004년 세계문화유산으로 등록시켰다. 중국은 동북공정에 1조 원이나 쏟아 부었다고 한다. 통일 한국을 대비하기 위한 사전 포석으로, 북한을 중국의 위성국가로 만들어버리려는 속셈이 숨어 있다. 이렇게 포연 없는 역사 전쟁의 소용돌이 속에서도 졸본성은 묵묵히 제자리를 지키고 있다. 마치 진리는 변치 않는다는 것을 말해주듯 말이다.

세계문화유산으로 등록된 졸본성(오녀산성)은 A가 4개인 국가등급여행지다. 주차장에는 삼족오가 그려진 '고구려시조비'가 세워져 있다. 버스를 타고 높은 곳까지 올라가 하차하면 다시 까마득한 계단이 기다린다. 거기서 999계단을 올라가면 정상에 닿는다. 직선의 계단길이 힘들면 '18반'이라고 불리는 지그재그 길을 이용하면 된다.

2천여 개의 계단을 20분여 쯤 올라가면 천창문이 반긴다. 드넓은 하늘이 시원스레 펼쳐진다. 해발 820m 정상에는 남북 600m, 동서 200m, 둘레 1km의 평지가 숨어 있었다. 사면이 깎아지른 절벽이지만 서쪽만 경사가 완만해 천혜의 자연조건을 갖추고 있다.

졸본성에서

성문은 U자형태의 치를 가지고 있어 만약 적이 들어오면 3면에서 공격을 하도록 성이 만들어졌다. 이런 축성법은 두 번째 수도인 국내성(집안)에 이르면 치와 옹성의 형태로 발전된다.

고구려인들은 성 쌓기의 달인이다. '수직 쌓기'를 한 만리장성은 얼마 못 가 허물어졌지만 고구려 성이 1,500년을 견딘 것은 바로 고구려 특유의 '들여쌓기' 공법 때문이다. 돌을 계단처럼 쌓으면 위에서 내려오는 압력과 안쪽에서 밀고 나오는 압력을 동시에 견딜 수 있어 견고함을 높일 수 있다. 국내성, 환도산성, 장수왕릉에도 이런 공법을 사용했으며 단양의 온달산성과 보은의 삼년산성도 들여쌓기를 사용했다.

서문 안쪽 중간에 움푹 들어간 곳은 보초병이 서 있던 자리다. 성문 위에는 망루가 여럿 있으니, 적의 동태를 파악하며 전의를 다지는 고구려 장수를 상상해보는 것은 어떨까. 바깥 성벽의 돌은 반듯하게 다듬어 놓았다. 헐렁하게 보이면서도 속은 빈틈을 찾기 힘들다. 대형주거터는 왕궁으로 추정된다. 주춧돌 7개가 늘어선 형태로 이곳에서 토기와 철기, 돌칼 등 고구려 초기유물이 출토되었다고 한다.

한국 연계관광지

아차산성

아차산성은 삼국시대 성이다. 『삼국사기』에 의하면 고구려 장수왕이 한강 하류의 남쪽에 있었던 백제의 왕성을 빼앗고 개로왕을 사로잡아 아차산성으로 끌고 와서 죽인 곳이기도 하다. 한강 하류를 장악한 신라에 있어서도 고구려를 공격하는 전진기지가 되기도 했고 고구려의 온달 장군이 신라군의 화살에 맞아 전사한 곳이라고도 한다. 이때 온달 장군의 주검을 거두기 위해 달려온 고구려 평강공주의 슬픈 사랑 노래가 묻어 있는 곳도 아차산성이다. 아차산성은 한강 하류의 북쪽 강변에 있는 해발 203m의 작은 산봉우리를 감싸며 쌓았다. 성의 둘레는 1,038m이다. 홍련봉 보루, 아차산성, 온달평강전설바위, 아차산 일대 보루군을 볼 수 있다.

중국 환인 졸본성

1. 졸본성에서 바라본 비류수 지금은 혼강이라 부른다
2. 요령성 제1의 경치
3. 시원스러운 하늘이 펼쳐지는 천창문
4. 사면이 절벽이고 서쪽만 경사가 완만해 서문이 정문 역할을 한다
5. 벼랑에 절묘하게 길이 놓여 있다

성안에는 마른 적이 없는 연못인 '천지'가 있다. 그 어감이 어찌나 와 닿는지 모른다. 800m 바위산 위에 샘물이 솟는 것 자체만으로도 하늘의 선물이다. 이 샘물이야말로 생명수다. 아무리 성이 견고하더라도 물이 없으면 견디지 못하고 굴복해야만 했다. 물의 양에 따라 성을 지키는 군인 수도 달라질 것이다. 그 물을 그냥 흐르게 하지 않았다. 이렇게 작은 저수지를 만들어 효율적으로 관리했다. 배수구 아래에도 물 저장 공간이 있는데 이곳에서는 빨래나 기타 허드렛일을 했다고 한다. 병영터, 도교사원터, 동굴까지 보인다. 대형 맷돌을 보니 곡식을 빻아 밥을 해먹었던 고구려인을 상상하게 해준다. 천지를 지나니 군량미를 쌓아 놓았을 식량 창고터가 보인다.

장대 선돌에는 '요령성 제1경치'라고 쓰여 있지만 환인댐이 막은 강은 호수가 되어 그리 눈에 들어오지 않는다. 대신 천지 가기 전 정자에서 바라본 서쪽 풍경이 더 끌린다. S자로 굽이도는 수태극과 산태극이 절묘한 그림을 그려놓았다. 서북쪽은 높이만 200m에 이르는 수직 절벽이 성을 감싸고 있어 별다른 방비책 없이 자연 지세만으로 방어할 수 있다.

급경사 내리막

동문으로 내려가는 길은 만만치 않는 경사다. 바위 절벽 사이에 한 사람만 간신히 내려갈 수 있는 공간이 존재한다. 이 협소한 벼랑길은 졸본성의 숨통이라 할 수 있다. 이 길이 없었더라면 고구려의 해상교통로인 비류수로 향하는 길이 무척이나 멀었을 것이다. 거의 80도 경사길인데 용감한 사람은 이 길을 이용하고 나머지는 절벽에 붙어 있는 잔도를 이용했다.

고구려인의 갈증을 해소해 주었던 우물

중국 환인 졸본성

1. 동문 하산길은 급경사 2. 동문 가는 길은 80도 경사 절벽

잔도를 내려오면 지그재그 나선형의 계단길이 나온다. 그 아래쪽에 우물이 하나 있다. 고구려인들의 갈증을 해소해 주었던 물을 벌컥벌컥 들이킨다. 어린 시절 시골에서 맛보았던 그 물맛이었다.

졸본성은 2중의 성을 가지고 있다. 절벽이 천연요새로서 내성의 역할을 한다면 절벽 아래는 외성이 길게 이어졌다. 조심히 다가가 성 돌을 어루만지니 고구려인의 체온이 전해온다. 초소터는 고구려인들이 눈을 부라리며 적을 감시했던 장소다. 산성 아래는 궁궐로 봐야 할 것이다. 5m 높이의 성벽 위는 폭이 넓어 말과 마차가 다니도록 했다.

중국

환인 졸본성

1. 나선형의 계단길
2. 튼튼한 고구려 성벽
3. 졸본성에서 만난 달리아

친절한 여행 팁

단동만 둘러보겠다면 비행기보다는 인천에서 출발하는 단동페리에 오르는 것이 좋다. 백두산, 고구려 유적지, 압록강까지 5박 상품으로 항공상품보다 저렴하게 다녀올 수 있다. 대신 선내에서 시간을 보낼 수 있도록 책을 준비하면 지루하지 않을 것 같다. 서해에서 일출을 볼 수 있으며, 서해의 섬들을 조망하는 것은 선상여행의 장점. 한반도 최서단 섬인 마안도를 바다에서 볼 수 있다.

087

05
북한까지 한 발자국, 단동 일보화

백두산 고구려 유적지 5박 6일

- 1일 인천국제여객터미널
- 2일 단동동항 → 압록강 유람선 → 집안
- 3일 집안(광개토대왕비 – 광개토대왕릉 – 장수왕릉 – 환도산성) → 통화
- 4일 통화 → 환인 → 오녀산성 → 단동
- 5일 단동(호산장성 – 일보화 – 압록강단교) → 단동동항
- 6일 인천국제여객터미널

추천여행 패키지(선박 이용) **여행경비** 60만 원(패키지 50만 원, 기타 10만 원)
여행성격 역사, 통일, 가족, 단체 **추천계절** 봄, 여름

집안에서 바라본 북한 땅

압록강의 눈물

"거기 흐르는 강 이름이 뭐여요?"
"압록강입니다."
숨이 탁 막히는 느낌이었다. 그렇게 만나고 싶어 하던 압록강이 내 눈앞에 펼쳐진 것이다. 물색이 오리머리 색인 녹색이라 여겨 '鴨綠江(압록강)'이란 이름을 얻게 되었다. 백두에서 발원한 물이 고구려 땅을 적시고 눈물과 한숨을 안은 채 800km의 긴 유랑을 거쳐 서해에 몸을 섞는다. 대륙을 호령했던 고구려인들이 한강의 강남과 강북을 오가듯 자유롭게 넘나들었던 강이었건만 지금은 태평양보다 건너기 힘든 강이 되었다.

압록강 단교와 함께 대륙의 꿈도 단절되었다. 서울에서 경의선을 타고 평양을 거쳐 신의주까지 달려가 압록강 철교를 건너 심양을 가게 된다. 장춘, 하얼빈을 지나 몽고로 향해 달린다. 울란우데에서 시베리아 철로로 바꿔 타고 바이칼 호수를 거쳐 모스크바를 지나 유럽까지 가는 꿈은 언제 이루어질까?

1. 한국전쟁 참전을 위해 도강하고 있는 중국군 2. 압록강 유람선에서 바라본 북한 신의주와 북한 주민

다리의 길이는 944m. 한국전쟁 때 B29기의 폭격으로 다리의 반쪽은 사라져 전쟁의 참상을 입은 상이용사를 보는 것 같다. 미국을 군사적 맞수로 여기고 있는 중국은 반미교육의 상징으로 이 다리를 이용하고 있다. 단교 입구에는 6·25전쟁에 참전했던 팽덕회를 비롯한 중국군이 압록강을 건너는 장면을 묘사한 동상이 서 있다. 모택동 주석의 아들도 이 교량을 건너 북한을 지원했지만 결국 돌아오지 못했다. 동상 아래에는 1950년 10월 19일 날짜와 '평화를 위해서'라는 글자가 한국인에게는 씁쓸하게 다가온다. 만약 중국이 참전하지 않았다면 우린 분단이 되지 않았을 것이다.

상판은 온 데 간 데 없고 교각만 덩그러니 남아 있다. 찌그러진 다리는 이데올로기의 희생양이 된 채 묵묵히 압록강에 발을 담그고 있다. 전쟁의 아픔을 되새기며 압록강 단교 끄트머리까지 걸었다. 더 이상 갈 수 없는 교각 위에는 '압록강'이라고 쓰인 푯말이 나를 울컥하게 만든다.

깊은 상처를 간직한 압록강 단교 바로 옆에는 '중조우의교'가 서 있었다. 교각의 아치가 있는 곳이 중국이며, 아치가 없는 곳부터 북한 영역이다. 다리는 북한으로 생필품이 들어가는 숨통이며 목숨을 연장해주는 링거 주사다. 2001년 북한의 김정일 국방위원장이 이 다리를 건너 중국을 방문했을 때 단동의 높은 건물들에 입을 다물지 못했다고 한다.

북한 사람을 가까이 볼 수 있는 압록강 유람선

단동 압록강에서 유람선을 탔다. 압록강 한가운데 서면 초등학교 시절 반대말을 연습했던 때가 생각난다.

"크다. 작다. 배부르다. 배고프다. 많다. 적다. 어둡다. 밝다."

낮은 건물에 공장 굴뚝만 보이는 신의주와 휘황찬란한 네온사인을 가진 단동은 너무나 달랐다. 잔인하게도 강은 두 도시를 이분법으로 가르고 있었다. 신의주 사람들은 강 건너 단동을 보며 무슨 생각을 할까? 그들의 무표정한 얼굴이 대답을 대신하고 있었다.

강변에는 북한 아이들이 물놀이를 하고 있다. 잠수를 하는 아이, 물싸움하는 아이도 있었다. 아이의 얼굴에는 행복이 묻어 있다. 낚싯대를 드리우는 아이도 있다. 낚싯대라야 풀숲에 자란 작대기를 꺾어 만들었다. 제발 고기가 잡혀 오늘 하루만이라도 아이들 뱃속이 편안해지길 바랄 뿐이다. 아이들의 해맑은 미소는 만국공통어다. 자전거를 타고 강변 산책에 나서는 사람도 있고 공놀이하는 모습도 보인다. 평화롭고 목가적인 풍경들이다. 저 멀리 위화도가 보인다. 우리 민족의 역사를 바꾼 최대 사건의 배경이 아니던가. 만약 이성계가 명나라로 진격했다면 우리 민족의 역사는 또 어떻게 바뀌었을까?

고구려의 박작성인 호산장성

단동에서 압록강 상류를 거슬러 올라가면 산등성이 따라 이어진 호산장성을 볼 수 있다. 전에는 산해관이 만리장성 최동단 기점이라 주장하더니 동북공정을 통해 하루아침에

1. 미군의 폭격으로 다리의 반이 사라진 압록강 단교 2. 압록강변에서 낚시를 즐기고 있는 북한의 아이들

2,500km 동쪽으로 옮겨 지금은 호산장성이 만리장성 최동단 기점으로 바뀌었다. 만리장성이라는 대형 간판까지 걸었는데 한글로 된 안내문까지 붙여 놓았다.

『삼국사기』「고구려본기」에는 "박작성은 산에 쌓은 험준한 요새이고 압록강에 둘러싸여 있어 견고했다. 공격해도 함락시킬 수 없었다."라는 기록이 있어 지리 여건상 호산장성이 박작성일 가능성도 높다. 능선을 따라 성이 이어지고 있으며 돌을 정교하게 짜 맞춘 흔적이 곳곳에 보인다. 쐐기돌을 '品(품)' 자형으로 끼워 넣는 것은 바로 고구려 성의 특징이다. 거기다 '品' 자형으로 돌을 쌓은 대형우물터까지 발견되었다. 산 아래 압록강이 흐르고 있고 애하가 합류하고 있어 천혜의 방어선임을 말해주고 있는데 이곳은 요동지방으로 이어지는 고구려의 해상 진출로로 보면 된다.

성벽 위를 올라가면 탁 트인 경치가 펼쳐진다. 특히 압록강 쪽으로 내려가 벼랑을 따라 일보화로 연결되니 이 길로 하산하는 것을 권한다. 압록강 하구에 위치한 북한의 섬은 충적평야가 발달되어 밭가는 소와 농민을 가까이 볼 수 있다. 밭고랑은 삼베옷처럼 가지런하다. 하산하면서 펼쳐지는 북한 땅을 보노라면 가슴이 미어질 지경이다. 절벽에 철다리를 매달아 놓아 이 벼랑길은 북한을 가장 절묘하게 내려다볼 수 있는 전망 포인트다.

한 발자국이면 건널 수 있는 일보화

중국 땅에서 단 한 발자국이면 북한을 넘어갈 수 있다고 해서 '일보화'란 이름을 가지고 있다. 지금이야 철조망이 가로막고 있지만 예전에는 16~17살 앳된 소년인 북한 병사가 보초를 섰다. 가끔 배고픈 군인이 강을 넘어와 농가에 들어가 옥수수를 훔친다고 한다. 보초 서는 군인이 "섯섯섯." 세 번을 외쳤는데도 움직인다면 총을 발사한다고 한다. 피를 토한 소년의 품안에는 옥수수자루가 들어 있었다고 한다. 아마 배를 곯지 않았다면 넘으라고 해도 넘지 않을 것이다. 강을 건너온 북녘 동포 대부분은 중국말을 할 줄 몰라 현장에서 잡힌다고 한다. 그럼 밥을 실컷 먹이고 북한군에게 인계한다고 한다.

"괜찮아요. 3일 정도 두들겨 맞으면 풀려나요."

내가 지금 그런 땅을 바라보고 있으니 얼마나 속이 부글거리겠는가.

한국 연계관광지

파주 임진각

임진각은 군사분계선에서 7km 아래 있으며 북한기념관, 설운도 잃어버린 30년 노래비, 통일공원 등으로 꾸며진 안보관광지다. 망배단은 명절 때 실향민들이 고향을 향해 절을 하는 곳이다. 자유의 다리는 1953년 휴전협정 이후 한국군 포로 1만 2천 명이 자유를 찾아 귀환한 다리다. 옆에는 장단역에서 반파된 증기기관차를 볼 수 있다. 서울역에서 민통선 안쪽 도라산역까지는 DMZ관광열차가 운행한다. 제3땅굴까지 둘러볼 수 있다.

중국 단동

1. 고구려 박작성으로 추정되는 호산장성
2. 만리장성 최동단 기점이라고 쓰여진 글씨와 조형물
3. 한 발자국이면 북한을 건널 수 있다는 일보화
4. 산장석에서 바라본 북한의 밭. 마치 옷감을 보는 듯 하다

093

1. 벼랑에 길이 놓여 있는 일보화
2. 북한 땅을 바라보면 연민과 회환의 느낌이 교차한다
3. 압록강 상류에서 바라본 북한땅

친절한 여행 팁

압록강은 총 길이 802km로 백두산에서 발원해 집안과 단동을 거쳐 서해로 빠져나간다. 단동 압록강공원에서 유람선을 타면 신의주 일대와 위화도를 강 위에서 감상하게 된다. 시내에서 가장 높은 금강산공원에 오르면 단동과 압록강 그리고 신의주 일대를 한눈에 감상할 수 있다. 단동에는 한국 식당뿐 아니라 북한 식당이 많다. 새우, 대하, 게, 해삼 등 바다와 인접해 해산물 요리를 저렴하게 먹을 수 있다. 단동을 중점적으로 보겠다면 비행기보다는 인천에서 출발하는 단동페리를 타는 것이 좋다. 백두산, 고구려 유적지, 압록강까지 5박 상품으로 항공상품보다 저렴하게 다녀올 수 있다. 밤에 이동해 아침에 단동에 도착하기 때문에 일정 잡기가 수월하다.

Storytelling
중국인 가이드 W총각

가이드는 젊은 친구다. 출생지는 평양이고 아버지는 중국 사람, 어머니는 북한 사람이다. 국적은 북한, 호적은 중국이다. 그의 아버지는 문화대혁명 때 산동에서 무작정 서해를 건너 평양으로 들어가 어머니를 만나 결혼해 W총각을 낳았다고 한다. 아픈 역사와 어두운 시대가 비비 꼬여 만들어낸 비극이다. 20세에 북한을 나와 한국인을 상대로 가이드 역할을 하고 있는데 아직도 북한에 들어가지 않고 있다. 북한에서 살기가 너무 빡빡했기 때문이란다. 대신 1년에 한 번씩 어머니가 신의주를 통해 단동으로 나온다고 한다. 한국 관광객을 맞이하기 위해 한국말을 따로 배운 열성파다. 그러나 내가 듣고 싶었던 말은 평양 사투리이며 고구려 말이었다. 노래는 <소양강 처녀>가 아니라 <휘파람>이었는데 총각은 내 맘을 모르는 것 같다. 단동에는 북한 식당이 많다. 극장 식당처럼 공연하기 때문에 일부러라도 들러보면 좋다. 예전에는 함께 동포애를 느끼며 춤도 추고 노래를 불렀는데 남북관계가 경색되면서 사진 찍는 것조차 힘들어졌다. 남한에서 태어났으면 옷치장을 하고 다녔을 처자들인데 자존심만은 하늘을 찌른다.

단동 북한 식당

"저희 가게는 달러를 안받습네다."
"전 세계 통화인 달러를 안 받으면 안되지요."
"그럼 미국에서는 조선 돈 받습네까?"

일보화에는 작은 유람선이 있지만 상류 쪽으로 가면 보트와 정자 모양의 유람선이 압록강 본류를 오간다. 산과 강은 처음이지만 그리 낯설게 느껴지지 않는다. 강 양쪽은 모두 북한 땅이다. 압록강의 섬은 북한 영토에 속하기 때문이다. 섬 안쪽 가옥은 우리네 60년대 집과 흡사했다. 누추한 옷을 입은 북한 사람들의 표정을 가까이서 볼 수 있다. 역시 아이들은 환하게 웃으며 우리에게 손을 흔들어 주고 있다. 그 미소에서 난 통일의 희망을 봤다. 이렇게 가까운 땅을 내 발로 밟지 못하는 것이 안타까울 따름이다.

압록강 상류를 거슬러 올라가서

압록강을 따라가는 길은 우리 민족의 원류를 거슬러 올라간다고 보면 된다. 압록강 지류인 비류수에는 동명성왕의 졸본성이 있다. 태평댐과 수풍댐을 지나면 창성, 벽동, 초산, 위원이 나오며 그 너머에 북한 만포가 나온다. 자성, 중강진을 돌아 삼수를 거쳐 혜산, 보천보를 지나면 단군 신화의 발상지 백두산과 이어진다.

강은 눈물과 한을 품어서인지 강을 거슬러 올라가는 자체만으로 가슴 떨린다. 기사가 길을 잘못 들어 수풍댐까지 거슬러 올라가는 행운까지 얻었다. 뿌연 먼지를 일으키며 비포장도로를 달리며 압록강 상류 쪽으로 올라가는데 낯익은 풍경들이 펼쳐졌다.

06
안중근 의사의 혼이 깃든 하얼빈역과 인간 생체실험장 731부대

대련 하얼빈 **4박 5일**

1일	인천공항 → 대련공항 → 성해광장 → 러시아거리
2일	대련역 → (쾌속기차) → 하얼빈역
3일	하얼빈 빙등제 → 성소피아성당 → 중앙대가
4일	731부대 → 시베리아 호랑이공원 → 하얼빈역
5일	대련역 → 뤼순감옥 → 관동법원 → 대련공항 → 인천공항

추천여행 패키지(항공 이용)　　**여행경비** 100만 원(패키지 90만 원, 기타 10만 원)
여행성격 항일, 문화, 역사, 문화유산답사　　**추천계절** 겨울(1~2월)

세계 3대 겨울 축제 중의 하나인 하얼빈 빙등제

안중근 의사의 혼이 깃든, 하얼빈역

안중근 의사가 이토 히로부미를 저격한 현장인 하얼빈역은 빙등제의 고장답게 역 광장에 형형색색의 조명을 가진 얼음탑이 서 있다. 역에서 제일 잘 보이는 곳에 우리 자동차 간판을 달고 있으니 왠지 기분이 좋았다. 하얼빈만은 일본차보다 우리 차가 많이 팔려야 하지 않을까? 현지 기사는 지금까지 일본차를 한 번도 타 본 적이 없으며 공짜로 줘도 타지 않겠다고 맹세를 하는 걸 보니 역시 안중근의 고장과 731부대가 있는 하얼빈답다.

안 의사가 이토 히로부미를 주살했던 장소는 삼각형으로 표시했다

정면에 자리한 기념관은 당시 안중근 의사의 하얼빈 거사를 일목요연하게 볼 수 있도록 자료를 갖추었다. 저격 현장이 잘 보이도록 통유리를 설치해놓았고 입구에 걸린 시계 바늘도 정확하게 1909년 10월 26일 9시 30분에 멈춰 있다. 이토의 가슴에 총탄을 명중시키고 '코레아 우레 (대한민국 만세)'를 외친 그 시간이었다. 그 격한 순간의 의미를 각인할 수 있도록 '안의사 이등박문 격살사건 발생지'라는 글씨까지 걸어놓았다.

일본 관방장관은 '안중근은 일본 초대 총리를 살해하고 사형 판결을 받은 테러리스트'라는 망언을 늘어놓으며 기념관 설치에 대해 중국에 항의했다. 이에 중국은 안 의사를 저명한 항일인사이자 아시아 제1의 협객이라는 칭송을 늘어놓았다. '협객' 그렇다. 함경도에서 의병활동을 하고, 용정, 연길 등 북간도를 주유하고, 블라디보스토크에서도 독립운동을 했으니 나라 잃은 울분을 삭이며 이국땅을 떠돌아다닌 협객이란 칭호가 그에게 어울린다.

1. 하얼빈 안중근 의사 기념관 시계는 의거 시간인 9시 30분에 맞춰져 있다 2. 안중근 의사 기념관 내 안중근 의사 관련 자료

1. 하얼빈 안중근 의사 기념실 저격 순간 모형
2. 안중근이 제홍교 위에서 이토 히로부미를 저격할 장소를 미리 확인했다고 한다

하얼빈 그 역사의 현장 속으로

1909년 10월 초순 이토 히로부미가 러시아 대장성 코코프체프 대신과 만나기 위해 하얼빈을 시찰한다는 소식을 듣고 안중근은 겨레의 원수를 갚을 기회로 판단하고 블라디보스토크를 출발해 하얼빈에 잠입한다.

하얼빈역의 경계가 삼엄할 것을 대비해 우덕순과 조도선, 유동하는 전 정거장인 채가구역에서 이토가 오길 기다렸고 안중근은 하얼빈역에서 늙은 여우를 기다리기로 했다. 두 번의 기회 중 한 번은 성공하리라 확신이 있었다. 러시아가 제공한 특별열차는 채가구역을 지나쳐 거사의 기회는 안 의사에게 넘어갔다. 그는 7시부터 역 대합실에서 이토가 도착하기를 기다렸다. 9시쯤 도착한 이토는 영접 나온 코코프체프와 열차 안에서 30분간 회담을 나누었다. 열차에서 내려 군악대 열병식을 마치고 환영 나온 일본인들과 인사를 나눈 후 마차

도 이동하던 중이었다. 이때 러시아 군대 뒤편에 기회를 노렸던 안중근이 뛰어 나와 권총
3발을 발사했다. 총알은 정확하게 이토 히로부미의 가슴을 명중시켰고 얼마 후 그는 절명
하고 만다.
'코레아 우레(대한민국 만세)'를 세 번 외친 뒤 안중근은 러시아 헌병에게 총을 거꾸로 돌
린 채 건네 주었다. 충분히 탈출할 수 있었지만 안 의사는 그리 하지 않았다. 나중에 이토
가 죽었다는 소릴 듣고 안 의사는 하늘을 향해 성호를 그었다고 한다. 그가 쏜 총탄을 보
면 십자 모양으로 패여 있어 살상 치명타에 종교적 신념까지 새겨 놓았다.
"탕탕탕."
그 총소리의 울림은 기차의 기적소리만큼 컸고 '코레아 우레'란 외침은 오랫동안 내 귓가
를 떠나지 않았다.

제홍교와 안중근 의사의 유언에 등장한 조린공원

미리 하얼빈에 도착한 안중근은 하얼빈 역사가 한눈에 내려다보이는 제홍교 위에서 역 구
내를 조망했고 가슴팍의 숨겨둔 권총을 어루만지며 이토 히로부미를 저격할 장소를 눈여
겨보았다. 지금도 다리 위에 서면 하얼빈 역사가 눈에 잡힌다. 조린공원은 동북항일연합
군의 지도자였던 이조린 장군의 묘소가 있는 시민공원이다. 예전 이름은 '하얼빈공원'으로
지금도 겨울에는 작은 빙등제가 열리고 있다. 조린공원은 안중근 의사의 마지막 유언에도
등장한다.
"내가 죽은 뒤에 나의 뼈를 하얼빈공원 곁에 묻어 두었다가 국권이 회복되거든 고국으로
반장해다오."
아직도 유해를 찾지 못해 마지막 유언조차 받들 수 없어 죄스러울 따름이다. 그는 거사가
있었던 하얼빈을 자랑스러워하고 있다. 조린공원 안에는 옥중에서 쓴 유묵비가 서 있다.

인간으로서의 가장 참혹한 만행, 731부대

731부대. 이름만 들어도 가슴이 먹먹해진다. 동서고금을 통해 가장 잔인한 만행을 저지른
집단을 뽑으라면 난 731부대를 손꼽는다. 그들은 화학세균전을 벌이기 위해 살아 있는 사
람을 대상으로 생체실험을 자행했다. 성인은 물론 청소년, 어린이, 심지어는 임산부까지
마취 없이 배를 갈랐고 출혈 연구를 위해 팔다리를 절단해 반대편에 붙이는 만행까지 저질
렀다. 이들에게 인간은 그저 실험실의 개구리였다. 일본은 이런 죄악을 저지르고도 이 부
대에 대해 묵묵부답이다. 오히려 2013년 5월 아베 총리는 731 표시가 선명한 전투기에
올라 여유롭게 미소 짓고 있었다.
과대 부대는 하얼빈 제2중학교였지만 지금은 1~2층 전시관으로 꾸며져 일본인의 만행을
가감 없이 보여주고 있다. 한국어 자동 안내기가 있어 혼자 설명을 들으며 박물관을 둘러

중국

하얼빈

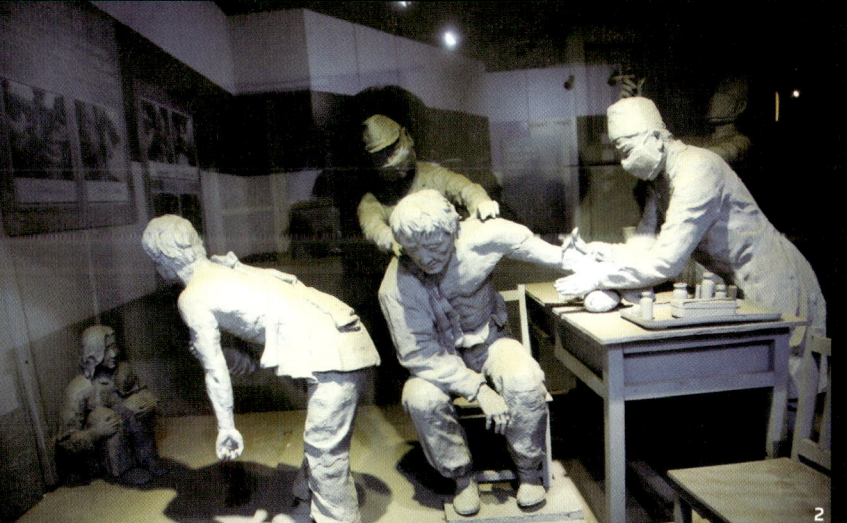

1. 2층 전시관으로 꾸며진 731부대
2. 생체실험 모형
3. 생체실험으로 숨진 사람의 명패 중 한국인 이름도 보인다

줄 수 있다. 살아 있는 사람에게 페스트균을 주입했고, 영하 30도 허얼빈의 차가운 온도 속에서 물을 뿌리고 야외로 내몰아 동상으로 죽어가는 시간을 기록하기도 했다. 사람을 묶어두고 폭탄을 떨어뜨려 파편이 몸에 박히는 정도까지 실험했다고 하니 인간이 얼마나 잔인할 수 있는지 치를 떨게 해준다.

출구 쪽 긴 복도에는 생체실험으로 숨진 사람들의 명패가 걸려 있다. 심득룡, 김성서 등 한글 이름을 발견하니 속에서 뜨거운 것이 올라온다. 한쪽에는 일본인이 보내온 종이학 상자가 놓여 있다. '과거의 만행을 잊지 말고 훗날 사표로 삼자'라는 글귀도 보내왔다. 그들의 만행을 반성하는 일본인이 많아야 동북아에 평화가 올 것이다.

731부대와 관련된 과학자는 훗날 일본의 학계, 정치, 의학 부문에서 성공을 거두었다. 교토대 의학대 학장을 지낸 요시무라는 신생아의 손발을 인위적으로 얼리는 실험을 자행했고 또 그 자료를 바탕으로 논문을 발표해 의학자의 명성을 얻었다고 한다. 논문의 내용을 보면 생체실험을 하지 않았다면 그런 데이터가 나올 수 없다고 한다. 일본의 노벨상 수상자의 이면에는 이런 추악한 죄악이 숨어 있다. 그들은 가지고 있는 자료를 러시아에 제공하지 않는 조건으로 처벌을 면했다고 한다. 만약 미국인이 이렇게 마루타가 되었다면 그렇게 관대할 수 있었을까. 분통이 터질 노릇이다.

1. 동북호림원 사파리 차
2. 세계에서 가장 큰 호랑이 번식공원인 동북호림원
3. 동북호림원 입구

세계 최대의 호랑이 공원, 동북호림원과 성 소피아 성당

백두산 호랑이를 가까이 보고 싶다면 세계에서 가장 큰 호랑이 번식 공원인 하얼빈의 호림원을 찾으라. 총 4개 구역으로 꾸며졌는데 철조망이 쳐진 들판에서 자유롭게 뛰어노는 호랑이를 사파리 관람차에서 내려다보는 데 의의가 있다. 백두산 호랑이, 즉 시베리아 호랑이를 가까이서 볼 수 있다. 3m 크기의 호랑이는 표정이 살아 있다. 먹이주기 체험도 남다르다. 집게로 고기 덩어리를 잡고 있으면 호랑이가 점프를 해 낚아챈다.

러시아 건축의 백미인 성 소피아 성당은 1907년에 건설된 러시아 정교 교당이다. 지면에서 꼭대기 십자가까지 높이가 무려 53m로 동아시아에서는 가장 큰 성당이다. 웅장하고 섬세한 자태가 특징이며 내부는 현재 하얼빈건축예술관으로 활용되고 있다. 만주철도가 개설되면서 러시아 병사를 위한 군 예배당으로 사용되었다. 특히 밤에 보는 성당이 아름답다. 주변 상가와 호텔은 주황색 조명을 가지고 있는데 성당의 분위기에 맞춘 것이다.

하얼빈 빙등제

제대로 눈맛(?)을 볼 수 있는 세계 3대 겨울축제는 일본 삿포로 눈축제, 캐나다 퀘백 윈터페스티벌과 그리고 중국 하얼빈 빙등제다. 그 역사와 규모면에서 빙등제가 단연 세계 최고다.

안 의사가 해방 전 묻히고 싶어 했던 하얼빈공원. 겨울에는 작은 빙등제가 열린다

하얼빈은 중국의 전통 문화와 러시아의 유럽 문화가 접목된 도시다. 중국의 눈부신 경제 발전 덕에 빙등제의 규모는 갈수록 커지고 있는데 겨울이 되면 10억 중국인의 시선은 북빙의 겨울도시 하얼빈 북쪽 태양도에 쏠린다.

'빙등(氷燈)', 즉 '얼음등'을 의미한다. 오후 4시쯤 1,500여 채의 궁전에 LED 조명이 들어오면 또 다른 빛과 얼음의 세계로 바뀐다. 날이 풀리면 이 꿈 같은 건물들은 녹아 없어지기 때문에 매년 찾아도 새로운 것을 볼 수 있다는 것이 빙등제의 매력이다. 빙등제 입구에는 온도계가 서 있다. 저녁 7시 현재 온도계는 영하 27도를 가리킨다. 추우면 추울수록 더 매력적인 곳이 이곳이다. 주탑은 46m, 거의 26층 건물이 하늘을 향해 치솟고 있다. 수시로 조명이 바뀌어 빛의 파노라마를 볼 수 있다. 로마의 콜로세움, 브뤼셀 성당 등 세계 각국의 건축물들을 얼음으로 감상하게 된다. 한국관에서는 5층 석탑과 경복궁 근정전을 조성해놓았는데 내년에는 안중근 의사의 얼음조각을 기대해본다.

특히 세계 유명 조각가의 얼음조각을 가까이 다가가 감상하게 되는데 그 정교함에 입이 딱 벌어진다. 스키체험도 가능하며 중앙 공연장에서는 신 나는 댄스페스티벌이 펼쳐진다. 이 밖에 모피패션쇼, 유럽서커스단의 묘기도 볼 수 있다. 가장 인기 있는 테마관은 북한 기예단이다. 4시 30분부터 하루 4차례 빙상 서커스 묘기를 보여주는데 훌라후프를 돌리며 하늘날기, 스케이트화 신고 줄넘기 등 세계 최고의 기예는 눈물이 날 정도로 감동적이다. 단상으로 다가가 기예인에게 손을 흔들며 "저 한국에서 왔어요." 하고 외쳤더니 환한 미소를 보여준다. 역시 피는 물보다 진하다.

정오 12시 이전에 들어가면 빙등제 입장료는 반값이다. 이 거대한 궁전의 얼음은 어디서 가져온 것일까? 바로 하얼빈을 관통하는 송화강의 얼음이다. 12월 초순부터 질 좋은 얼음을 채취하는데 10cm씩 잘라 무려 20만 개의 얼음 벽돌을 만든다. 추위는 하얼빈을 먹여 살리는 자연의 선물이기도 하다.

친절한 여행 팁

하얼빈까지 아시아나항공과 중국남방항공이 직항 운행하지만 빙등제 기간에는 항공료가 비싸며 표를 구하기도 쉽지 않다. 심양이나 대련까지 가서 쾌속열차를 타고 하얼빈까지 가는 것도 방법이다. 대련에서 하얼빈까지 5시간 소요. 빙등제는 오전 9시부터 오후 9시까지 태양도에서 열린다. 하얼빈역에서 13-1번 버스를 타면 행사장 앞에 도착하며, 7시 이후에는 시내까지 셔틀버스가 수시로 운행한다. 하얼빈 최대 번화가인 중앙대제는 고풍스런 러시아 건물이 즐비해 송화강까지 산책하기 좋다. 한겨울 영하 30도, 냉장고도 없이 길에서 파는 아이스하드가 제 맛이다. 탕후루도 놓칠 수 없다. 사과, 귤, 딸기, 포도, 파인애플, 은행 등 생과일을 꼬치에 꽂고 설탕물을 입힌 음식으로 지금은 중국 전역에 퍼졌다. 중국인들은 한겨울에 탕후루를 먹어야 추위를 이길 수 있다고 믿고 있다.

1. 러시아 정식의 예배당인 성 소피아 성당
2. 빛과 얼음의 세계를 볼 수 있는 빙등제

중국
하얼빈

07
뤼순감옥에서 안중근 의사를 만나다

囚禁朝鲜爱国志士安重根的牢房

安重根(1879-1910), 朝鲜黄海道海州府人。1907年参加朝鲜义兵运动, 任中将参谋。1909年参与组织"大韩独立同盟"。 同年10月26日他在我国哈尔滨火车站将日本帝国主义中心人物、前朝鲜首任统监伊藤博文击毙。被捕后于11月3日押送到旅顺监狱, 被作为日本的"国事犯"单独囚禁在看守部长值班室旁的这间牢房里。1910年3月26日上午10时, 安重根在监狱绞刑场就义, 年仅32岁。

Korean Patriot Jung-Gun Ahn's Prison Cell

Jung-Gun Ahn (1879-1910) was born in the Haeju district of Hwanghae province, Korea (now North Korea). In 1907, he was a lieutenant general in the Korean independence movement, led many battles against the Japanese Imperial Army, and participated in the Congress for Korea's Independence that was held in 1909. Later the same year, on October 26, at the Harbin railway station in China, he assassinated Hirobumi Ito, who was forcibly installed as the first governor of Korea and was the chief designer of Japan's aggressive imperial policy. After his arrest on November 3, he was taken to Lüshun Prison as the assassination, he was taken to Lüshun Prison and held in solitary confinement as a political prisoner in a cell next to the warden's office. At 10 AM on March 26, 1910, he was executed by hanging, becoming a martyr for the cause of Korea's independence from Japanese occupation at the age of 32.

조선애국지사 안중근을 구금했던 감방

안중근(1879-1910)은 조선 황해도 해주부 사람이다. 1907년 조선의병운동에 가담하여 참모중장을 담당하였으며 1909년 "대한독립동맹" 조직에 참여하였다. 동년 10월 26일 그는 중국의 하얼빈역에서 일본제국주의 중심인물로 조선 초대통감을 지낸 이토 히로부미를 사살하였다. 체포된 후 11월 3일 여순감옥으로 압송되었으며 일본의 "국사범"으로 분류되어 간수부장 당직실 옆에 있는 이 감방에 단독으로 구금되었다. 1910년 3월 26일 오전 10시에 안중근은 감옥 교수형장에서 순국하였으며 그때 나이 32세였다.

朝鮮愛国志士 安重根を拘禁した監房

安重根(1879-1910)は、朝鮮黄海道海州府の出身である。1907年、朝鮮の義兵運動に加わり、参謀中将を務めた。1909年、"大韓独立同盟"の組織に参加した。同年10月26日、彼は中国のハルビン駅で日本帝国主義の中心人物として、朝鮮の初代統監を務めた伊藤博文を射殺した。逮捕後11月3日、旅順刑務所に押送され、日本の"国事犯"として看守部長の当直室の傍らにあるこの監房に単独で拘禁された。1910年3月26日午前10時、安重根はこの刑務所の絞刑場で殉国した。当時年齢は32才であった。

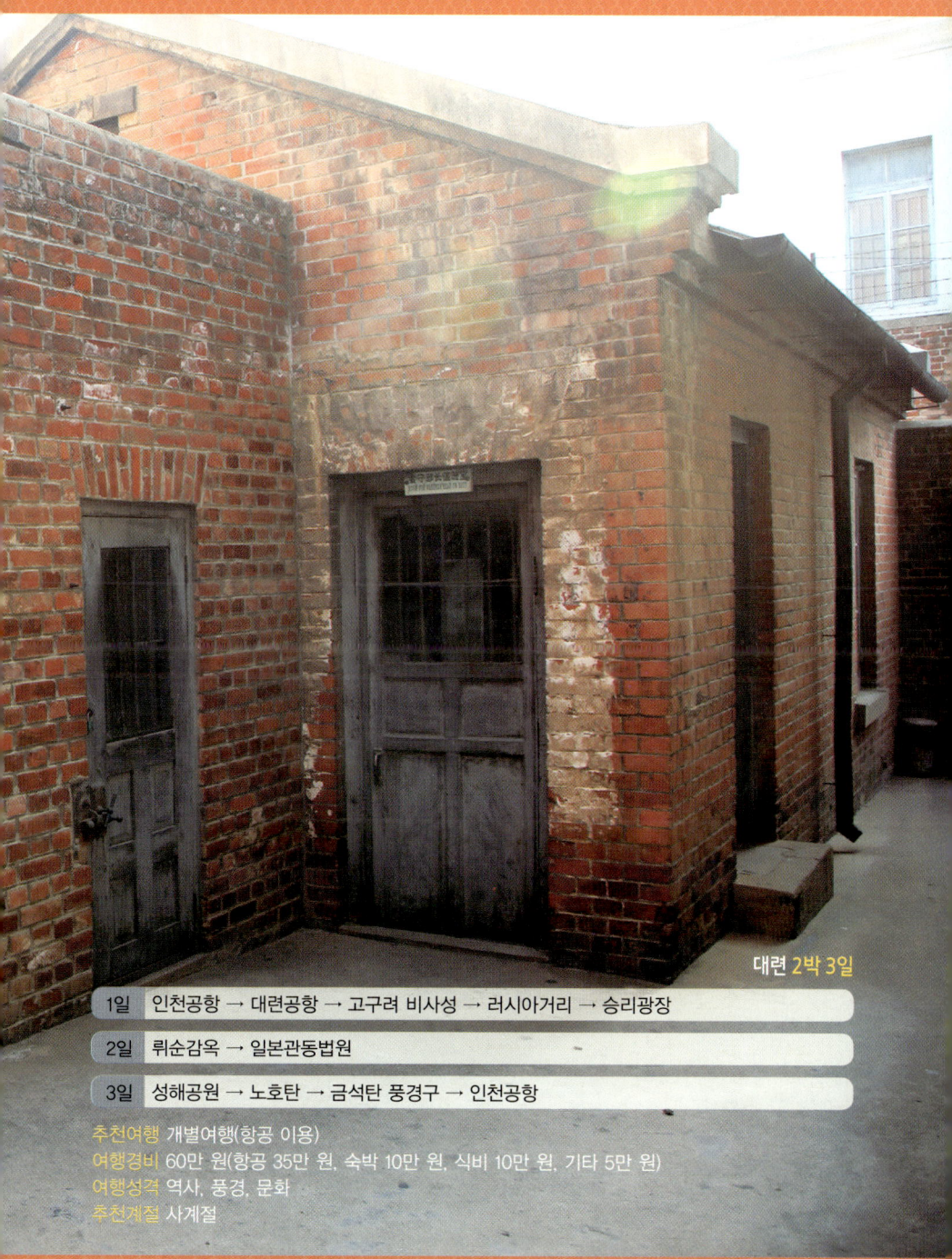

대련 2박 3일

1일	인천공항 → 대련공항 → 고구려 비사성 → 러시아거리 → 승리광장
2일	뤼순감옥 → 일본관동법원
3일	성해공원 → 노호탄 → 금석탄 풍경구 → 인천공항

추천여행 개별여행(항공 이용)
여행경비 60만 원(항공 35만 원, 숙박 10만 원, 식비 10만 원, 기타 5만 원)
여행성격 역사, 풍경, 문화
추천계절 사계절

안 의사 순례의 길, 만주 철도

1909년 10월 26일. 5m 거리에서 안중근 의사는 이토 히로부미를 향해 3발의 총을 쐈다. 그는 탈출할 수 있음에도 불구하고 러시안 헌병에게 총구를 거꾸로 반납한 뒤 체포되었다. 그가 도주하지 않았던 이유가 뭘까? 바로 재판 과정에서 이토의 죄악을 만천하에 알리기 위함이었다. 안 의사는 하얼빈역을 출발해 대련역을 거쳐 뤼순감옥에 수감되었다. 그런데 왜 거사가 있었던 하얼빈이나 본국인 일본에서 재판을 받지 않고 하얼빈에서 1,000여 km나 떨어진 뤼순까지 갔을까? 하얼빈은 러시아의 관할지이기에 자칫 재판 과정상 외교문제를 초래할 수 있으며 당시 일본 본토에는 파렴치범에게는 사형을 언도하지만 사상범은 사형을 주지 않은 풍조가 있었기 때문이다. 뤼순까지 간 이유는 순전히 안중근에게 사형을 구형하기 위해서다.

뤼순감옥

칙칙한 회색이 을씨년스럽다. 22만㎡로 2,000여 명을 한꺼번에 수용할 수 있는 동북아 최대 감옥이다. 1905년부터 1945년까지 무려 700여 명의 항일 지사들이 감금당하고 처형당한 곳이기에 우리에게는 한 맺힌 현장이기도 하다.

이곳은 자유 관람이 아니라 30분 간격으로 인솔자를 따라가야 한다. 감옥-병원-사형장-안중근 의사 기념관-안중근 감옥 순으로 동선이 짜여졌다. 입장료가 비싼 중국이지만 731부대나 하얼빈박물관 등 교육 관련 시설은 입장료가 없다. 감옥은 원래 러시아 건물이었는데 수감자가 늘자 일본은 건물을 증축했다. 러시아가 지었던 건물 부분은 갈색 벽돌, 일본이 증축했던 곳은 붉은색 벽돌이어서 확연히 차이가 난다.

감옥 내부에 들어서면 검신실이 나온다. 부역을 나갈 때 아침, 저녁으로 이곳을 통과해 검문을 받아야 했다. 옷을 모두 벗고 검사를 받아야 감방으로 들어갈 수 있다. 엄동설한에도 예외는 아니었다. 잡범은 푸른 수의, 사상범은 붉은 수의를 입었다고 한다.

감방은 11㎡. 한 방에 8명씩 수감되었는데 대개 10명이 넘어 제대로 눕지도 못했다고 한

1. 이토 히로부미를 제거했던 브라우닝 권총 2. 우국지사들이 감금되고 처형당한 뤼순감옥

중국

뤼순감옥

1. 감방을 들어갈 때는 검신실을 통과해야 한다
2. 수형자를 고문했던 고문실
3. 붉은 벽돌의 뤼순감옥 내부

다. 식수통, 변기통, 식기들이 보였고 냉기가 도는 마룻바닥에는 짚신이 놓여 있다. 벽에는 일본어, 한국어, 중국어 순으로 된 감옥 규칙이 붙어 있다. 동쪽 87칸 감방에는 주로 애국지사 등 정치범이 수감되었고 3층 감방은 독방으로, 사형이 확정되었거나 판결을 기다리는 미결수들의 수감 장소였다.

고문실은 보기만 해도 가슴이 철렁 내려앉는다. 칠성판에 죄수를 큰 大(대) 자로 누이고 납으로 감싼 대나무를 내려치면 수형자의 피부가 찢어지고 살이 터지게 된다. 비명 속에 죽어간 애국지사들을 위해 잠시 기도해본다.

감방은 사선으로 배치되어 간수는 모서리에 앉아 양 갈래로 벌어진 감방을 한눈에 감시하도록 했다. 지하 감방을 포함해 257개의 감방이 있는데 복도는 어둡고 침침하다. 붉은 벽돌은 애국지사의 선혈처럼 보여 목이 멘다.

단재 신채호 선생이 순국한 35호 감방

35호 감방은 단재 신채호 선생이 순국한 감방이다. 신채호 선생은 항일 독립운동가이자 언론인, 문필가, 역사학자로 일생을 한 점 흐트러짐 없이 살다간 '지조의 상징'이다. 1925년경부터 무정부주의를 신봉한 아나키스트로, 무장봉기만이 독립을 쟁취할 수 있다고 여겼다. 1927년 좌우합작의 신간회 결성에 참여했으며 1928년 독립 자금 조달 차 대만으로 가던 중 기륭항에서 일경에 체포돼 10년형을 선고받고 뤼순감옥에 수감되었다. 차가운 감방에서 옥고를 치르던 중 1936년 2월 21일 뇌일혈로 옥사하게 된다. 문 옆에는 수의를 입은 신채호 선생의 사진이 걸려 있다. 감옥살이에 지친 표정이지만 눈빛만은 살아 있었다. 한평생 일본에 고개를 숙이지 않겠다며 허리를 꼿꼿이 편 채 세수를 한 일화는 유명하다. "역사를 잃은 민족에게 미래는 없다."
선생의 말씀이 요즈음 더 절절하게 다가온다.

우당 이회영 선생이 순국한 36호 감방

바로 옆방인 36호는 우당 이회영 선생이 옥고를 치른 감방이다. 이항복의 10대손으로, 명망가의 집안에서 자랐다. 10대조 중에서 9대가 정승, 판서, 참판을 지냈다. 그러나 국권을 찬탈 당하자 이회영 집안 7형제 중 6형제는 오늘날 가치로 수백억 원의 재산을 팔아 중국으로 건너와 길림성 유하현에 경학사를 조직했고, 독립군 양성을 위해 신흥무관학교를 개설했다. 이회영 선생은 1932년 만주에 지하공작망을 조직해 주만일본군 사령관 암살을 목적으로 상해에서 대련으로 향하던 중 일경에 체포되어 뤼순감옥에 투옥되었다. 1932년 11월 16일, 가혹한 고문으로 36호 감방에서 순국하고 만다. 6형제 중에서 이시영만 살아 돌아와 훗날 총리를 지냈다.

1. 단재 신채호 선생이 순국한 35번 감방
2. 기념관 내 사형내
3. 안 의사가 글씨를 써주었던 책상

뤼순감옥 사형집행장

2층으로 이루어진 사형집행장

교형장. 즉 사형집행장은 본 건물과 떨어져 있다. 들어갈 때는 살아 들어가지만 나갈 때는 죽어야 하는 곳이다. 교형장은 2층으로 이루어졌다. 사형수의 눈을 가리고 형구를 씌운 후 1m 크기의 나무판 위에 세운다. 연결고리에 목을 단단히 묶고 경첩이 열리면 나무판 아래로 사형수가 떨어지고 허공에 매달리게 된다. 사망을 확인하고 밧줄을 풀면 나무통으로 구부러진 채로 들어간다. 나무통 뚜껑을 닫고 감옥 뒤쪽 사형수 묘지에 매장하면 끝이다. 안 의사도 이렇게 순국했을 것이다. 교형장 안에는 나무통에 담겨진 시신을 볼 수 있는데 죽어서도 눕지 못하고 구부린 채 앉아 있다. 일본군 앞에 무릎을 꿇지 않는 애국투사가 죽어서는 무릎을 꿇게 하기 위해서란다. 이런 추악한 생각을 가진 자들이 바로 야스쿠니에 합사된 군국주의자임을 우린 잊지 말아야 한다.

안중근 의사 감옥

감옥 옆 쪽문을 나서면 안중근 의사 감옥이 나온다. 일본의 국사범에다 일본 최초 수상을 주살했기에 잡범처럼 일반 감방에 수감된 것이 아니라 특별감호대상으로 별도의 부속건물에 따로 수용되었다. 문이 잠겨 있어 창문을 통해 내부를 훑어볼 수밖에 없다. 냉기가 흐르는 방에는 딱딱한 목재 침대와 얇은 이불이 전부다. 벽에는 이곳이 '안중근 의사가 옥중 투쟁을 했던 장소'라는 안내판과 '國家安危勞心焦思(국가안위노심초사)'라는 안 의사 친필이 걸려 있다. 오른쪽에는 투박한 책상과 걸상 그리고 지필묵이 놓여 있다. 이곳에서 자서전인 『안응칠 역사』를 탈고했고, 유묵 200여 점을 남겼다. 그는 판사에게 사형집행 연기를 요청하면서 자신의 사상을 담은 『동양평화론』을 탈고하고 싶어 했지만 일본은 허락하지 않았다. 대신 교사, 변호사, 간수 등이 비단이나 종이를 한 아름 가져오면 글씨를 써주었

한국 연계관광지

효창공원과 안중근 의사 기념관

효창공원에는 안중근 의사의 가묘가 있다. 김구 선생이 그의 유해를 찾아와 묻기 위해 묘비만 세워 놓은 자리다. 안중근 의사가 최후의 유언에서 "내가 죽은 뒤에 나의 뼈를 우리 국권이 회복되거든 고국으로 반장해다오." 라고 말했지만 아직도 유해를 찾지 못하고 있다. 남산의 안중근 의사 기념관은 출생부터 순국까지의 일대기를 담은 전시관과 관람객의 추모·명상·교육을 위한 명상의 길, 추모홀, 수장고 등 다양한 시설을 갖추고 있다.

다. 침략국의 간수가 글을 요청했고 침략국의 수상을 죽인 사형수는 그 사람을 위해 정성스레 글을 써주었다니 참 아이러니한 장면이다.

글씨에는 해박한 지식과 희생을 두려워하지 않는 정신을 담고 있었다. 일본인에게 금기시한 내용인 '獨立(독립)', '爲國獻身軍人本分(위국헌신군인본분)' 등 글씨를 써주었는데 간수가 글씨를 몰래 간직했다가 일본으로 가져갔고 그 후손들은 오늘날에도 안 의사를 위해 제사를 지낼 정도로 존경을 표하고 있다.

안중근 의사 기념관

뤼순감옥 안에는 안 의사 순국 100주년을 기념해 '안중근 의사 기념관'이 조성되어 있다. 이곳에서는 그의 업적과 거사의 의미를 되짚어볼 수 있다. 가운데 흉상이 모셔져 있으며 헌화할 수 있도록 꾸며졌다. 처형장은 훗날 감옥 세탁장으로 사용되었다가 2010년 순국 100주년을 맞아 따로 만들었다. 딱딱한 나무 의자 위에는 안 의사의 영정이 모셔져 있고 그 위로 목을 매달았던 올무가 늘어져 있다. 1910년 3월 26일 오전 10시. 안 의사는 바로 이 사형대 앞에 섰다.

"마지막 하고 싶은 말은?"

"우리 대한제국이 독립해야 동양 평화가 보존될 수 있고, 일본도 위기를 면하게 될 것이다."

죽기 직전까지 그는 나라의 안위를 걱정했다. 간수는 백지를 접어 두 눈을 가리고 그 위에 흰 수건을 눌러맸다. 간수는 안중근을 부축해 일곱 계단을 올라 교수대 위에 세웠고 이때 안중근은 집행관에게 마지막 소원을 말한다.

"잠시 기도할 시간을 달라."

안 의사는 교수대 앞에서 생애 마지막 기도를 드렸다. 그리고 목을 내밀어 밧줄을 매도록 했다. 오전 10시 4분, 바닥의 경첩이 덜컹거리며 문이 열렸고 그는 십자가에 못 박힌 예수처럼 천국으로 들어갔다. 10시 15분, 의사는 절명을 확인했고 절구통 같은 나무통에 시신을 담아 뤼순감옥 공동묘지에 매장했다.

이승을 마감하기 직전 3분 동안 과연 안 의사는 무슨 기도를 했을까? '조국의 독립', '천국 문을 열게 해 달라.' 아니면 '남은 가족'을 위해 기도했을까. 나에겐 늘 기도 시간이 주어졌지만 단 1분도 이렇게 처절하게 기도한 적이 없었다.

뤼순일본관동법원

안 의사가 법정투쟁을 했던 뤼순일본관동법원은 뤼순감옥에서 그리 멀리 떨어져 있지 않다. 뤼순감옥과 관동법원 사이를 오갔던 죄수마차를 볼 수 있으며 각종 고문기구 그리고 일본의 만행 등을 전시하고 있다. 쇄신구는 사람의 시체를 분해한 후 전동기로 연마시켜 시체의 흔적을 없앴다고 한다. 포화로는 손과 발을 도르래에 매달고 뜨거운 난로에 몸을 붙여 타 죽게 한 고문기구다. 사람의 탈을 쓰고 어찌 이렇게 잔인할 수 있을까.

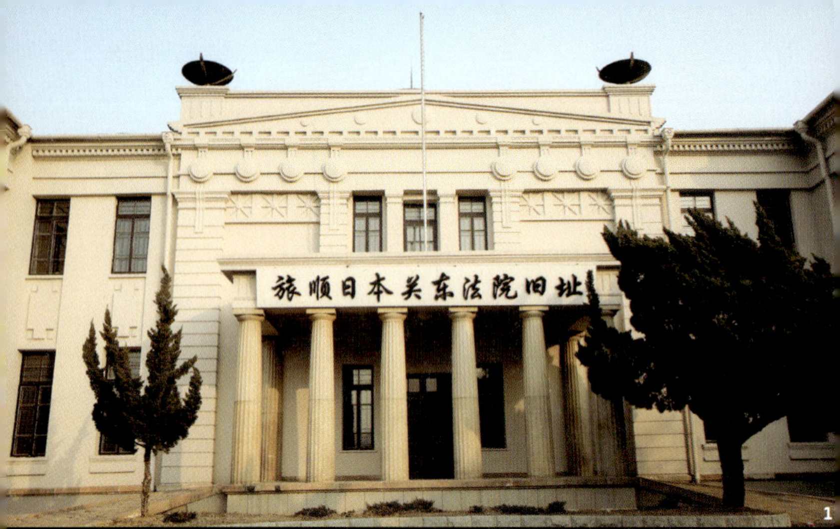

1

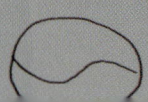

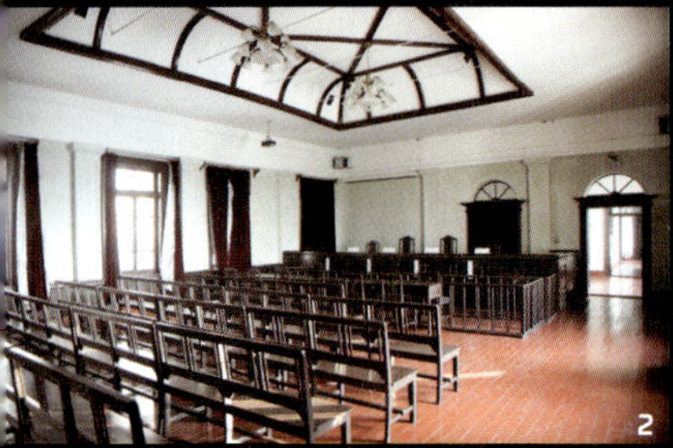

2

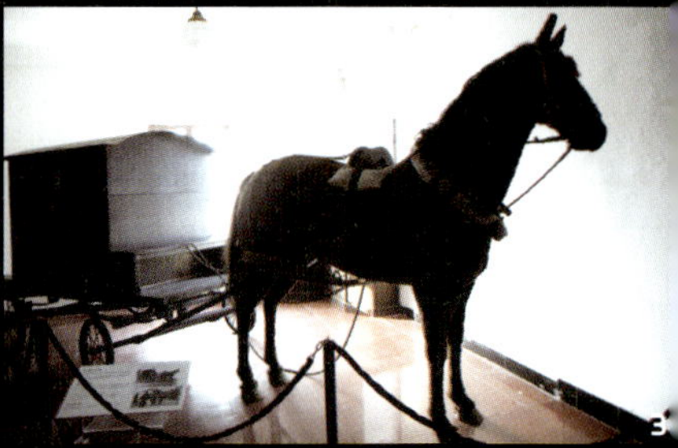

3

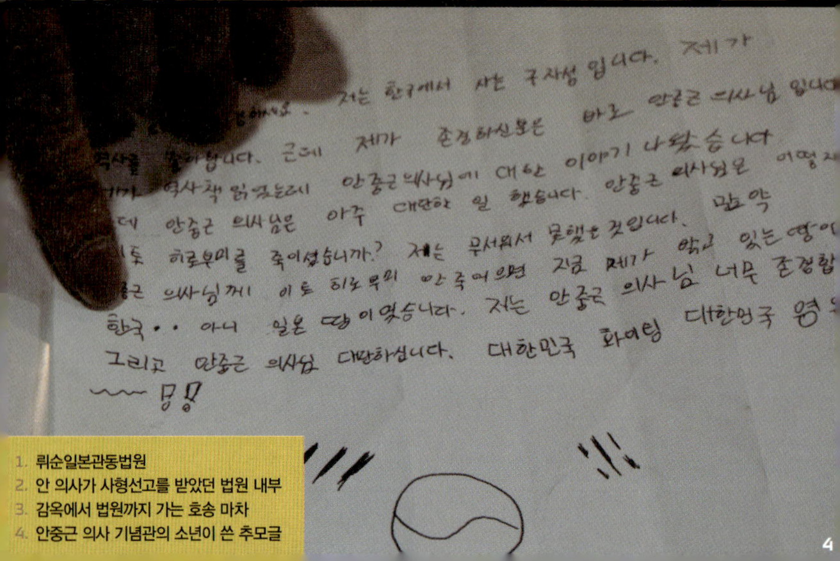

4

1. 뤼순일본관동법원
2. 안 의사가 사형선고를 받았던 법원 내부
3. 감옥에서 법원까지 가는 호송 마차
4. 안중근 의사 기념관의 소년이 쓴 추모글

Storytelling
안 의사 어머니 조마리아의 마지막 당부

안 의사의 어머니 조마리아가 자식에게 전한 마지막 당부 말씀을 잊을 수 없다. 아들의 사형소식을 전해 듣자 어머니 조마리아는 안 의사의 두 동생을 불러 자신의 생각을 전하도록 했다.

"네가 만약 늙은 어미보다 먼저 죽은 것을 불효라 생각한다면 이 어미는 웃음거리가 될 것이다. 너의 죽음은 너 한 사람 것이 아니라 조선인 전체의 공분을 짊어지고 있는 것이다. 만약 네가 항소를 한다면 그것은 일제에 목숨을 구걸하는 짓이다. 네가 나라를 위해 이에 이른 즉, 딴 마음 먹지 말고 죽으라. 옳은 일을 하고 받은 형이니 비겁하게 삶을 구하지 말고 대의를 위해 죽는 것이 어머니에 대한 효도이다."

피붙이 아들에게 죽으라고 말하는 부모가 어디 있는가? 어머니의 놀라운 애국심에 가슴이 먹먹해진다. 효자인 안 의사는 어머니의 뜻을 따랐다. 항소를 포기하고 어머니가 지어준 모시 한복을 입고 의연하게 순국한다. 대의를 이루었으니 구차하게 목숨을 구하지 않겠다는 의지가 담겨 있다.

안 의사의 어머니 조마리아

법정에 들어서니 죽음을 구걸하지 않고 떳떳하게 자기 기개를 밝히는 안 의사의 음성이 들리는 듯하다. 안 의사는 명성황후 시해, 을사늑약 체결, 동양 평화교란 등 이토의 15가지 죄상을 세세히 밝혀 대한 국법의 정당성과 일본이 조선을 부당하게 침략한 사실을 전 세계에 알렸다. 이것이 바로 하얼빈역에서 도주하지 않고 순순히 총을 건넨 이유이기도 하다.

1910년 2월 14일 오전 10시, 뤼순도독부 지방법원 2층 형사 법정에서 안 의사는 사형언도를 받는다. 그는 미소 지으며 재판장에게 "이보다 더 극심한 형은 없느냐?"라고 되물었다고 한다. 나는 안 의사가 재판을 받았던 바로 그 자리에 앉았다. 묘한 기운이 온몸을 감싼다. 과연 나에게도 국가를 위해 원수를 처단할 기회가 온다면 안 의사처럼 실행에 옮길 수 있을까?

지난 8일 동안 하얼빈, 용정, 뤼순까지 안 의사의 행적을 더듬어 보았다. 그는 단순히 일본 수장을 저격한 순국열사만이 아니라 위대한 정치사상가이자 몸으로 실천한 종교인이자, 대 서예가였다. 남북분단, 일본의 우경화, 중국의 역사 편입 등 오늘날 역사는 급박하게 돌아가고 있다. 구국의 열정을 가진 안 의사가 간절하다.

친절한 여행 팁

대련은 스카이라인이 좋아 '북방의 홍콩'이라 불릴 정도로 세련되고 깨끗한 도시로 알려져 있다. 관광객이 가장 많이 찾는 성해광장은 야외정원과 조각 작품이 그만이다. 아기 때부터 100세까지 발자국과 세계를 향한 중국인의 기상이 담겨 있다. 바다산책로도 좋다. 대련은 호텔과 쇼핑시설 등이 잘 갖추어져 자유여행이 가능하다. 대련역에서 뤼순까지 가는 버스를 이용하면 1시간여가 소요된다. 고구려 해안 방어의 전진기지인 비사성을 일정에 넣으면 알차다. 수양제와 당태종이 고구려에 침입했을 때 전투를 벌였던 현장이다. 뤼순감옥에서 관동법원까지는 택시로 기본요금이 나올 정도로 가깝다.

혜초의 『왕오천축국전』이 발견된 곳, 돈황 막고굴

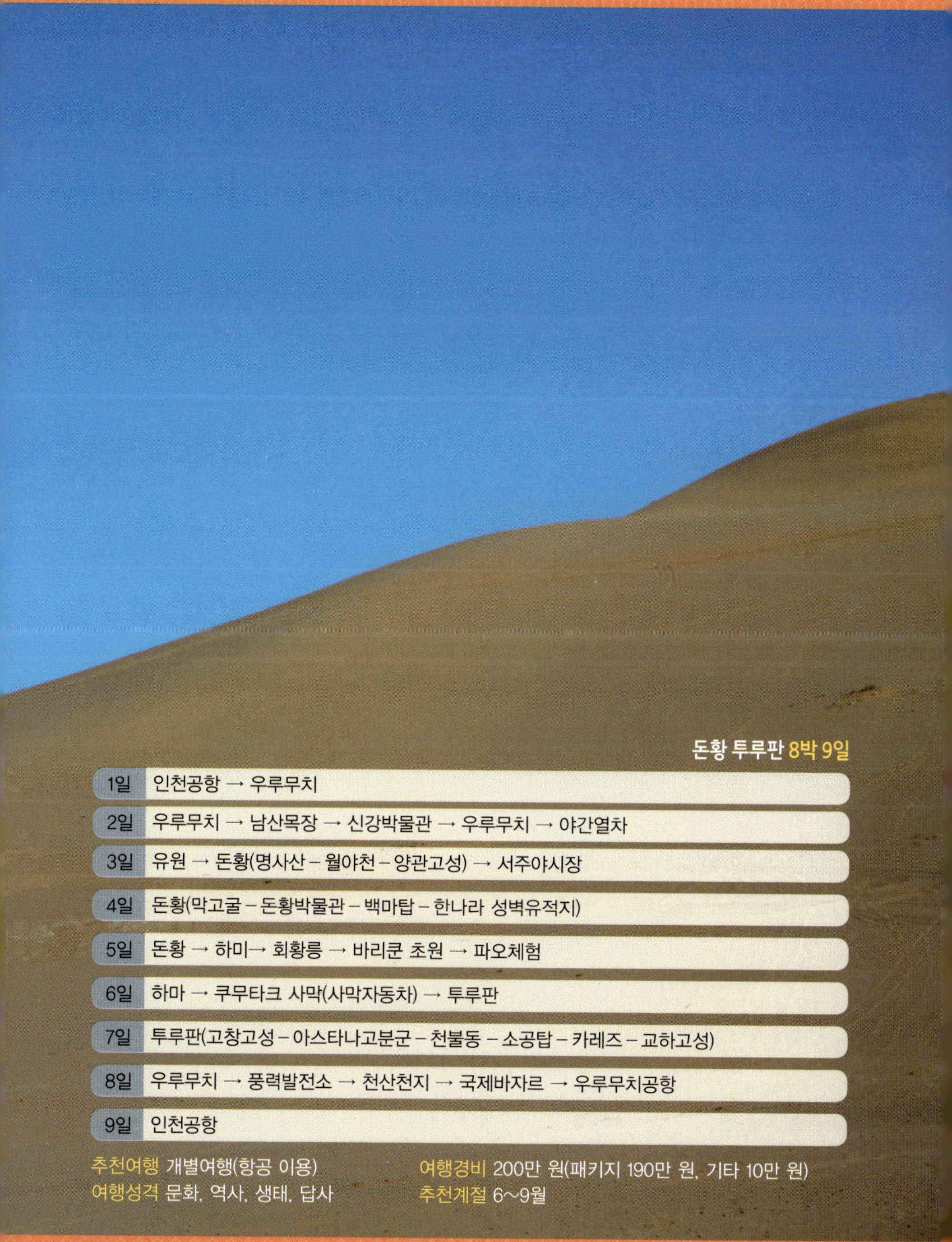

돈황 투루판 8박 9일

1일	인천공항 → 우루무치
2일	우루무치 → 남산목장 → 신강박물관 → 우루무치 → 야간열차
3일	유원 → 돈황(명사산 - 월야천 - 양관고성) → 서주야시장
4일	돈황(막고굴 - 돈황박물관 - 백마탑 - 한나라 성벽유적지)
5일	돈황 → 하미 → 회황릉 → 바리쿤 초원 → 파오체험
6일	하마 → 쿠무타크 사막(사막자동차) → 투루판
7일	투루판(고창고성 - 아스타나고분군 - 천불동 - 소공탑 - 카레즈 - 교하고성)
8일	우루무치 → 풍력발전소 → 천산천지 → 국제바자르 → 우루무치공항
9일	인천공항

추천여행 개별여행(항공 이용)
여행성격 문화, 역사, 생태, 답사
여행경비 200만 원(패키지 190만 원, 기타 10만 원)
추천계절 6~9월

혜초와의 첫 만남

몇 해 전 동호회원으로부터 『실크로드 문화와 이해』라는 책과 혜초 자료를 선물 받았다. 자료를 보다가 혜초라는 인물에 매력을 갖게 되었고 얼마 후 국립중앙박물관에서 '실크로드와 둔황' 전시회를 찾아 관련 유물 200여 점을 살펴보았다. 하이라이트는 프랑스에서 건너온 혜초의 『왕오천축국전』 진본을 친견하는 것. 전기에 감전된 듯 온몸이 굳어졌는데 1시간여를 명작 주변을 떠나지 못하고 서성거렸다. 온갖 역경을 이기며 오로지 발로 구법여행을 떠난 혜초처럼 그의 작품인『왕오천축국전』 역시 주인을 닮았다. 막고굴에서 1,500년 동안 잠들었다가 프랑스로 반출되어 100년 만에 혜초의 고국인 한국에 잠시 왔으니 주인만큼이나 역마살이 있는 모양이다. 이 명작이 1,500년간 잠들었던 돈황 막고굴을 내 눈으로 확인하고 싶어졌고 또 그곳에 가면 여행작가 대선배(?)인 혜초의 심장 박동소리를 들을 것 같아 우루무치 행 비행기에 올라탔다.

고비사막

우루무치에서 야간열차를 타고 밤새 달려야 돈황에 닿는다. 차창 밖에 펼쳐진 땅은 지리책에 등장했던 고비사막이다. '고비'란 몽고어로 '풀이 자라지 않는 거친 땅'이란 의미를 가지고 있다. 그래서 자갈과 바위산이 전부다. 그 불모의 땅이 지금은 에너지원으로 바뀌어 원유를 퍼 올리고 풍력발전기가 사정없이 돌아가고 있으니 마치 미국의 서부개척시대로 돌아간 기분이다. 침대 기차에 길게 누워 창밖을 감상하며 사막을 넘어가니 죽을 고비를 넘긴 혜초 같은 탐험가나 서방을 오갔던 대상들에게 미안할 따름이다.

돈황시에 들어서니 나를 반겨준 것은 반탄비파석상이다. 하늘거리는 천의를 입고 비파를 뒤로 들고 연주하는 처녀의 발랄함에 내 마음 역시 들뜨기 시작했다. 당구로 치면 200점 이상 고수가 구사할 수 있는 '맛세이 자세'라고 할까. 이제 이 조형물을 벽화로 확인할 차례다.

돈황

서안에서 중국문물이 하서회랑을 거쳐 돈황에 이르면 타클라마칸 사막과 천산산맥 사이로 길이 갈라져 다양한 루트로 동방의 문화가 전파된다. 반면 서방의 물산들은 돈황에 집결해 중국으로 유입되기에, 돈황은 실크로드의 관문이라 할 수 있다. 일찍이 역사와 문화가 번성해 한족, 페르시아인, 투르크인, 인도인 등이 한데 어울려 살던 국제도시였다. 서역으로 가는 관문인 돈황은 감숙성, 청해성, 신장성이 만나는 교통의 요지에 자리 잡고 있는데 다음 오아시스까지는 무려 100km를 걸어야 한다. 사막에 쓰러질 수 있고 도적떼가 출몰할 수 있는 위험이 늘 도사리고 있었다. 목숨을 담보로 하는 여행이기에 정신을 가다듬고 무사안일을 기원하는 종교시설이 절실했으니 그것이 바로 막고굴이다. 반대로 온갖 위험을 뚫고 사막을 넘어온 사람들은 부처에게 감사 기도를 드려야만 했다.

1. 돈황 막고굴
2. 비파를 뒤로 들고 연주하는 반탄비파석상
3. 돈황 들어가는 문

인도로 구법여행을 떠난 혜초도 마찬가지다. 인도를 출발해 아프가니스탄, 파미르 고원, 쿠차, 투루판, 하미를 거쳐 돈황까지 왔으니 부처님께 자신의 파란만장한 여정을 보고하고 싶었을 것이다. 그것이 바로 『왕오천축국전』이다. 우리나라에도 나그네를 위로하는 사찰이 여럿 있다. 부여에서 중국을 가야 할 백제인들은 거친 서해 바다를 건너야 했는데 바다 건너기 전 이들의 안위를 책임져줄 절대자는 바로 서산마애삼존불이었다.

막고굴

사막의 진주인 막고굴은 돈황시에서 남동쪽으로 20km 떨어진 명사산에 자리하고 있다. 4세기부터 14세기까지 깎아지는 벼랑에 벌집 같은 석굴 1,000여 개를 뚫어, 일명 천불동이라 불렸다. 현재 남아 있는 석굴은 550개며 474개의 석굴에 벽화가 그려져 있다. 이것을 길게 늘어뜨리면 무려 25km에 해당하니 그 장대함은 이루 말할 수 없다.

벽화 보존을 위해 카메라는 물론 배낭도 들고 갈 수 없다. 우릴 안내해줄 가이드는 돈황연구소 연구원으로 한국어에 능통하다. 부처의 미소와 극락의 벽화를 자주 접해서 그런지 서글서글한 인상이 좋다. 동굴 내부에는 조명이 없기에 가이드의 플래시 불빛에 의존해야만 했다. 벽에 조명이 닿을 때마다 눈은 크게 떠지고 입은 감탄사를 연발한다. 그래서 막고굴 답사는 전문가가 안내해야 숨겨진 그림과 그 의미를 찾을 수 있다. 동굴마다 빼곡히 그려진 벽화는 동양미술의 뿌리라 하겠다. 초기에는 민간신앙의 그림이 그려지다가 불교가 전해진 후 석가의 일생과 극락세계를 담았다.

우선 혜초의 『왕오천축국전』이 발견된 17호 석굴부터 찾았다. 입구에 들어서니 가슴에 뜨거운 것이 올라온다. 그토록 원했던 혜초의 숨결이 느껴지기 시작했다. 호북성 출신의 왕원록은 막고굴 관리자가 되어 청소를 하고 시주를 받으며 살아왔는데, 1900년 6월, 16호 굴을 청소하다가 한쪽에 또 다른 굴이 있음을 알게 되었다. 그 벽을 헐어보니 3m 높이로 쌓아 놓은 그림과 경전이 한꺼번에 발견된 것이다. 이방인들은 '탐험'이란 이름 아래 유물을 뜯어 갔고 그중 프랑스인 펠리오는 현장에서 혜초의 『왕오천축국전』을 찾아내 프랑스로 반출했으며 지금은 프랑스국립도서관 소유가 되었다. 수도원에서 성경을 필사하듯 이

> **한국 연계관광지**
>
> ### 국립중앙박물관 중앙아시아실
>
> 국립중앙박물관의 중앙아시아실에는 중앙아시아에서 출토된 다양한 유물이 전시되어 있다. 대부분 사막과 고원으로 이루어진 이 지역은 매우 건조하기 때문에 종이, 나무, 의류 등이 비교적 잘 보존되어 있다. 20세기 초 '오타니탐험대'라 불리는 일본의 승려 조직이 중앙아시아를 세 차례 답사해 많은 유물을 수집했고, 오타니컬렉션의 3분의 1 정도가 경성 조선총부 박물관에 기증되었다. 조선의 광산 채굴권을 얻는 대가라는 얘기도 있다. 중앙아시아실의 전시품 대부분은 신장위구르자치구 각지에서 출토된 것들이며 석굴사원의 벽화를 비롯해 불화, 불상, 토기, 흙으로 빚은 인형, 생활용품 등이 포함되어 있다. 국제적이고 복합적인 중앙아시아 문화와 미술의 특징을 이해하는 데 도움이 된다.

1. 천불동이라 불리는 막고굴
2. 제45굴의 칠존상
3. 제237호굴에는 조우관을 쓴 신라인을 볼 수 있다
4. 막고굴

중국 돈황

명사산 낙타타기 체험

곳 역시 불경을 필사한 고문서가 많이 발견되었다. 한문, 산스크리트어, 위구르어, 소그드어, 쿠처어, 호탄어, 티베트어, 몽골어 등 다양한 언어로 쓰인 고서적이 무려 3만여 점. 오늘날 이것을 연구하는 돈황학이 생기는 바탕이 되었다.

237호굴을 들어가면 유마경변상도를 만나게 된다. 벽에는 여러 나라에서 온 사절단이 그려져 있는데 새 깃털 모자를 쓰고 있는 사람은 다름 아닌 신라인이다. 1,500년 전 조우관을 쓴 신라인을 수만km나 떨어진 돈황에서 만날 줄은 꿈에도 생각지 못했다. 45굴의 칠존상은 부처를 가운데 모시고 보살과 가섭존자 등 7분의 불상을 만날 수 있는데 막고굴 불상의 대표작이라 할 수 있다. 259호 보살상은 미소가 아름다워 '동양의 모나리자'라 통해 보기만 해도 마음이 편해진다. 불빛이 비쳐질 때마다 1,500년 전 색채와 율동감이 시선에 들어온다. 158호 석굴은 부처가 누워 있는 열반상으로 벽에 그려진 색감이 뛰어날 뿐더러 보존까지 잘 되어 있어 선인들의 예술과 과학정신에 찬사를 보낸다. 96호 석굴은 35.5m나 되는 거대한 부처로 실내 부처 중에서는 가장 큰 불상이다. 까마득한 천장까지 조각하고 세밀하게 그림을 그려 넣은 무명 예술가에게 고개를 숙일 뿐이다.

1. 막고굴 들어가는 문
2. 1천여 개의 석굴을 가지고 있는 막고굴

1. 모래의 선이 아름다운 명사산
2. 돈황시 내에 있는 명사산
3. 초승달 모양의 호수를 가지고 있는 월아천과 월아사막

명사산

'실크로드' 하면 가장 많이 떠오르는 것이 사막일 것이다. 사막 한가운데 오아시스가 있어야 제대로 풍경이 완성되는데 실제로 가보면 오아시스는 웬만한 도시만큼이나 넓다. 사막 한복판의 오아시스 맛을 가장 잘 느끼게 해주는 곳은 명사산이다. 작은 언덕 하나 오르는데 발이 푹푹 빠져 거의 30분이나 걸린다. 하물며 나이 어린 혜초 스님은 이곳을 통과하면서 얼마나 고초가 심했을지 간접체험을 해보았다. 모래가 우는 것이 아니라 인간 내면의

Storytelling

낙타 발바닥

돈황은 먹을거리가 풍성하다. 당도가 뛰어난 수박과 하미과는 한국에서도 그리울 때가 있다. 연두색 건포도가 유명하며 땅콩이나 아몬드 등도 저렴하게 구입할 수 있다. 사주시장에 가면 동서양의 다양한 요리를 접하게 되는데 특히 양에 관련된 요리가 많다. 양꼬치는 물론 양 머리통까지 깨서 먹는다. 가장 진귀한 요리는 낙타 발바닥 요리다. 흐물흐물한 것이 한우의 도가니 맛이 난다. 비위가 약한 사람들은 거의 먹지 못했지만 나는 그 사람들 몫까지 게걸스럽게 먹었다. 하필 다음 일정이 명사산 낙타타기 체험이다. 다른 낙타는 벌떡 일어나는데 내가 무거워서 그런지 아니면 낙타 발바닥 요리를 먹은 것을 알아차렸는지 내 낙타는 꿈쩍도 하지 않는다. 그걸 본 낙타 주인이 느닷없이 회초리를 꺼내 낙타 뺨을 갈기는 것이었다. 그 큰 눈에서 그렁그렁 떨어지는 눈물을 난 잊을 수 없다. 맞지 않으려고 안간힘을 내 일어나긴 했지만 발걸음이 영 시원찮다. 한국에 돌아가면 반드시 다이어트 하겠다고 결심했다. 사막의 이국적 풍경은 눈에 들어오지 않고 난 오로지 힘겹게 걷는 낙타 발바닥만 쳐다보았다.

낙타 발바닥

낙타 발바닥 요리

속울음이 바로 명사산이다.

유명 관광지답게 명사산은 사람들도 북적거린다. 바람이 만들어내는 모래의 선들이 어찌나 고운지 모르겠다. 낙타를 타고 언덕까지 올랐다. 다시 꼭대기까지 올라가 모래 썰매를 탔다. 그 속도감과 짜릿함은 더위를 씻어내기에 충분하다. 다시 낙타에 올라타 월야천으로 갔다. 초승달 모양의 월야천과 월야산장이 사막을 배경으로 고즈넉한 분위기를 연출하고 있다. 이곳을 가장 멋지게 보려면 건너편 산등성이에 올라야 한다. 붉은 노을과 사막이 만들어낸 곡선미가 절묘하다. 그렇게 힘들게 올랐지만 내려가는 것은 수월하다. 신발 속에 모래가 한 움큼 들어갔어도 마냥 행복하다.

친절한 여행 팁

돈황 지역은 밤낮의 기온차가 크다. 반팔이 기본이지만 바람막이 옷이나 얇은 담요를 준비하면 유용하다. 워낙 건조하기 때문에 밤에 빨래를 하고 실내에 널고 자면 아침에 마른다. 습기완화에도 도움이 된다. 긴팔 옷, 스카프, 선글라스, 모자, 선크림은 필수이며 모래바람 대비 마스크와 양산을 준비하면 좋다. 포도, 사과, 배, 살구, 하미과, 수박 등 과일이 달고 저렴하기 때문에 장터에서 실컷 맛보라. 고추장이나 김, 컵라면을 준비하면 좋다. 실크로드 기념품은 사주 야시장에서 구매하면 좋다. 돈황 시내의 사주시장은 잔, 스카프, 모자 등 서역에서 온 기념품을 살 수 있다. 광장 주변의 포장마차에는 양꼬치, 국수, 빵 등을 맛볼 수 있다.

09
중국 석도에서
해상왕 장보고를 만나다

석도 장보고 유적지 4박 5일

1일	인천국제여객터미널
2일	석도항 → 적산법화원 → 천목온천
3일	성산두 → 곤유산 → 위해 행복문 → 연태
4일	장유포도주박물관 → 월량만해변공원 → 석도항
5일	인천국제여행터미널

추천여행 패키지(선박 이용)
여행경비 60만 원(패키지 50만 원, 기타 10만 원)
여행성격 역사, 통일, 가족, 단체
추천계절 봄, 여름

장보고대사 동상과 전기관

장보고를 만나며

장보고는 과연 어떤 인물이었을까? 천 년 전 중국 반군을 제압한 장군이며 해적을 소탕한 해상왕이며 한·중·일 세 나라의 역사책에 이름이 오른 유일한 인물로 알려져 있다. 한때 드라마〈해신〉이 인기몰이를 하면서 장보고 신드롬까지 일어나기도 했다.

지난 완도여행 때 청해진으로 추정된 장도의 토성을 거닐었다. 넘실거리는 바다와 그 흔적이 장보고의 발자취를 더듬으라고 충동질하는 것 같았다. 당나라에서의 활약상과 신라인의 마음의 고향이었던 법화원 그리고 신라방은 어떤 모습일까. 지성이면 감천이었다. 그렇게 결심한 지 불과 2달 만에 장보고 유적지를 갈 수 있는 기회가 찾아왔다.

아무래도 장보고 유적지가 있는 석도는 인천에서 배를 타고 가는 것이 유리하다. 인천항을 출발한 페리호는 영흥도를 거쳐 서쪽으로 물길을 가른다. 완도 장보고의 선단이 서해를 따라 중국으로 향했던 뱃길이기에 더욱 의미가 있다. 당시 배를 만드는 기술은 훗날 거북선 제작으로 거듭났으며 세계 제1의 선박 건조국 반열에 오르게 했다.

장보고 유적지는 적산에 몰려 있다. 해 질 무렵이면 바위산이 온통 붉게 물든다고 하여 '赤山(적산)'이란 이름을 얻고 있다. 석도항의 규모가 작아 법화원 역시 작은 사찰인 줄 알았

적산명신에서 바라본 장보고 동상

다. 그러나 서둘러 보았는데도 2시간이 훌쩍 넘을 정도로 규모가 대단하다. 중국인들이 법화원을 꾸미기 위해 천문학적 돈을 쏟아 부어 아기자기한 절 분위기를 느끼기는 힘들다. 장보고에 대한 존경의 표시라기보다는 한국 관광객을 끌어들이기 위한 상술이 더 크게 작용했는지 모른다. 그래도 좋다. 이곳이야말로 한국에서도 보기 힘든 장보고 동상, 기념관이 있으며 안내판도 한글로 되어 있어 신라방에 온 듯 착각에 빠지게 해주니까.

적산법화원

매표소에서 표를 끊고 들어서면 '적산법화원'이라는 큼직한 현판이 있다. 장보고가 세운 불교 사원이다. 창립 초기에 『법화경』을 읽었다고 하여 이런 이름을 얻었다고 한다. 신라와 당나라의 교역 중심지인 산둥반도 일대에  는 신라인들이 살던 신라방이 있었다. 이곳을 중심으로 신라인들이 점차 늘어나자 그들의 정신 세계를 하나로 묶을 수 있는 종교시설인 신라원이 필요했다. 산둥반도 해안선을 따라 수많은 신라원이 있었지만 가장 대표적인 절이 바로 이곳 법화원이다.

장보고 기념탑과 전기관

기념탑 가는 길, 누각에 오르면 적산과 법화원 일대가 한눈에 들어온다. 울퉁불퉁 바위산은 마치 서울의 인왕산을 닮았다. 장보고 기념탑은 세계한민족연합회 최민자 회장이 10만 달러를 투자해 1994년 건립한 탑이다. 기념탑은 석도대리석으로 제작하였으며 정면 '장보고 기념탑'이라는 글자는 김영삼 대통령의 친필이다. 15m 높이의 탑신은 큰 기둥 두 개가 50cm 사이를 두고 떨어져 있는데 상단에는 이 기둥을 연결한 고리가 있다. 이는 한중 양국의 우의를 상징한다고 한다. 하긴 장보고만큼 한국인과 중국인에게 모두 존경받는 인물은 없을 것 같다. 탑 주변에는 각종 단체들의 식수비, 방문기념비 등이 널려 있어 어수선하다.

장보고 전기관 초입에는 장보고의 어린 시절, 청해진 건설 등 그의 일대기가 새겨진 부조 벽화를 볼 수 있다. 그 앞에는 한중간의 교류와 우호의 상징인 세 발 달린 솥 '법화우의보정'이 서 있다. 전기관 문에 들어서면 안압지를 닮은 연못과 누각이 있다. 비단잉어가 노니는 연못을 지나면 기상이 넘치는 장보고 동상을 만날 수 있다. 장보고의 동상은 높이 20여m에 달하며 고향인 신라를 바라보고 있다.

이곳에서 그는 이기의 반란 등을 평정하고 무녕군 소장까지 오르게 된다. 그 후 적산을 거점 삼아 무역으로 큰돈을 모아 적산에 법화원을 세웠고 이곳을 신라인의 구심점으로 삼았다. 황금 옷을 입은 장보고상도 만날 수 있다.

적산명신

장보고 전기관 동쪽으로 올라가면 높이 58.8m의 적산명신 동상이 바다를 바라보고 있다. 중국에서 제일 큰 해신상으로, 석도의 어민들은 적산신에게 풍어와 무사안일을 기원했다고 한다. 중간쯤 가면 바다를 배경 삼아 두 장군이 호위하고 있는데 바로 『삼국지』에 나오는 조자룡과 관운장이다. 대륙의 기질이랄까 계단 바닥에는 바다에서 하늘로 승천하는 용의 모습이 조각되어 있다. 적산명신은 이마가 툭 튀어 나왔고 수염을 기르고 있는 것이 특징인데 해신답게 바다를 내려다보고 있다. 적산신이 오고가는 선박을 지켜준다고 믿고 있으니 중국판 포세이돈이라 불러도 좋을 듯싶다.

이곳은 전망대 역할을 겸한다. 석도항과 해안선이 절묘하게 어우러지며 바다와 더불어 한 폭의 그림을 마주한 것 같다. 반대편으로 시선을 돌리면 울퉁불퉁 기암과 적산을 볼 수 있다. 산은 경내를 감싸고 있으며 그 아래 사찰과 팔각정자가 자리하고 있다. 적산명신 내부는 작은 불상이 모셔져 있는데 만불전이라 한다. 눈여겨봐야 할 것은 옥으로 만든 벽화로, 제작비가 무려 1천만 달러가 들었다고 한다. 신선의 살아 있는 표정과 옷주름, 꽃의 양감까지 옥으로 묘사하고 있다.

중국 석도 장보고 유적지

1. 김영삼 대통령의 친필이 새겨진 장보고 기념탑
2. 중국판 포세이돈인 적산명신
3. 장보고 업적을 담은 벽화
4. 적산명신상 내부에 있는 있는 옥벽화

적산법화원 터

다시 언덕을 내려와 계곡 안쪽으로 들어가면 적산법화원 터가 나온다. 이곳은 사찰의 역할 뿐 아니라 신라와의 연락처, 신라와 일본에서 온 유학승들에게 편의를 제공한 장소다. 미국의 한인교회처럼 당나라에 존재하는 신라타운으로 보면 된다. 사찰은 전답을 소유했고 본국과 같이 해마다 8월 15일을 전후로 3일간 축제를 열었다고 한다.

법화원 아래 마을이 바로 신라인들의 집단 거주지인 신라방이다. 신라소는 신라 거류민의 행정자치기구로 신라방에 거주하는 신라인을 통제하기 위한 관서로 보면 된다. 신라관은 신라인의 숙소로 보면 된다.

대웅보전 지붕 위에는 큼직한 치미를 올렸고, 건물은 부석사 조사당처럼 정면에 창을 달았다. 내부에는 석가모니가 모셔져 있다. 향로와 탑을 합쳐 놓은 향로탑이 특이하다. 뒤쪽으로 삼불보전이 자리하고 있다. 옆쪽 오솔길을 따라가면 화려한 보관을 쓰고 있는 관음보살을 친견할 수 있다. 관음전은 경내에서 가장 중요한 건물 같다. 그 아래 원형경기장 같은 광장이 놓여 있고 한가운데 인자로운 미소를 지닌 극락보살이 앉아 있으며 주변에는 분수가 자리하고 있다. 음악에 맞춰 분수가 시원스런 물줄기를 내뿜는다. 둘레에 있는 용의 입에서 물이 나와 극락보살을 향해 뿌리고 있어 마치 소방훈련 같다는 생각이 든다. 운 좋으면 무지개까지 볼 수 있고 극락보살이 360도를 회전을 하면 그 아래 신상의 입에서 불이 나온다. 스케일은 크지만 프로그램이 조악하다는 생각이 든다. 중국인들은 연신 향

중국의 최동단 성산두

1. 신라타운의 중심인 적산법화원 터
2. 극락보살 분수쇼
3. 진시황의 명을 받은 서복이 불로초를 구하기 위해 떠난 장소인 성산두

을 피우며 소원을 빈다. 매일 4시 30분 공연이 있으니 그 시간에 맞춰 찾는 것이 좋다. 조금 위쪽으로 올라가면 적산선원이 나온다. 예닌의 입당구법관 건물 뒤로 3층의 적산각이 서 있다.

중국판 희망봉, 성산두

성산두는 한반도에서 가장 가까운 곳이다. 신선사상에 심취한 진시황은 바다에서 신기루를 목격하고는 삼신산이 존재하는 것을 믿었으며 서복을 통해 불로초를 구해오라고 명했다. 대규모 선단과 삼천 명의 동남동녀를 싣고 성산두를 떠난 서복은 불로초를 구하지 못하자 다시 돌아오지 못했다. 고조선과 전쟁을 벌였던 한무제도 이곳에서 제사를 지냈으며 백제를 차지하기 위해 당나라 소정방이 13만 수군을 거느리고 출발한 곳도 성산두다. 청일전쟁 때는 아시아 맹주인 중국이 섬나라 일본 수군에게 대패 당했던 비운의 장소이기도 하다.

한국 사람들이 해남 땅끝에서 아련한 감동을 받는 것처럼 성산두 역시 중국의 땅끝에 해당해 중국인이 가고 싶어 하는 곳 중에 하나로 손꼽힌다. 한국이야 바다가 삼면으로 둘러싸여 있어 전국 어디든 2시간만 가면 바다를 만날 수 있지만 대륙에서는 바다 한 번 보지 못하고 죽는 사람이 부지기수다. 산둥성에 있는 사람도 그렇다고 하는데 하물며 몽골, 신장, 티베트 등 내륙 사람들은 오죽하겠는가?

근처에는 끝이 보이지 않는 염전이 보인다. 중국산 소금이 한국시장을 장악한 이유가 바로 여기에 있었다. 중국의 가장 동쪽에 자리 잡고 있어 대륙에서 가장 먼저 태양을 볼 수 있다. 한국으로 치면 포항의 호미곶쯤 된다. 그렇기에 고대 사람들은 이곳을 태양신이 거주하는 성역으로 여겼다. 중국을 최초로 통일한 진시황이 이곳을 두 번이나 찾았으며 태양신에게 제사를 지냈다고 한다. 그래서 성산두에는 진시황에 관한 조각물이 무척 많다. 병마용도 보이고 진시황 사당도 있다. 이곳은 원래 진시황이 동쪽을 순찰을 하며 머물렀던 행궁인데 훗날 백성들에 의해 시황묘로 바뀌었다.

청일전쟁 때는 일본군과 해전 중 어뢰로 인해 배가 침몰했는데 등세창은 탈출할 수 있었음에도 배와 함께 수장되어 민족의 영웅으로 추대되고 이다. 세월호의 선장을 생각하니 한숨만 풀풀 난다. 정여창은 일본군 공격이 거세지자 직무실에서 자결했다. 동학혁명 때문에 발발한 전쟁이기에 모른 척 할 수 없는 사람들이다.

진교 유적은 진시황이 삼신산의 불로초를 구하기 위해 이곳에 다리를 놓으려 했는데 용왕이 감동하여 부하 해신을 파견해 하루 사이에 다리를 놓아주었다고 한다. 이에 감격한 진시황은 해신을 만날 것을 간청했고 해신의 화상을 그리지 않는다는 조건으로 만났는데 진시황은 그 약속을 어기고 몰래 화가를 숨겨 놓았다고 한다. 이에 노한 해신은 완성된 다리를 한꺼번에 파괴했는데 지금은 교각 4개만 남아 있다. 진시황은 영생을 누리고 싶어 불로초를 구하려고 애썼지만 정작 그는 환갑도 보지 못하고 죽었다.

한국 연계관광지

완도 청해진 유적지와 제주 서복전시관

완도 동쪽 장좌리 앞바다에는 전복을 엎어 놓은 듯한 장도가 있으며 나무다리가 연결되어 밀물에도 자유롭게 넘나들 수 있다. 이곳은 통일신라 시대 장보고 대사가 만든 청해진 유적지로, 이곳에 진을 설치해 바다의 해상권을 장악했다. 장도 앞에는 장보고 기념관이 조성되어 장보고의 일대기와 해상 실크로드 등을 볼 수 있다. 제주 서귀포 정방폭포에는 서복전시관이 있다. 서복이 삼신산 중 하나인 한라산에서 불로초를 구하려고 동남동녀 500쌍을 거느리고 동쪽으로 왔다가 정방폭포 암벽에 '서불과지(徐市過之)'라는 글자를 새기고 서쪽으로 돌아갔다고 전해지고 있다. 전시관에는 진시황의 청동마차와 병마용갱의 실물 복제품과 서복 비석 복제품 등을 볼 수 있다.

중국의 희망봉인 성산두

중국

석도 장보고 유적지

> **친절한 여행팁**
>
> 인천항과 석도 간 화동명주호가 주 3회 운행하며 12시간이 소요된다. 석도항에서 적산법화원까지는 10분여가 걸린다. 석도의 적산법화원이나 곤유산 산행을 마치고 위해 관광을 나서는 것이 좋다. 환취루공원 누각에 올라가면 청일전쟁의 아픔을 겪은 유공도와 위해 시내가 한눈에 보인다. 행복문은 위해의 아이콘이자 현대화된 위해의 이미지를 대표하고 있는데 높이 30m의 복도식 전망대에서 바라본 바다풍경이 볼만하다. 위해 해상공원은 인공호수, 놀이공원, 삼림공원, 해수욕장으로 꾸며졌으며 중국 3대 우수공원으로 선정되었다. 천목온천은 68개의 테마온천탕으로 수영장, 마사지실을 갖추고 있는 온천으로 부대시설을 잘 갖추고 있다. 곤유산은 국가급 삼림공원으로 숲 산책하기에 좋다.

10
세계 3대 트레킹 코스, 호도협에서 차마고도 분위기를 맛보다

호도협 4박 5일

- **1일** 인천공항 → 성도공항 → 성도호텔
- **2일** 성도 → 리장공항 → 호도협(교두진 - 나시객잔 - 28밴드 - 차마객잔)
- **3일** 호도협(차마객잔 - 중도객잔 - 관음폭포 - 장선생객잔) → 리장고성 야경
- **4일** 옥룡설산(모우평 - 정인승마장 - 신수 - 산야목장 - 운삼원시림 - 설산아구 - 설련대협곡) → 리장
- **5일** 성도공항 → 인천공항

추천여행 패키지(항공 이용) 여행경비 160만 원(패키지 150만 원, 기타 10만 원)
여행성격 트레킹, 문화, 건축, 역사 추천계절 봄(3~6월)과 가을(9~12월)

1. 사람과 말 발자국이 혼재한 차마고도 2. 옥룡설산과 하파설산 사이를 가로지르는 진사강

세계에서 가장 오래된 길, 차마고도

차마고도는 평균 해발고도 4,000m 이상 험준한 옛길로 중국의 차와 티베트의 말이 오갔던 길이다. 실크로드보다 200여 년 앞섰으니 인류 역사상 가장 오래된 교역로라 할 수 있다. 중국 서남부 운남성과 사천성에서 티베트를 넘어 네팔과 인도까지 5,000여km에 달하는 길이다.

KBS 다큐멘터리 〈차마고도〉를 보면서 깎아지른 절벽길에 마방행렬이 이어지는 장면을 보고 언젠가는 꼭 그 길을 밟겠노라고 결심했다. 그러나 방송에 나왔던 곳은 접근조차 쉽지 않을뿐더러 위험이 도사려 일반인이 나서기에는 어려움이 많다. 쉽고 안전하게 차마고도의 분위기를 느끼겠다면 리장의 호도협을 권한다. 보이차의 산지인 시쌍반나와 푸얼에서 마방들이 차를 싣고 따리, 리장, 샹그릴라를 거쳐 티베트의 라싸에 이르게 되는데 리장에서 샹그릴라로 향하는 길목에 호도협이 자리하고 있다. 나시족의 성산인 옥룡설산(5,596m)과 장족의 성산인 하파설산(5,396m) 사이에 놓인 협곡으로 길은 고산 아래 산허리를 휘감으며 16km나 이어지고 있다.

옥룡설산을 감상하며

리장에서 트레킹 출발지인 치아토우까지 2시간이 소요된다. 매표소를 지나 천천히 산을 오르면 두 물이 합쳐지는 합수지가 나오고 거기부터 본격적으로 협곡이 시작된다. 폭 1m도 되지 않는 좁은 길은 수천 년 동안의 민초들의 삶이 녹아 있으며 차를 가득 실은 말의 발자국이 눌려 만든 길이다. 난간에 서면 협곡과 설산이 눈에 잡히는 포인트가 나오는데 사진을 찍고 나니 돈을 요구한다. 이 오지까지 파고든 상술이 아쉽기만 하다. 신이 연필로 그어 놓은 것처럼 길이 자연스럽다. 히말라야산맥의 일부인 옥룡설산은 13개의 봉우리가 길게 이어졌는데 전부 연결하면 한 마리 용처럼 보인다고 해서 옥룡설산이란 이름을 얻게 되었다. 워낙 높다보니 구름조차 고개를 넘지 못하고 산에 걸려 우왕좌왕한 모습이 생경스럽다. 뒤를 돌아보니 마부들이 말 한 필씩 끌고 우릴 따라온다. 말을 타라고 유혹했지만 싱싱한 두 발을 믿으며 자연과 벗 삼아 걸었다. 자갈과 고운 흙이 다져진 땅에는 사람과 말 발자국이 혼재한다. 누군가 처음 이곳을 밟았을 테고 그 다음 사람들의 발자국이 더하면서 이렇게 근사한 길이 되었다. 제법 경사가 있는 언덕을 오르기도 하고 산등성이를 크게 휘감아 돌아야 한다. 그때마다 펼쳐지는 풍경은 나를 감동시키기에 충분했다. 2시간쯤 걸었을까. 계단식 논을 끼고 있는 나시족 마을이 나타났다. 우리의 산골마을과 비슷하다. 씨옥수수가 대롱대롱 매달려 있는 나시게스트하우스에서 중국식 요리로 든든하게 배를 채웠다.

가장 험준한 코스인 28밴드까지는 말을 타고 갈 수 있다

악명 높은 28밴드

돌담길을 지나자 거친 경사길이 나타났다. 16km 트레킹 구간 중 나시객잔에서 정상까지가 가장 힘든 구간으로, 28굽이나 꺾여 일명 '28밴드'라는 이름을 가지고 있다. 이때 마부들이 다가와 유혹하기 시작한다. 우리 일행은 38명. 마을 사람들이 비상연락망을 가동했는지 하나둘씩 모이더니 동네 말들은 전부 집결한 것 같다. 말을 타려니 시세가 70~80원이면 충분한데 120원을 부르는 것이다. 수요가 많으니 바가지를 단단히 씌울 모양이다. 그래서 "힘들어도 걸읍시다. 타라고 할 때까지 타지 마세요."라고 우리말로 외쳤다. 28밴드를 천천히 오르며 난 마부 대표와 묘한 신경전을 펼쳤다. 경사가 급한지라 10분쯤 산을 오르다 쉬게 되었다. 이때 마부들 사이에 내분이 일어났다. 만약 우리가 타지 않으면 이들은 빈손으로 돌아가야만 한다. 결국 70원에 낙찰을 봤다. "말 탈 사람은 손을 드세요." 그랬더니 거의 다 손을 드는 것이다. 우리의 단결된 모습에 차마고도 상인들도 웃고 만다. 타박타박. 말 위에서 내려다 본 풍경은 남달랐다. 말이 숨을 헐떡거리며 힘겨워하는 모습을 보니 다이어트에 실패한 내 자신이 미워진다. 힘겹게 올라와서 그런지 28밴드 정상에서 바라본 진사강과 옥룡설산의 자태는 눈물겹도록 아름답다. 산은 마치 수박을 칼로 벤 것처럼 일부러 다듬어 놓은 것 같다. 뒤를 돌아보니 저 아래 우리가 점심을 먹었던 나시객잔이 까마득하게 보인다.

호랑이가 뛰어 넘은 호도협

청해성에서 발원한 진사강은 유랑을 거듭해 수많은 지역에서 물을 받아들여 양자강이 된다. 6,300km 세계 최장이며, 중국 대륙을 골고루 적셔주고 상해바다로 빠져나간다. 산이 높을수록 계곡은 더 좁아졌다. 28밴드 아래는 계곡이 가장 좁은 호도협(虎跳峽)이다. 얼마나 협소한지 호랑이가 점프해 강을 건넜다고 한다. 강 가운데 호도석은 점프할 때 디딤돌로 삼았을 바위다. 산 높이는 5,000m, 협곡은 고작 30m다. 그러다보니 물살이 센 데다가 바위에 부딪혀 만들어진 포말이 하얗다. 그 물소리는 호랑이의 포효처럼 웅장했다. 구절양장의 절경도 고마운데 협곡에서 물안개까지 피어올라 선경을 그려내니 이 풍경을 만나게 해준 신께 감사드릴 뿐이다. 이 척박한 땅에 야생화가 꽃을 피워 그 향기에 힘을 얻고 또 걷는다. 2시간이 지나니 오아시스 같은 차마객잔이 나온다. 이 많은 인원이 차 한 잔 얻어마셨어도 돈을 받지 않는다. 산 사람들의 넉넉한 인심에 마음이 훈훈해졌다. 몰래 다가가 주인아주머니 손에 초콜릿을 한 움큼 쥐어 주었다. 마당에서 즉

길에서 만난 나시족 여인

중국
호도협

1. 진사강에 가장 협소한 지역인 호도협. 가운데 호도석이 서 있다
2. 절벽에서 밭을 갈고 있는 농민
3. 장작을 등에 지고 있는 산골소녀
4. 외국인들의 트레킹 코스로 사랑받는 차마고도
5. 사람 얼굴 모양의 바위

석 공연을 벌였다. 유럽인들은 팝송을, 우리 일행 중 한 분은 이태리 성가를 불렀는데 설산과 기가 막히게 어우러졌다.

다시 길을 나섰다. 차마객잔부터 하프웨이객잔까지 2시간은 호도협 트레킹의 하이라이트다. 벼랑 옆에 길이 놓여 있어 긴장이 된다. 작은 초가집이 있으면 그 아래에는 물결 같은 다랭이밭이 보인다. 척박한 땅을 일구는 사람의 모습이 경이롭다. 혼자 걷는 것이 아니라 현지인들과 함께 걸을 때가 있다. 대바구니에 나무를 한 짐 지고 집으로 향하는 운남의 산골소녀를 만났다. 내가 그 등짐을 매보았더니 너무 무거워 고꾸라질 뻔했다. 그런 내 모습이 재미있던지 소녀는 까르르 웃음을 터트린다. 잘생긴 얼굴바위는 옥룡설산을 바라보는 스핑크스다. 길은 편안한 S자 길도 있었고 U자형의 길까지 변화무쌍했다. 워낙 경치가 황홀하니 전혀 힘이 들지 않는다.

하프웨이객잔

드디어 우리가 머물 하프웨이객잔에 도달했다. 호도협의 객잔들은 모두 빼어난 경치를 가지고 있다. 창문을 활짝 여니 옥룡설산이 내 품에 와락 안긴다. 이렇게 황홀한 게스트하우스에서 하룻밤을 보낸다니 꿈만 같다. 화장실에는 '천하제일측'이라 쓰여 있는데 세상에 이렇게 멋진 전망을 가진 화장실이 또 있을까 싶다. 엉덩이를 까고 창밖을 바라보니 4,000m가 넘는 봉우리들이 어깨를 맞대고 있었다. 추한 내 모습이 대자연에 누가 되겠지만 그것마저 포용해주는 설산이 마냥 고맙다. 차 한 잔 들고 야외 테라스에 앉아 쭈뼛 솟은 설산들을 감상한다. 앉은뱅이 의자에 앉아 한없이 산만 봤다. 저녁은 닭백숙을 시켰는데 입에서 살살 녹는다. 원기 회복하는 데 최고다. 우리 일행은 맥주 한 잔 곁들이며 흥을 돋우고 있었는데 세계 각국의 젊은이들이 한두 명 합석하더니 급기야 파티로 이어졌다. 중국, 미국, 영국, 노르웨이, 뉴질랜드, 호주 등 다양한 곳에서 온 국가대표(?)들은 각국의 민요와 춤을 자랑했다. 오지 차마고도에서 지구촌 축제가 열리리라는 것을 누가 알았겠는가. 무용선생님인 우리 회원이 아리랑에 맞춰 춤을 추었더니 모두들 넋이 빠져라 쳐다보고 있다. 이것이 바로 한류다.

새벽에 눈이 떠졌다. 하늘을 붉게 물들인 여명이 나를 흔들어 깨우는 것 같아 밖으로 나

한국 연계관광지

영동영서 지방의 만남, 구룡령 옛길

9마리 용이 승천하다 험한 산세에 막혀 오르지 못했다는 구룡령은 백두대간에 가로막혀 결코 만날 수 없을 것 같은 관서와 관동지방을 고개를 통해 각자의 삶을 나누었다. 바닷가 양양 사람들은 소금, 간수, 고등어, 명태를 등에 지고 험준한 고개를 넘었고, 홍천 명개리에 있는 농민들은 산비탈에서 수확한 콩, 팥, 녹두, 수수, 감자 등을 거두어 구룡령 주막에서 물건을 바꾸었다. 56번 국도가 지나는 구룡령 정상 백두대간방문자센터(해발 1,013m)부터 시작해 갈천으로 하산하면 2시간이면 걸을 수 있다.

중국

1. 빼어난 경치를 가지고 있는 하프웨이객잔
2. 게스트하우스에서의 지구촌 축제
3. 객잔 창문을 열면 설산이 눈에 들어온다
4. 갈 지(之) 자 모양의 금사강
5. '세상에서 가장 아름다운 화장실'이란 글씨가 써 있는 하프웨이객잔 화장실

1. 500m 길이의 관음폭포 2. 협곡을 흐르고 있는 금사강 3. 양자강 최상류 금사강

왔다. 구름은 호도협 물살을 닮았는지 빠르게 흘러간다. 협곡에 운무가 드리워지자 그야말로 선경이 펼쳐진다. 집을 나온 김에 마을을 둘러봤다. 밀이 자라고 있으며 검은 소들과 닭들도 자유롭게 뛰놀고 있다. 나중에 잡혀 먹히더라도 행복한 가축들이다.

하산길

아침을 먹고 행장을 꾸려 길을 나섰다. 워낙 비경인지라 아무 곳에 서서 사진을 찍어도 엽서사진처럼 나온다. 이 좁은 길에서 염소 떼를 만났다. 염소의 울음소리가 설산에 울려 퍼지니 알프스에 온 기분이다. 단 양치기는 소녀 하이디가 아닌 모택동 모자를 쓴 아줌마여서 아쉬웠다. 하프웨이객잔에서 중호도협까지 이어지는 금사강의 풍경 또한 백미라 할 수 있다. 산허리를 크게 휘감아 도니 하파설산에서 녹은 물이 관음폭포가 되어 500m의 벼랑에 물을 떨어뜨리고 있었다. 옛 사람들은 하늘에서 물이 내려오는 것으로 믿었다고 한다. 벼랑의 바윗길은 반들반들하다. 수많은 사람들의 발걸음이 이런 보석을 만들었다.

이제는 하산길이다. 저 멀리 최종 목적지인 마을이 아른거리지만 이 길과 헤어지기 싫어 시나브로 걸었다. 길은 서서히 고도를 낮추지만 협곡에서 들려오는 물소리는 더욱 커진다. 천지를 뒤흔드는 굉음이었다. 중호도협에 도착하니 양쪽 산은 거대한 벽처럼 보였다. 그 사이로 중국식 승합차인 빵차가 달린다. 차마고도를 걷게 해준 나의 신께 감사기도를 드린다.

Storytelling
장예모 감독의 인상여강

제주도의 한라산처럼 리장 어디서든지 고개를 들면 아버지 같은 옥룡설산이 눈에 들어온다. 아직까지 신이 인간의 발자국을 허락하지 않는 산이기에 더욱 성스럽게 보인다. 설산 아래는 어머니 같은 대평원이 펼쳐진다. 깊은 수림이 띠를 두르기도 해 마치 제주 중산간 지대를 달리는 기분이다. 중국의 소수민족들은 이 산을 바라보며 노래했고 고달픔과 애환 그리고 실타래로 뭉쳐진 한을 풀어내는 의식을 가졌다. 세상에서 전혀 주목받지 못한 이들의 삶을 한곳에 모아 스펙터클한 공연을 만든 이는 바로 거장 장예모 감독이다.

인상여강 극장은 3,100m 초원에 천연 스크린 설산을 배경으로 한 원형극장이다. 붉은 수수밭을 연상케 하는 붉은 무대. 힘겹게 산을 오르며 소수민족의 고단한 삶을 보여주고 있었다. 아코디언처럼 좌우로 늘렸다가 좁혔다가 신축적으로 운영하는 것도 모자라 관객 뒤로 말들이 360도를 달려 폭넓게 무대를 사용하고 있다.

공연에 참가하는 배우는 500명, 100여 필의 말까지 등장한다. 배우는 운남성에 살고 있는 10개 소수민족의 주민들로 전문배우가 아니라 말을 몰고 밭을 갈다가 기꺼이 장예모 감독의 부름을 받고 달려와 1년 동안 힘겨운 합숙훈련을 거쳐 이 무대에 서게 된 것이다. 색채 마술사답게 노란색, 하늘색, 검정색 등 알록달록한 움직임이 시야를 즐겁게 해준다. 스토리는 단순하다. 산중에 살아야 하는 고단한 나시 여인들의 삶, 길 떠나는 남편, 음주가무를 즐기는 소수민족, 시집보내는 부모의 심정 등 억압과 굴종의 역사를 경험한 아시아 사람들이 공감하는 내용을 담고 있어 공연 내내 가슴이 짠해진다. 입장료는 우리 돈으로 3만 원이 훌쩍 넘는다. 운사평까지 합치면 거의 5만 원이 넘는 금액이지만 리장을 찾는 사람이라면 한 번쯤은 꼭 봐야 할 공연이다. 제주도에도 설문대할망 설화와 제주 해녀를 잘 엮어 한라산이 바라보이는 오름에서 공연한다면 이에 못지 않을 것이다.

장예모 감독의 인상여강

나시족의 삶을 그린 인상여강

친절한 여행 팁

리장까지 직항이 있지만 다소 비싸다. 성도를 통해 리장에 들어갈 수도 있지만 운남의 성도인 곤명을 시작으로 당나라 번영도시 따리, 명·청대의 전통가옥의 리장을 지나 호수의 고장 샹그릴라까지 둘러보고 비행기로 곤명으로 돌아오는 코스를 권한다. 곤명은 구향동굴, 석림, 곤명민속촌 등 볼거리도 가득하다. 따리나 리장에서는 고성의 게스트하우스에 묵는 것을 권한다. 낮보다 밤이 더 화려하기 때문이다. 따리, 리장에서 운남의 특산물인 보이차 한 잔 즐기는 호사도 누려볼 만하다.

11
동양문화의 정신적 고향, 곡부의 공자 유적지

곡부 태산 **3박 4일**

1일	인천공항 → 제남공항 → 태산
2일	태산 트레킹 → 곡부
3일	곡부 → 공림 → 공묘
4일	제남(표돌천 – 오용담 – 대명호) → 제남공항 → 인천공항

추천여행 패키지(항공, 선박 이용) **여행경비** 90만 원(패키지 80만 원, 기타 10만 원)
여행성격 역사, 문화유산답사 **추천계절** 봄, 가을

세계문화유산인 공림

공자의 묘가 있는 공림

한국인의 가치와 생활에 가장 영향을 미친 사상은 유교가 아닐까? 명륜동의 성균관, 각 지방의 향교와 서원 그리고 왕릉과 무덤 등 오늘날까지도 공자의 문화가 영향을 미치고 있으니 말이다. 그 정신적 뿌리를 찾겠다면 중국 산동성의 곡부를 찾으라. 공자의 발자취를 둘러보고 그의 정신세계를 더듬다보면 우리 고유의 문화를 되돌아볼 수 있는 계기가 된다. 곡부의 공묘, 공림, 공부는 유네스코가 지정한 세계문화유산이다. 수천 년 동안 인류 역사에 지대한 영향을 미쳤기에 곡부 사람들의 자부심이 대단하며 오늘날까지 예를 숭상하는 고장으로 알려져 있다.

공림은 공자의 묘가 있는 곳이다. 첫 번째 문은 '至聖林(지성림)'으로, 공자가 사후 '至聖先師(지성선사)' 즉 지식과 인격이 거룩한 스승으로 추앙되었기에 이런 이름을 얻었다고 한다. 문에 들어서면 길 양쪽에 향나무가 도열해, 그 향기가 코끝에 머무른다. 좌측 74그루는 공자의 나이를 상징하며, 우측의 72그루는 공자의 제자 중 가장 뛰어난 제자 72명을 의미한다고 한다.

공림은 공씨 집안의 묘지이기도 하다. 무덤이 10만여 기, 묘비가 400기가 있어 세계 최대의 가족묘지라 할 수 있다. 중국 전역이 벌채로 벌거숭이가 되었지만 2,400년 동안 보호받은 공림은 예외였다. 전설에 따르면 공자가 타계했다는 소식을 들은 제자들이 중국 전역에서 모여 측백나무, 회나무, 느티나무, 벚나무 등을 심어 스승을 애도했다고 한다. 현재 공림의 둘레는 5,591m이고 총 183.33ha라고 한다. 공자의 후손만이 누리고 있는 특혜가 대단하다. 수수교(洙水橋)를 건너면 바닥에 깔린 돌길인 참도가 보인다. 조선 왕릉에도 참도가 있는 것을 보면 2,500년 전 공자의 묘제가 한국에 영향을 미친 것이다. 망주석도

중국

곡부

1. 지성묘
2. 역대 왕들이 참배를 했던 공자묘
3. 세계 최대의 가족묘인 공림

1. 공묘 가는 길
2. 홍도문
3. 도서관 역할을 하고 있는 규문각

보인다. 경주의 괘릉이나 흥덕왕릉에도 망주석이 있으며 조선의 왕릉은 물론 사가의 무덤에도 흔히 볼 수 있는 석물이다. 무덤을 지키는 수호 신앙과 추모의 기능을 가지고 있다. 두 기의 망주석 사이를 건너뛰면 복을 얻는다 해서 많은 관광객이 발로 훌쩍 뛰어 넘는다. 그 모습이 재미있는지 뒤편 사자상은 입을 벌리며 히죽 웃고 있다.

서책을 가진 문인석과 칼을 차고 있는 무인석은 서로 마주보고 있다. 홀을 들고 있는 문인석은 인상을 잔뜩 찌푸리고 있지만 칼을 들고 있는 무인석은 인자하게 웃고 있다. 얼굴의 주름까지 새겨 넣을 정도로 섬세하게 조각되었다. 석상은 향나무만큼이나 키가 커 비례감도 맞지 않는다. 조선 왕릉은 무인, 문인의 구분이 확실하며 단을 달리하고 있다. 거기다 무인석은 갑옷을 입고 늠름하게 서 있어 이곳의 석물과는 확연한 차이가 있다. 뒤쪽에 왕을 상징하는 세 발 향로가 단 중앙에 놓여 있다. 동선은 우측면으로 돌아가게 했는데 이곳 역시 하늘을 찌를 듯한 나무가 자라고 있다. 공자의 손자인 자사의 묘가 보이고 공자묘의 우측 편에는 공자 아들 묘가 자리 잡고 있다.

공자묘

공자는 BC 551년, 노나라 곡부의 작은 마을에서 태어났다. 부처님이 태어나기 10여 년 전, 소크라테스가 태어나기 얼마 전이다. 4대 성인 중 세 분이 동시대를 살았다는 것이 참으로 아이러니하다. 공자는 3살 때 아버지를 여의었지만 무사인 아버지의 피를 받아 체구가 당당하여 9척 6촌의 장신으로 알려져 있다. 공자묘에 보존되었던 그의 의복을 봐도 그 체격이 얼마나 큰 지 알 수 있다.

비석에는 '大成至聖文宣王墓(대성지성문선왕묘)'라는 전서 글씨가 새겨져 있다. 특이한 것은 공자를 '왕'의 반열에 올려놓은 것이다. 우리나라 성균관 대성전이나 향교에 아직도 '대성지성문선왕'이라고 쓰는 위패는 바로 이를 본뜬 모양이다. '크게 이룩하고 지극히 성스럽게 학문을 떨친 임금'이라는 뜻이다. 역대 중국의 황제는 공자묘를 참배했다고 한다. 황제가 왕에게 절하는 것이 영 못마땅했는지 현판을 보면 王의 가운데 획을 길게 그어 멀리서 보면 '干' 자처럼 보인다. 중국에서는 벌초를 하지 않는다고 한다. 성균관 유림에서 비용을 대고 벌초를 하겠다고 했지만 중국 정부는 허가를 내주지 않는다고 한다. 벌초를 하지 않는 것도 전통이니 말이다.

공묘

중국에서 묘는 무덤이 아니라 사당을 뜻하는 경우가 많다. 그래서 공묘는 공자를 모신 사당으로 봐야 한다. 그 규모도 대단해 황궁의 규격을 따랐는데 전 세계 공자 사당 중에서 가장 규모가 크다. 기원전 480년 공자가 죽고 난 다음해에 그의 제자들이 공자가 직접 강의했던 행단 위에 3칸짜리 대성전을 지어 그의 위패를 모신 것이 공묘의 시작이다. 그 후 역대 황제에 의해 증축을 거듭해 당나라 때 기본 골격을 갖추었고 명·청대까지 증축되어

1. 행단 2. 동방의 3대 대전에 손꼽히는 대성전 3. 황궁에만 사용되는 황색 유리 기와를 얹힌 대성전, 용을 조각한 조각한 답도

현재의 모습에 이르게 된다. 이렇게 황제가 공자에 대한 인적·물적 지원을 아끼지 않았으니 일반인들도 공자를 추종하지 않을 수 없었다.

공묘 가는 길에는 글자가 새겨진 돌패방이 사찰의 문처럼 이어져 있다. 팔각기둥을 가진 '金聲玉振(금성옥진)'은 '글을 읽는 소리는 금소리와 같고, 글을 떨치는 것은 구슬과 같다'라는 의미로 명나라의 유명한 서예가인 호찬종의 글씨다. 그 뒤로 돌조각이 화려한 櫺星門(영성문)이 버티고 있다. 『후한서』의 기록에 보면 황제가 영성에 먼저 제를 지냈다고 하는데 공묘의 제례도 하늘에 드리는 예와 같다는 의미다. 편액은 건륭제의 친필이다. '태화원귀'라고 쓰인 문은 공자의 유가학설이 우주천체와 같이 영원하다는 의미를 가지고 있다. 至聖廟(지성묘)의 지성은 공자에 대한 존칭이다. 聖時門(성시문)의 성시는 맹자에 수록된 문구이며 성인들 중에서 공자가 현실 당면문제를 가장 잘 인식하는 사람이라는 뜻을 가지고 있다. 성시문을 지나면 정원이 나온다. 자금성은 자객이 숨어 있는 것을 막기 위해 나무가 거의 없지만 이곳은 숲이 무성해 걷기만 해도 머리가 맑아진다.

공묘 내부로 들어가며

세로 현판을 가진 홍도문(弘道門)이 나온다. 홍도는 『논어』의 '人能弘道, 非道弘人(인능홍도, 비도홍인)' 즉 '사람이 도를 넓힐 수는 있지만 도가 사람을 넓힐 수는 없다'라는 말에서 따왔다. 어떻든 문을 통해 공자의 가르침을 터득하게 된다. 대성전까지는 잘 다듬은 참도가 이어진다. 신이 다니는 신도로 양 옆은 향나무가 도열하고 있다. 지붕이 비싼 청기와로 덮여 있는 大中門(대중문)을 지나면 13비정이 나온다. 역대 황제들의 비문을 수장하고 있다. 한나라의 비석부터 신해혁명 때 비석까지 총 200여 기가 경내에 세워져 있으니 시대에 따라 다양한 서체를 비교해보는 재미도 쏠쏠하다. 공묘는 중국 내 비림 중에서도 최고로 손꼽히고 있으니 서예를 좋아하는 사람에게 소중한 시간이 될 것이다.

3

奎文閣(규문각)은 일종의 도서관 건물로 장서가 가득한 곳이다. 높이 23.3m, 가로 30m, 2층 건물로 못이나 접착제를 전혀 사용하지 않고 목재를 짜 맞춘 건물이란다. 마당에는 노거수들이 가득하다. 공묘의 마지막 대문은 大成門(대성문)으로, 송대 때 지어진 건물이다. 옛날에는 공자에게 제사 지낼 때만 문을 개방했다고 한다.

대성문을 지나면 杏壇(행단)이 나오고 그 뒤에 대성전이 자리하고 있다. 송대 이전까지는 행단 자리에 대성전이 서 있었다고 한다. 공자가 노년에 제자들을 가르쳤던 장소로 중국 역사상 가장 오래된 교단으로 보면 된다. 편액은 청의 건륭제 친필이란다.

공자를 모신 대성전

대성전 앞 계단에는 답도가 놓여 있으며 가운데 여의주를 희롱하는 모습을 생생하게 그려 놓았다. 용은 하늘과 황제를 상징한다. 곡부의 대성전은 북경 자금성의 태화전, 태안 대묘의 천황전과 더불어 동방 3대 대전으로 손꼽힌다. 전 세계 2천여 개의 공묘가 있는데 이 모두가 곡부의 공묘를 모방하여 건축한 것이다. 보기만 해도 화려하고 웅장하여 서 있기만 해도 그 분위기에 압도당한다. 지붕은 황궁에 쓴다는 황색 유리기와를 얹었으며 높이 32m, 폭 54m, 길이 34m의 넓은 건물로 28개의 돌기둥이 육중한 지붕을 받치고 있다. 대성전 마당에는 제공악무가 열린다. 공자의 행적을 기리기 위해 음악, 시가, 무용 등 종합예술로 보면 된다. 대성전 한가운데 닫집 안에 공자상이 모셔져 있다. 9척 장신답게 우람하게 앉아 있는데 좌우에는 사배라고 불리는 4명의 현자인 안자상, 증자상, 자사상, 맹자상이 놓여 있다.

무엇보다 대성전에서 가장 볼만한 것은 건물을 받들고 있는 용기둥이다. 황제의 상징이기도 한 용의 조각은 북경의 자금성보다 입체감이 뛰어나고 정교하다. 청나라 때 황제가 이곳을 찾았을 때 이 건물의 화려함을 보고 노할 것이 두려워 천으로 기둥을 감쌌다고 한다. 기둥에 새겨진 비룡만 보더라도 중국 내 공자의 위치를 가늠할 수 있다. 총 28개 기둥이지만 정면 10개의 기둥에만 돌을새김을 했다. 건물의 뒤쪽은 기둥에 장식이 없어 단아했다.

한국 연계관광지

성균관

명륜동에 위치한 성균관은 유교를 집대성한 성인인 공자를 비롯해 옛 성현들의 위패를 모시고 제사를 드리는 사당이자 조선시대 최고의 교육기관이다. 대성전은 공자를 위시한 중국과 한국 성현의 위패를 모시고 제사를 지냈던 곳이다. 유교 건축인 대성전과 학교 건축인 명륜당으로 구성되어 있으며, 기숙사였던 동·서재 그리고 존경각, 향관청이 있다. 명륜당 앞쪽에는 천연기념물 제59호인 은행나무가 있고, 봄·가을에는 공자를 위시한 성현들에게 제사를 지내는 석전을 올리고 있다. 문묘의 동·서 양재를 일명 성균관이라고 한다.

1. 대성전 용기둥
2. 황제의 상징인 대성전 용기둥은 입체감이 뛰어나다
3. 공자가 마셨다는 우물

중국

곡부

중국에서 가장 신성시하는 태산

Storytelling
공자

신흥세도가들이 노나라의 황실을 전횡하자 공자는 미련 없이 노나라를 떠나 제나라로 갔다. 그곳에서 새로운 정치를 꿈꾸었지만 실패하고 만다. 삼환씨의 부도덕한 행실을 참지 못하고 56세에 고국 땅을 등지고 14년간 여러 나라를 유랑하며 이상 정치의 꿈을 제왕들에게 설파했다. 그러나 영웅들이 호령하던 춘추전국시대에 공자의 인의 철학이 들어갈 자리는 없었다. 고생과 수모 그리고 굶주림을 겪은 후 공자는 젊은이를 위한 교육이 세상을 바꿀 수 있는 방법임을 깨닫고 고향으로 돌아와 후학들을 가르친다. 시, 서, 예, 악, 역을 재평가하여 교과목으로 채택하고 전통문화를 가르쳤는데 그를 따르는 제자가 무려 3천 명이나 되었다고 한다. 73세가 되던 해 어느 날 아침 공자는 지팡이를 짚고 걸으면서 나직한 소리로 노래를 읊었다고 한다.
"태산이 무너지려는가? 대들보가 부러지려는가? 철인이 시들려는가?"
그는 이 마지막 유언을 남기고 태산 같은 업적을 후세인에게 남기고 절명한다.

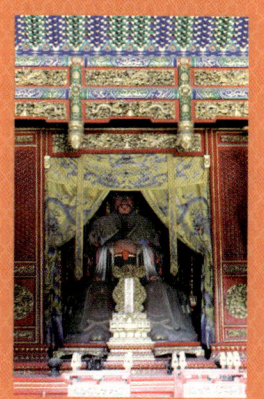

경서가 발견된 노벽

대성전 동재를 따라 회랑이 놓여 있고 공자가 직접 마셨던 우물인 孔宅故井(공택고정)도 보인다. 우물 뒤에는 벽이 하나 서 있는데 공자의 9대손 공부가 진시황의 분서갱유를 피하기 위해 경서를 고택의 벽에 숨기고 흙을 발라 놓았는데 훗날 고택을 확장하기 위해 건물을 헐어 내던 중 경서가 발견된 것이다. 이때부터 '魯壁藏書(노벽장서)'라는 말이 생겼다. 시례당 앞에는 당나라 회나무와 송나라 은행나무가 아직까지 자라고 있다. 곡부는 고대 주나라와 한나라 땅이었으며 800여 년 동안 노나라의 수도였다. 유가학설의 창시자인 공자와 제자인 맹자도 곡부 출신이다. 도시 전체가 역사도시이며 중국 냄새가 물씬 묻어 있다. 문화대혁명을 겪으면서 곡부는 어린 홍위병에게 치욕적인 굴욕까지 겪기도 했다.

친절한 여행 팁

'태산이 높다 하되 하늘 아래 뫼이로다'로 귀에 익은 태산은 중국에서 '오악독존'이라 하여 천하제일의 명산으로 손꼽힌다. 이는 중국 역대 황제가 하늘에 제사를 지내는 봉선의식이 거행되었기에 때문이다. 해발 1,545m로 지리산보다 높지 않지만 평지에 우뚝 솟아 있어 상승감이 돋보인다. 관광객은 주로 천지광장에서 셔틀버스를 타고 중천문까지 가서 거기서 케이블카를 타고 남천문에서 내려 하늘로 가는 길인 천가를 지나면 정상에 닿게 된다. 인천에서 제남까지 직항을 이용하면 좋지만 항공 편수가 많지 않고 항공료가 비싸. 청도까지 비행기로 이동하고 청도에서 제남까지 고속철도를 이용하면 2시간 40분이면 제남에 도착한다. 제남에서는 표돌천, 대명호, 천성광장 등을 둘러보면 된다. 제남에서 곡부까지는 고속철로 40분 소요된다.

12
홍콩 영화를 따라가는 추억 여행

홍콩 3박 4일

1일	인천공항 → 홍콩공항 → 호텔 → 침사추이 스타거리 → 레이저쇼 → 네이던 로드(야경) → 스타페리
2일	만모우사원 → 미드레벨 에스컬레이터 → 센트럴역 주변 건축기행 → 빅토리아피크 야경
3일	오션파크 또는 디즈니랜드 → 몽콕야시장 → IFC 쇼핑
4일	호텔 주변지역 → 홍콩공항 → 인천공항

추천여행 자유여행

여행성격 쇼핑, 영화, 건축, 연인

여행경비 80만 원(항공 40만 원, 숙박 15만 원, 기타 25만 원)

추천계절 사계절(성탄절 전후에 세일을 많이 한다)

애정과 추억을 불러일으키는 홍콩 영화

40~50대 한국인의 피에는 홍콩 영화의 인이 단단히 박혔을 것이다. 이소룡의 기합소리에 태어났고 〈취권〉을 보고 아버지의 소주를 훔쳐 마신 적도 있었다. 영화를 보고 나면 그 권법을 따라 해야 직성이 풀렸고 이소룡과 성룡이 맞짱을 뜨면 누가 승리할지 절권도, 당산권, 원권 등 나름 영화에 등장한 무술을 들이대면서 논쟁을 벌였으니 그야말로 순진했던 때였다.

성룡과 홍금보의 과장스런 연기가 싫증나자 그걸 알아차린 홍콩 영화계는 주윤발, 장국영, 유덕화 등을 한꺼번에 등장시켰고 느와르 영화는 전성기를 누린다. 〈영웅본색〉, 〈첩혈쌍웅〉, 〈천장지구〉 등 조폭 영화를 어찌 그리 잘 미화했는지 사나이들의 의리에 공감하며 눈물을 뚝뚝 떨어뜨렸다. 〈중경삼림〉은 또 어떤가? 영화 속에서 등장한 노래 「California Dreaming」을 음미하면서 미국을 꿈꾼 것이 아니라 홍콩의 지저분한 카페와 성냥갑 같은 아파트를 그리워하지 않았던가. 이렇듯 홍콩을 한 번도 가지 않았지만 애정의 장소가 된 이유는 순전히 영화 속 추억 때문이다.

페닌슐라 호텔과 시계탑

침사추이역에 내리면 페닌슐라 호텔이 반긴다. 한글로 바꾸면 '반도호텔'. 그 어감이 무척 친숙하다. 1928년에 문을 열었으니 그 연륜만큼이나 볼거리도 많은데 특히 내부 천장과 벽장식이 화려하다. 호텔 앞 분수에서는 물이 콸콸 쏟아지는데 홍콩 사람들은 이 물을 돈으로 여겨 분수를 배경 삼아 사진 찍으려는 사람들로 늘 북적거린다. 이를 테면 홍콩판 발복지인 셈이다. 길 건너편에는 고풍스런 시계탑이 서 있다. 거울 같은 연못과 쭉 뻗은 야자수가 도열해 낭만적인 분위기가 물씬 풍겨 홍콩 연인들의 데이트 장소로 이용되고 있다. 이곳은 1910년부터 1978년까지 중국과 유럽을 오갔던 대륙 횡단열차의 출발지다. 기관사가 시계탑의 시간을 보면서 기적 소리를 내며 기차를 움직였다고 한다.

분수가 유명한 페닌슐라 호텔

스타의 거리

星光大道(성광대도). 즉 스타의 거리다. 학창시절 홍콩 영화에 빠지지 않은 사람이 어디 있었을까? 세월이 흘러 이젠 홍콩을 주름잡던 배우를 은막에서 볼 수 없으니 아쉬울 따름이다. 영화산업이 중국으로 넘어가 홍콩 영화도 이젠 사양길에 접어든 모양이다. 대신 한때 아시아 영화를 주름잡았던 홍콩 영화를 기억할 수 있는 조형물을 이곳에서 만날 수 있다.

홍콩 · 마카오 · 사이판

홍콩

1. 대륙횡단열차의 출발지인 침사추이 시계탑
2. 이소룡 특유의 몸짓 동상
3. 홍콩스타 유덕화의 핸드프린팅

트로피, 영사기, 필름, 감독과 배우의 조형물 등이 홍콩섬을 배경 삼아 서 있다. 바닥에는 스타들의 핸드프린팅과 친필 사인을 볼 수 있다. 여고생의 가슴을 설레게 했던 유덕화를 비롯해 홍금보, 성룡, 주윤발, 장국영, 이연걸, 장만옥, 매염방, 양조위, 주성치 등 은막을 수놓았던 배우들의 핸드프린팅을 볼 수 있다. 일찍 세상을 떠난 이소룡만은 핸드프린팅이 없고 대신 특유의 몸짓 동상이 마천루를 배경으로 있다. 부릅뜬 눈, '王' 자의 근육을 보니 그제야 내가 홍콩에 와 있는 것을 실감하게 된다. 9개의 붉은 기둥은 홍콩 영화 100년사를 담고 있다.

세계 최고가 광고판

구룡반도에서 바라본 홍콩섬은 눈부실 정도로 휘황찬란하다. 뉴욕의 엠파이어스테이트 빌딩을 빼닮은 센트럴 빌딩은 수시로 색을 바꾼다. 옥수수처럼 생긴 IFC빌딩은 〈툼레이더 2〉에서 안젤리나 졸리가 뛰어내린 건물로 등장한 곳이다. 바다 건너 빌딩 옥상에는 다국적 기업의 광고판이 즐비한데 가격이 비싼 데다 이곳에 광고를 하려면 몇 개월씩 기다려야 할 정도로 인기 있다. 일본 광고판은 점차 사라지고 중국과 한국기업이 그 자리를 대신하고 있다. 건너편에는 시드니 오페라 하우스를 본떠 만든 홍콩 컨벤션센터가 보인다. 금융의 중심답게 세계 굴지의 금융건물이 하늘을 수놓고 있다. 뒤편 산자락에는 빅토리아피크 전망대가 서 있어 홍콩을 내려다보고 있다. 해협은 좁지만 수심은 상당한가보다. 수만 톤 되는 컨테이너선이 해협을 가로지르고 있다.

백만 불짜리 레이저 쇼, 홍콩의 야경

치안이 불안한 나라에서는 해가 넘어가면 호텔에서 소일해야 하지만 홍콩은 낮보다 밤이 더 뜨겁다. 스타페리호가 분주히 강을 가로지르고 고풍스런 유람선인 張保仔(장보자)선이 바다위에 떠 있어 밤의 분위기를 돋운다. 한때 이 일대를 주름잡던 해적 이름을 땄다고 하는데 선창에서 바라본 홍콩 야경이 뜨겁다.

해가 넘어가자 마천루에 조명이 하나둘씩 들어오더니 형형색색의 네온사인이 홍콩의 밤을 수놓는다. 이 장면을 보기 위해 해마다 수백만 명이 홍콩을 찾는다. 땅덩어리가 좁아 어쩔 수 없이 하늘로 치솟을 수밖에 없는 홍콩의 인공조형물이 세계적 관광명소가 된 것이 마냥 부럽다.

8시 정각이 되자 40여 개의 빌딩에 모두 불이 들어왔고 이때부터 눈부신 레이저 쇼인 심포니 오브 라이트(Symphony of Lights)가 펼쳐진다. 14분 동안 신 나는 음악에 맞춰 레이저가 빌딩, 바다, 하늘까지 비추는데 거대한 콘서트장을 연상케 한다. 구룡반도와 홍콩섬 양안에 서 있는 40여 개의 빌딩은 오케스트라 단원이 되어 협연을 펼치는 듯하다. 홍콩문화센터 앞 테라스가 최고의 뷰포인트로, 쇼를 안주 삼아 맥주 한 잔 들이켜면 어떨까.

홍콩·마카오·사이판

1. 구룡반도에서 바라본 홍콩섬 마천루
2. 심포니 오브 라이트 공연

스타페리호

반도에서 홍콩섬까지 가장 낭만적으로 건너는 방법은 스타페리호에 몸을 싣는 것이다. 1888년부터 양안을 오갔으니 120년의 연륜을 가지고 있다. 홍콩 느와르 영화에도 단골로 등장한 페리호는 의자가 딱딱하고 배도 낡아 기름 냄새가 나지만 오히려 이렇게 낙후된 배가 더 홍콩스러운 것 같다. 섬과 반도를 수시로 오가는 바다버스로, 10분 간격으로 관광객을 실어 나른다. 우리 돈으로 350원 정도밖에 되지 않으니 마을버스보다 저렴한데 홍콩섬과 구룡반도 등 양안의 풍경을 바다위에서 볼 수 있어 인기 만점이다. 침사추이와 센트럴 그리고 침사추이와 완짜이 등 2개의 페리 노선이 있다.

홍콩의 명물, 2층 트램

가장 홍콩다운 교통수단은 바로 전차인 2층 트램이다. 1904년부터 운행했다고 하니 그 연륜은 홍콩 역사와 함께하고 있다고 해도 과언은 아니다. 뒷문 바를 밀고 들어가면 1층과 2층이 있는데 아무래도 2층에서 내려다보는 시내 풍경이 드라마틱하다. 할로겐램프가 비치는 거리 풍경, 간판과 가로수를 스쳐 지나갈 듯한 창밖 풍경은 느와르 영화 속 그 장면들이다. 딱딱한 의자에 엉덩이를 붙이고 창문을 활짝 여니 습한 바람이 얼굴을 때린다. 저 멀리서 쌍권총을 든 주윤발이 다가와 '밀키스'를 외칠 것만 같다. 에어컨이 없기 때문에 한여름 찜통더위는 감수해야 하니 밤에 타는 것을 권한다. 트램은 2층 맨 앞자리와 뒷자리가 명당이며, 250m마다 정류장이 있다. 천천히 달리기 때문에 관광열차를 타는 기분이다. 우리네 버스 전용 차선처럼 도로의 중앙을 달리는 것이 특징인데 요금도 300원 정도로 저렴하다.

구룡반도와 홍콩섬을 오가는 스타페리호

1. 홍콩의 명물 2층 트램
2. 홍콩 느와르 영화 속에 등장하는 트램

〈중경삼림〉의 추억, 미드레벨 에스컬레이터

미드레벨 에스컬레이터는 영화 〈중경삼림〉에 등장한다. 미국 유학을 꿈꾸는 왕정문이 움직이는 에스컬레이터에서 짝사랑하는 왕조위 집을 몰래 훔쳐보는 장면이 각인된 곳이다. 배경음악으로 나온 「California Dreaming」을 이 에스컬레이터를 올라타고 들으면 눈물이 찔끔 날 정도로 감동적이다. 양조위 집은 할리우드 로드 Jashan 옆 건물이니 놓치지 마라. 길이 800m인 세계 최장 에스컬레이터로 기네스북에도 등재되었다. 홍콩이 원래 좁은 땅이다 보니 산동네 아파트에 사는 사람들이 많은데 1993년 홍콩 사람들이 편안하게 올라갈

1. 피크타워에서 바라본 홍콩 야경
2. 홍콩 시내 주요 관광지를 순회하는 판다버스

영화 〈중경삼림〉에 등장했던 미드레벨 에스컬레이터

수 있도록 이렇게 긴 에스컬레이터를 만들어주었다. 재미난 것은 출근시간에만 미드레벨에서 센트럴 방향으로 내려가고 그 이후에는 역순으로 올라간다. 분주하게 움직이는 홍콩 사람들의 일상을 가까이 볼 수 있다.

홍콩은 참 재미난 동네다. 빌딩 2층은 회랑으로 연결되어 있어 유수의 건물들을 관통해 시내를 거미줄처럼 연결하고 있다. 비를 맞을 염려도 없고, 햇볕에 얼굴을 그을릴 걱정을 하지 않아도 된다. 거기다 교통지옥인 홍콩에서 신경을 곤두서며 길을 건널 필요도 없다. 남을 인정하려는 배려와 좁은 땅덩어리가 만든 지혜다. 2층 버스, 2층 트램, 2층 회랑까지 높은 곳에서 내려다보는 풍경이야말로 홍콩의 매력이다. 미드레벨 엘리베이터 중간쯤에는 우리네 청담동에 해당하는 소호거리가 나온다. 카페와 바가 많아 밤에는 불야성을 이룬다. 10여 명쯤 들어가는 작은 레스토랑이 즐비해 숨겨진 맛집 찾는 재미가 쏠쏠하다.

〈중경삼림〉 청킹맨션

영화 〈중경삼림〉에서 임청하는 마약밀매업자로 등장한다. 배신한 인도인을 추적해 복수를 했던 장소가 청킹맨션이다. 이곳에서 왕가위 감독이 저속카메라로 질주감을 표현한 것이 영화의 백미였다. 태국 방콕에 저렴한 숙소가 몰려 있는 카오산 로드가 있다면 홍콩에는 가난한 여행자를 위한 청킹맨션이 있다. 인도와 동남아 노동자들을 위한 싸구려 여인숙으로 이용되었다가 지금은 배낭여행족을 위한 저가형 숙소로 바뀌고 있다. 지저분하고 음침한 분위기지만 영화 속에 등장해서 그런지 일부러 이곳에서 하루를 보내려는 여행자가 늘고 있다. 〈중경삼림〉을 보면 왕정문이 왕조위의 집을 청소하면서 금붕어를 넣는 장면이 나온다. 중국인들은 금붕어를 부귀영화의 상징으로 여겨 집집마다 수족관을 가지고 있다. 몽콕의 북쪽에는 금붕어시장이 있다. 비닐에 담겨진 금붕어가 형광등 조명을 받아 반짝이는 모습이 이국적이다.

광고판이 즐비한 몽콕 야시장

Storytelling

75세 아버지와 48세 아들이 다녀온 홍콩 배낭여행

남자들만 떠난 여행이기에 떠나기도 전에 걱정이 이만저만이 아니었다. 그런데 여행하면서 아버지와 진솔한 얘기를 나누었고 아버지가 나를 얼마나 사랑하고 있는지 확인하게 되었다. 그러나 연세는 어쩔 수 없나보다. 일정이 너무 빡빡해 아들을 따라오지 못하고 그만 공원에 누우셨다. 평소 빈틈없는 아버지가 힘에 겨워 구부정하게 몸을 꺾고 낮잠을 주무시는 모습은 나약한 노파의 모습

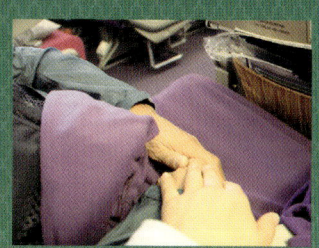

이었다. 저녁 때 호텔에서 욕조의 물이 내려가지 않자 '아들아'를 외치며 도움을 청하는 아버지의 모습이 나를 짠하게 만들었다. 한국으로 돌아가는 비행기 안에서 세상 모르고 잠에 취한 아버지 손등을 보았다. 가뭄에 쩍쩍 갈라진 논두렁 같았다. 한 번도 시도해보지 않아 조금은 머뭇거렸지만 난 아버지의 손을 꼭 잡았다. 그리고 이번 홍콩 여정이 마지막 해외여행이 아니길 기도해본다.

홍콩판 남대문 시장, 몽콕 야시장

몽콕의 밤은 낮보다 화려하다. 사람보다 간판이 더 많을 정도로 휘황찬란하다. '여인가' 즉 레이디스 마켓은 몽콕에서도 인파가 가장 많이 몰리는 곳으로, 처음에는 여성 관련 상품만 취급했다가 지금은 의류, 시계, 가방, 신발 등 생활용품을 파는 시장으로 바뀌었다. 아

홍콩여행의 만능카드인 옥토퍼스 카드

이쇼핑만 하는 것이 좋지 바가지 쓰기 딱 알맞다. 생과일주스, 꼬치구이 등 길거리 음식을 맛보는 재미도 쏠쏠하다. 네이더 로드는 침사추이부터 조던, 야우마테이까지 이어지는 도로다. 6차선 도로에는 각양각색의 광고판과 네온사인을 볼 수 있다. 2층 버스 맨 앞자리에 앉으면 움직이는 스크린처럼 야경이 스쳐간다.

> **친절한 여행팁**
>
> 한국에서 홍콩으로 가는 항공편은 하루 20여 차례가 넘는다. 저렴한 항공권을 구하는 것이 관건인데 저가항공을 이용하는 것도 방법. 되도록 오전 비행기를 이용해야 일정 잡기에 수월하다. 홍콩은 쇼핑여행지로 알려져 있지만 은근히 볼거리가 많아 3일도 부족하다. 홍콩에 3박 4일을 할애하고 1박 2일은 마카오 일정으로 넣으면 무난하다. 홍콩은 치안이 좋고 교통이 잘 되어 있어 생존 영어만 구사한다면 자유여행 하는 데 불편이 없다. 옥토퍼스 카드를 구매하면 전철, 버스, 입장권, 마트까지 만능으로 사용할 수 있다. 건축기행, 영화기행, 맛기행을 할지 미리 테마를 정하고 일정을 잡는 것이 좋다. 영화기행이라면 미리 영화를 감상하고 가야 배경지를 쉽게 찾을 수 있다. 홍콩이야말로 전 세계 요리 천국이다. 길거리음식도 맛난 것이 많으니 과감히 도전해보자.

13
김대건 신부의 정신적 요람, 마카오 신학교

마카오 **2박 3일**

1일	인천공항 → 마카오공항 → 호텔순례(베네치아, 하드록 호텔) → 시티오브드림즈
2일	세나도광장 → 세인트폴성당 → 몬테요새 → 성안토니오성당 → 까모에스정원 → 성아우구스틴성당
3일	펜야성당 → 아마사원 → 기아요새 → 마카오공항 → 인천공항

추천여행 자유여행
여행경비 65만 원(항공 40만 원, 숙박 10만 원, 식사 10만 원, 기타 5만 원)
여행성격 문화답사, 건축, 가족　　　　　**추천계절** 10~12월

홍콩·마카오·사이판 | 마카오 신학교

신학생 김대건과 최양업

15살이면 중학교 2학년 청소년으로 분식집에서 떡볶이를 먹으며 수다를 떨 나이가 아닌가. 파리외방전교회 모방 신부에 의해 선발된 김대건, 최양업, 최방제 등 15세의 신학생들은 1836년 12월, 용인의 은이공소를 출발해 북풍한설을 이겨내며 대륙을 향해 걸었다. 의주를 지나 압록강을 부사히 건넜지만 만주의 혹독한 추위와 눈보라가 기다리고 있었다. 동쪽 내몽고까지 돌아가 중국 대륙을 유랑한 끝에 6개월만인 1837년 6월 7일 드디어 마카오 파리외방전교회 극동 대표부에 도착했다. 작은 변방국에서 3명의 미소년이 중국을 종단해 마카오에 이르자 교회 관계자는 입이 벌어졌다. 아마 조선에서 가장 긴 거리를 도보 여행한 선각자가 아닐까 싶다. 천신만고 끝에 이들이 마카오에 이르자 임시로 조선신학교가 설립되었다. 그러나 최방제는 긴 여정에 몸이 쇠약해 마카오 도착 후 6개월 만에 말라리아에 걸려 병사하고 만다.

이후 김대건 신부는 사제 서품을 받고 1년 동안 불꽃처럼 살다가 순교했고, 뒤늦게 사제 서품을 받은 최양업 신부는 조선으로 잠입해 12년간 7,000리를 걸어 다니며 한국 천주교회의 기틀을 다졌다. 그래서 대건을 '피의 순교자', 그리고 양업을 '땀의 순교자'라고 부른다. 이렇게 거룩한 삶을 살 수 있었던 원동력은 바로 4년 6개월 동안 마카오 신학생 시절이 있기에 가능했던 것이다.

그 기간 동안 라틴어, 불어, 중국어, 서양음악, 과학, 지리, 그림까지 신부로서의 소양을 닦게 된다. 아마 조선 역사를 통틀어 이토록 다양한 문물을 접한 선각자가 또 있을까. 만약 당시 조정이 국제 정세에 능통하고 신학문으로 무장한 이들 인재를 잘 활용했다면 훗날 국권 찬탈의 치욕은 당하지 않았을 것이다. 바위를 깨트릴 만한 이들의 신앙심은 과연 어디에서 찾아야 할까? 그 해답을 찾기 위해 난 마카오로 향했다.

김대건 신부가 유년시절을 보냈던 용인 골배마실 성지

파리외방전교회와 성 안토니오 성당

오늘날 신학교가 있었던 파리외방전교회 극동대표부 자리는 아파트가 들어서 그 흔적을 찾을 수 없다. 대신 신학교와 가까운 까모에스 정원과 당시에도 존재했던 성 안토니오 성당 그리고 성당 내부에 모신 김대건 성인의 목상을 친견하는 것으로 만족해야만 했다.

마카오 최대 규모의 성 바울 성당이 1835년에 불탔다. 김대건 신부는 화재 발생 2년 뒤에 마카오를 찾았으니 아마 폐허가 된 성당을 둘러보면서 박해받고 있는 조선 천주교회의 아픔을 곱씹었을 것이다. 대건은 좌우 폭이 넓은 돌계단 66개를 무릎으로 기어오르며 '반드시 사제가 되어 이 성당 중앙문을 통해 들어가게 해주소서.'라는 기도를 바쳤다고 한다. 당시 교장이었던 칼레리 신부는 김대건을 "사제가 갖춰야 할 덕목을 모두 가지고 있다."라고 평할 정도로 그의 믿음은 돌처럼 단단했다.

김대건 신부의 목조각상을 모신 성 안토니오 성당 입구에는 돌 십자가가 서 있다. 십자가에는 음각한 띠문양이 있으며 못 자국 자리는 꽃을 새겨 놓아 마치 우리 절집의 당간지주를 보는 듯했다. 아래에 '1638'이란 글씨가 새겨져 있는 것으로 보아 아마 세 신학생들도

1. 제천 배론 성지의 최양업 신부 동상
2. 최양업 신부의 묘가 있는 제천 배론 성지
3. 꽃의 성당이라 불리는 마카오 성 안토니오 성당

이 십자가를 접했을 것이다. 말도 통하지 않는 이 낯선 땅에서 오로지 십자가에 의지해 사제수업을 받았을 것이다. 이곳은 마카오에서 가장 오래된 성당 중의 하나로 초기 포르투갈 사람들이 이 성당에서 결혼을 많이 해 '꽃의 성당'이란 별칭도 가지고 있다. 내부로 들어가면 웅장하고 화려한 기둥이 볼만하다.

성전 오른쪽 별실에 '성 김대건 안드레아' 신부의 목상과 유해를 볼 수 있다. 거룩한 삶을 살다가 순교한 김 신부가 다시 마카오로 돌아올 줄은 누가 알았겠는가. 대건 성인이 태어난 당진의 솔뫼가 그의 '육체적 요람'이었다면 마카오는 사제가 될 수 있도록 수양을 닦기 위한 '정신적 요람'이라 할 수 있겠다. 성인의 파란만장한 삶을 더듬어 본다면 이 4년의 신학생 기간이 가장 평온하고 행복했던 시기가 아니었을까.

반면 땀의 순교자인 최양업 신부는 우직한 돌쇠였다. 12년 동안 들길, 산길을 헤매며 신자들을 찾아 다녔다. 무려 7,000리 길을 발로 뛰며 초기 한국 천주교회의 기틀을 다지신 분이다. 우리에게는 순교의 피도 중요했지만 이렇게 교회의 기틀을 다진 최양업 신부의 땀방울이 더 절실했는지 모른다. 난 이 두 분의 신부를 만들어준 마카오가 그렇게 고마울

1. 김대건 신부 목상
2. 김대건 신부 유해
3. 성 안토니오 성당 돌십자가

한국 연계관광지

김대건 관련 성지 순례

충남 당진의 솔뫼 성지는 김대건 신부의 탄생지로, 생가가 복원되어 있으며 솔숲이 그만이다. 용인의 골배마실은 김신부가 소년시절을 보낸 곳으로 마카오로 떠나기 전까지 살았던 곳이다. 인근 은이성지는 사제가 되어 귀국한 김대건 신부가 첫 사목지로 택한 곳이다. 익산의 나바위 성지는 상해에서 사제 서품을 받고 입국해 첫발을 내디딘 성지로 나바위 성당은 한옥 목조 건물에 기와지붕을 가지고 있다. 새남터 성당은 한강의 모래사장으로 1846년 김대건 신부가 순교한 장소다.

수 없다.

세 분의 신학생 중 최양업의 사촌인 최방제 신학생을 하늘로 보냈으니 남은 두 분의 신학생들은 피를 나눈 형제보다 더 가까웠을 것이다. 낯선 땅에서 서로 버팀목이 되었고 박해받는 조선의 신자들을 위해 함께 기도했을 것이다. 훗날 최양업은 김대건 신부가 순교했다는 소식을 전해 듣고는 그의 파란만장한 삶과 순교정신을 라틴어로 저술해 김 신부의 넋을 위로했다. 만약 최양업 신부의 기록이 없었더라면 김대건 신부가 성인 반열이 오를 수 있었을까.

최방제를 먼저 보내고 김대건 신부까지 하느님의 품에 보냈으니 조선천주교회의 운명은 최양업 신부의 어깨에 달렸던 것이다. 거룩한 순교보다는 지독하게 살아남아야 할 이유가 바로 여기에 있었다. 산으로 들로 12년간의 거룩한 발자취를 남겼고, 최양업 신부는 과로로 절명하고 만다.

신학생이던 김대건이 무릎 꿇고 66개 계단을 올랐다는 성 안토니오 성당

까모에스 정원

김대건 신부가 신학을 공부했던 파리전교회 조선신학교가 있던 곳은 이미 아파트가 들어서 있다. 대신 건너편에 자리한 까모에스 정원에서 김대건 신부의 동상을 만날 수 있다. 러닝을 걸치고 장기를 즐기는 마카오의 노인과 태극권을 즐기는 할머니를 보니 우리네 파고다 공원이 생각난다. 분수는 시원스런 물을 뿜어내고 있으며 야자수, 바나나무 등 남국의 식물들이 빼곡하다. 낯선 땅에서 신학 공부에 열중했던 신학생들은 머리를 식히러 이 숲을 산책했을 것이다. 산책로를 따라 공원 안쪽으로 들어가니 야자수 사이에 김대건 신부의 동상이 보인다. 1984년 성인이 된 이듬해인 1985년 10월 4일에 제막되었다. 전면에는 김 신부의 약력이 적혀 있다. 동상을 유심히 살펴보면 나이 든 할아버지여서 고개를 갸우뚱거리게 만든다. 이왕이면 신학생의 앳된 얼굴이 맞지 않을까 싶다. 거기다 친구인 최양업 신부와 최방제 신학생의 동상도 곁에 두었다면 덜 외로웠을 것이다.

다시 공원 밖으로 나오면 남부 유럽풍의 정원인 까사 정원이 반긴다. 안쪽에 신교도 묘지가 있으며 예배당에 들어서면 '太初有道(태초유도)'라는 글씨가 보인다. 처음에는 '태초에 도가 있다'라고 해석했는데 나중에 자료를 찾아보니 요한복음 1장 1절 '태초에 말씀이 계시리라'는 의미였다고 한다.

태초에 말씀이 계시리라

친절한 여행 팁

마카오는 마카오반도와 두 개의 섬(타이파, 콜로안)으로 이루어졌는데 타이파와 콜로안은 섬을 연결해 하나의 섬이 되었다. 홍콩에서 60km 떨어져 있으며 쾌속선으로 1시간이 소요된다. 마카오반도는 중국 주해시와 붙어 있다. 여름에는 덥고 습하기 때문에 10~12월은 쾌적하고 맑은 날씨를 보여준다. 택시나 버스를 이용해도 되고, 호텔과 카지노에서 운영하는 무료 셔틀버스를 이용하면 교통비를 절약할 수 있다.

홍콩·마카오·사이판

1. 까모에스 정원의 김대건 신부 동상
2. 까모에스 정원
3. 유럽풍의 까사 정원

14
동양의 진주, 마카오 25개의 세계문화유산을 도보로 감상하다

마카오 2박 3일

1일	인천공항 → 마카오공항 → 호텔순례(베네시안 호텔, 하드록 호텔) → 시티오브드림즈
2일	세나도광장 → 세인트폴성당 → 몬테요새 → 성안토니오성당 → 까모에스정원 → 성아우구스틴성당
3일	펜야성당 → 아마사원 → 기아요새 → 마카오공항 → 인천공항

추천여행 자유여행
여행경비 65만 원(항공 40만 원, 숙박 10만 원, 식사 10만 원, 기타 5만 원)
여행성격 문화답사, 건축, 가족 추천계절 10~12월

세나도 광장

종로구 만한 이 작은 도시에 유네스코가 지정한 세계문화유산이 무려 30개나 몰려 있다. 그중 25개는 도심에 몰려 있어 동선만 잘 짜면 2시간이면 다 둘러볼 수 있다. 세나도 광장은 마카오 여정의 시작점이자 종착지로 포르투갈의 리스본 광장을 본떠 만들었다. 노랑, 민트, 핑크, 빨강 등 파스텔 톤 색의 건물이 제각각 뽐내고 있다. 바닥의 물결 문양은 파도를 연상케 한다. 포르투갈어로 '깔사다'라는 석회석을 다듬어 바닥에 깔았는데 흰색 바탕에 검은색, 푸른색 석회석이 마치 도자기 파편처럼 보인다.

광장 한가운데는 교황 자오선이 자리 잡고 있다. 콜럼버스의 신대륙 발견으로 스페인과 포르투갈은 치열한 식민지 쟁탈전을 벌여 영토 문제로 충돌을 빚게 되었다. 이에 교황은 자오선을 세워 두 나라의 경계선으로 삼기로 했다. 앞으로 발견되는 땅의 동쪽은 포르투갈, 서쪽은 스페인 차지라고 정했으니 이는 제국주의의 탐욕의 상징물이라 하겠다. 백색의 네오클래식 건물은 '인자당(仁慈堂)'이다. 과부와 고아들을 돌본 아시아 최초 복지시설로 보면 된다. 왠지 한자 간판이 친숙하게 다가온다. 유럽과 중국문화의 공존을 느낄 수 있다.

성 도미니코 성당

세나도 광장에서 안쪽으로 들어가면 성 도미니코 성당이 나온다. 18세기 바로크 양식과 중국문화가 절묘하게 만난 건축물로, 노란 벽면이 눈에 들어온다. 회반죽으로 만든 꽃문양이 정교하며 코린트 양식의 기둥이 세련미를 더해준다. 성당 내부로 들어가면 천장이 화려하게 장식되어 있으며 제단 가운데는 예수를 안고 있는 성모마리아상이 모셔져 있

한류 덕에 인기를 얻은 한국 화장품

다. 5월 14일에는 도미니코 성당부터 펜야 성당까지 성모마리아상을 옮기는 성 파티마 행렬축제가 열린다. 촛불을 들고 마리아상을 보면 소원이 이루어진다고 해 전 세계 관광객이 몰린다. 유럽풍 건물 1층은 쇼핑가로 한국의 명동으로 보면 된다. 마카오 전 지역이 면세지역이기에 홍콩과 더불어 쇼핑의 천국이라 불린다. 중국인에게 인기 있는 곳은 바로 한국 화장품 코너다.

성 바울 대성당과 몬테 요새

마카오의 상징을 뽑으라면 역시 성 바울 성당이다. 마카오 지폐에도 등장할 정도로 마카오의 얼굴이라 할 수 있다. 66개의 널찍한 계단과 뒤 건물이 통째로 사라진 파사드만 남아 있다. 높은 기단 위에 당당한 자태, 성경의 주요 구절을 담고 있는 부조를 보기 위해 사람들로 늘 북적거린다. 정면은 예수회 수도사와 중국인 조각가 그리고 일본에서 추방된 가톨릭 교도들이 7년에 걸쳐 완성한 조각 작품이다. 성경, 한자, 그림, 문양이 한데 어우러진

홍콩·마카오·사이판

마카오 세계문화유산

1. 아시아 최초의 복지시설 인자당
2. 도자기 파편처럼 보이는 깔사다
3. 제국주의의 탐욕의 상징인 교황 자오선
4. 벽면과 기둥이 화려한 성 도미니코 성당

성 바울 대성당

종합예술품이라 할 수 있다. 광장 입구에는 포르투갈 남성과 마카오 여성이 서로 마주보고 있는 청동상이 서 있어 연인들이 기념 촬영하는 곳이다.

성당에서 위쪽으로 올라가면 한때 마카오 영사가 머물렀던 몬테 요새가 나온다. 1622년 네덜란드의 침입에 맞서 싸웠던 현장으로 사방에 포가 놓여 있다. 멀리 보이는 호텔은 그랜드 리스보아 호텔로 중국풍의 건물이 인상적이다. 서쪽으로는 주장강이 흐르고, 강 건너편은 중국 주해시가 자리 잡고 있다. 몬테 요새 안쪽에는 마카오박물관이 자리하고 있다. 내부는 포르투갈 건물로 꾸며져 있으며 마카오 항구 모습과 마카오 사람들의 애환을 담고 있다.

로카우맨션은 1889년 지어진 중국인 부자, 노씨 집이다. 벽돌과 철재 등 세밀한 조각장식이 볼만하며 중국인 상류층의 집을 엿볼 수 있다. 근처는 어묵 골목으로 어묵과 소시지, 야채 등을 삶아주는데 꼬치에 다양한 소스를 얹어 주는 것이 특징이다. 마카오 길거리음식을 맛볼 수 있는 기회다.

성 아우구스틴 성당

다시 세나도 광장을 지나 길을 건너 언덕을 오르면 성 아우구스틴 광장이 나온다. 세나도 광장에 비해 조용한 것이 장점이다. 벤치에 앉아 물결무늬의 바닥을 구경하는 재미가 쏠쏠하다. 간이 커피숍이 있으니 진한 커피를 음미하며 주변 건축물들을 감상해도 좋을 듯싶다. 근처에 세계문화유산인 성 아우구스틴 성당, 로버트 호퉁경의 도서관, 돈페드로 5세 극장, 요셉 성당과 신학교 등이 한데 몰려 있다. 특이하게도 강아지 화장실이 보인다. 용변을 보게 하고 옆에 있는 모래를 덮어주면 된다.

로버트 호퉁경의 도서관은 원래 개인 소유 저택인데 호퉁경의 유언에 따라 도서관으로 바뀌었다. 테라스와 정원이 아름다운데 조경이 잘 되어 있어 잠시 사색하기에 그만이다. 돈페드로 5세 극장은 동양 최초의 서양식 극장이다. 유럽의 오페라 극단의 공연이 주로 열리는데 파스텔 톤의 건물과 기둥이 볼만하다. 입구에는 수령이 오래된 정원수가 무성해 사진 찍기 좋다. 성 로렌스 성당은 1959년 예수회에서 세운 성당으로 마카오에서 가장 오래

1. 포르투갈 남성과 마카오 여성이 마주하고 있는 청동상
2. 강아지 화장실
3. 성 아우구스틴 광장

동양 최초의 서양 극장인
돈페드로 5세 극장

되었다. 스테인드글라스와 샹들리에가 화려하다. 초기 포르투갈 선원이 가족 예배를 드린 곳으로 바다가 내려다보이는 언덕에 십자가 모양으로 건물을 세운 것이 특징이다. 성 요셉 신학교는 바로크양식 건물로 내부에는 꽈배기 모양의 기둥과 화려한 천장이 자랑이다. 아시아지역 선교의 기반이 된 곳이다.

유곽 건물이 이어진 펠리시다데 거리

다시 세나도 광장 쪽으로 빠져나가면 펠리시다데 거리가 나온다. 마카오의 옛 거리 모습을 고스란히 간직하고 있다. 원래 선원들이 드나들던 유곽으로 2층에 손님을 유혹하는 창문이 놓여 있다. 창과 문은 모두 유곽을 상징하는 붉은색이다. 근처에 쿠키와 육포 파는 상점이 여럿 있으니 일정의 마지막을 이 거리로 잡으면 쇼핑하는 데 도움이 된다. 마카오는 중국 광동요리, 포르투갈요리 그리고 두 가지를 접목한 매케니즈 요리를 맛볼 수 있다. 레스토랑 팟씨우 라우에서 평소 접하기 힘든 비둘기요리를 시켰는데 맛은 닭과 비슷하고 달콤한 소스가 입에 달라붙는다. 애피타이저로 가막조개를 시키면 좋다. 대하요리도 먹을 만하다.

베네시안 호텔과 카지노

낮에는 세계문화유산을 둘러보고 밤에는 호텔 순례 일정을 짜도 괜찮다. 호텔만의 독특한 디자인과 인테리어가 볼거리다. 시티오브드림즈에서는 용이 꿈틀거리는 '드래곤스 트레저'를 봐야 한다. 하드록 호텔 마카오는 록음악을 테마로 삼고 있다. 베네시안 호텔은 세계 최대의 카지노장을 가지고 있다. 3,400대의 슬롯머신, 800개의 게임 테이블이 있다. 이 호텔을 세우는 데 들어간 비용은 무려 2조 4천억 원. 미국 라스베이거스에 있는 베네시안보

1. 베네시안 호텔 복도와 천장
2. 마카오의 옛 거리를 볼 수 있는 펠리시다데 거리

홍콩·마카오·사이판 마카오 세계문화유산

1. 베네시안 호텔 야경
2. 홍콩과 마카오를 오가는 페리
3. 비둘기 요리. 동서양의 퓨전음식을 만날 수 있다

친절한 여행 팁

에어마카오가 매일 1회 운항하며 진에어는 화, 목, 토 직항 운행한다. 인천에서 마카오공항까지 3시간 30분 소요된다. 홍콩은 항공편수가 많아 마카오 직항기보다 항공료로 저렴하고 편수가 다양해 두 도시를 연계해서 일정을 잡는 것이 유리하다. 홍콩에서 3박, 마카오 1박을 하고 마카오에서 홍콩 공항까지 페리를 타고 가면 여러모로 시간을 절약할 수 있다. 터보젯과 코타이젯 등 2개의 페리가 있으며 30분 간격으로 홍콩-마카오를 수시로 운행한다. 대략 1시간쯤 소요된다. 마카오의 대중교통은 택시를 이용하는 것이 좋은데 택시가 잡히지 않으면 거미줄처럼 연결된 버스를 타는 것도 좋다. 호텔을 나갈 때 미리 버스 노선을 알고 가는 것이 좋으며 호텔과 시내를 오가는 무료 셔틀버스를 이용하는 것도 방법이다. 택시는 낡았지만 태블릿 PC가 천장에 매달려 있는 것이 특징이다. 마카오에서 꼭 먹어야 할 것은 찐득한 양념을 바른 육포다. 종류도 다양한데 소고기, 돼지고기, 양고기 등이 있어 시식하는 즐거움도 있다. 아몬드 쿠키와 대만식 후추빵, 포르투갈 간식인 에그타르트와 세라두는 마카오가 내놓은 별미다.

Storytelling
파사드의 상징

총 5개 층으로 맨 위층에는 비둘기가 날고 있고 양쪽에 해와 달 그리고 4개의 별이 놓여 있다. 태양이 활짝 웃고 있으며 달님은 사람 얼굴을 하며 눈을 지긋하게 감고 있다. 위에서 두 번째 칸 좌우로 천사들이 십자가를 들고 있고 한가운데 아기예수가 서 계신다. 가시관과 채찍, 쇠망치까지 성경에 나온 상징물이 양각되어 있다. 세 번째 칸 왼쪽에는 인간을 악의 구렁텅이로 몰아넣을 악마가, 바로 옆에는 망망대해에서 외롭게 범선이 놓여 있다. 그 옆에 생명수를 분출하는 분수가 놓여 있다.

가운데는 성모상이 서 있고 여섯 천사가 마리아를 수호하며 악기를 연주하고 있다. 화려한 기둥 사이에는 천상의 나무가 서 있다. 요한계시록에 나오는 7머리의 용이 꿈틀거리고 있으며 그 위에는 마리아가 용을 짓밟고 있다. 특이한 것은 라틴어가 아닌 한자 '聖母踏龍頭(성모답용두)' 글씨가 새겨져 있어 마리아가 용의 머리를 짓밟고 있음을 말해준다. 그 옆에는 죽음을 상징하는 해골이 놓여 있는데 세로글씨로 '念死者無爲罪(염사잠무위죄)' 즉 '죽음을 생각하는 자는 죄를 짓지 않는다.'라는 한자가 새겨졌다. 중국인들을 위한 배려가 돋보인다. 이 밖에 당초문양, 국화문양까지 신앙의 토착화를 위해 애쓴 모습이 역력하다.

다 규모가 더 크다고 한다. 16세기 대관식을 묘사한 그레이트 홀은 눈이 돌아갈 지경이다. 천장과 복도는 24K 금박종이 3백만 장 사용했으며 천장 벽화는 일일이 손으로 그려 복도만 거닐어도 눈이 휘둥그레진다. 지식과 부를 상징하는 황금혼천의를 눈여겨볼 만한데 일확천금을 꿈꾸라고 유혹하는 것 같다.

한국 졸부와 연예인들이 돈을 탕진한 곳이 바로 마카오 카지노다. 마카오를 방문한 한국인은 한 해 50만 명으로 중국, 홍콩, 대만에 이어 4번째다. 대다수가 쇼핑과 카지노를 즐긴다는데 노름의 폐해는 심각할 정도다. 카지노에 중독되어 재산을 탕진해 노숙자로 전락한 한국인이 무려 1천 명에 달한다. 비자 만료에도 출국하지 못하고 카지노 지하주차장에 노숙하고 있다니 국가적 망신이 따로 없다.

물의 도시 이탈리아 베네치아를 테마로 고풍스런 건물과 3개의 인공 운하 그리고 곤돌라를 그대로 재현해놓았다. 곤돌라를 탑승하면 줄무늬 옷을 입은 사공이 「오 솔레미오」를 불러준다. 거리의 예술사가 있어 유럽의 어느 거리에 온 듯한 착각에 빠진다. 3,000여 실의 객실 스위트룸을 갖추고 있으며 스파, 미니골프장, 수영장, 체육관, 그리고 350개의 숍을 가지고 있으니 아이쇼핑하는 재미가 쏠쏠하다.

15
위안부 할머니의 눈물, 사이판

사이판 4박 5일

- 1일 　인천공항 → 사이판공항 → 호텔
- 2일 　렌터카 (만세절벽 – 자살절벽 – 파우파우비치 – 캐피톨 힐 – 가라판 – 비치로드)
- 3일 　마나가하섬 → 해양액티비티 → 선셋바비큐디너
- 4일 　정글투어(사이판 중부, 동부 관광 포함) → 가라판 시내 쇼핑
- 5일 　호텔수영장 → DFS 갤러리아쇼핑 → 사이판공항 → 인천공항

추천여행 자유여행　　　**여행경비** 130만 원(에어텔 100만 원, 렌터카 10만 원, 기타 20만 원)
여행성격 휴양, 역사　　　**추천계절** 봄, 가을

1. 태평양한국인위령평화탑
2. 일본군 사령부 진지와 당시 사용했던 무기와 전차

비운의 역사의 섬, 사이판

파란 하늘, 에메랄드 물빛의 하얀 산호초, 늘씬한 야자수. 세파의 찌든 직장인이라면 한 번쯤 일탈을 꿈꾸고 싶은 곳이다. 사이판은 천혜의 바다를 넋 놓고 바라만 봐도 그냥 힐링이 되는 섬이다. 그러나 황홀한 그 풍경 속에 2차 세계대전의 상흔이 배어 있음을 아는 이는 그리 많지 않다. 사탕수수 노무자로 갔다가 태평양 전쟁이 발발하자 일본군으로 편입되어 급기야 만세절벽에서 자살을 강요받았던 현장이며, 정신대로 끌려가 성적학대를 받고 고국에 돌아가지 못하고 동남아시아를 떠돌아 다녔던 위안부 할머니의 한이 배어 있는 곳이다.

드라마 〈여명의 눈동자〉에서 위안부로 끌려온 여옥(채시라 분)이 위안소에서 최대치(최재성 분)를 만난 장면은 전 국민을 울음바다로 만들었다. 여옥이 수렁에서 빠져나와 아이를 낳고 일반 여성으로 변신해 훗날 미국의 스파이가 된 곳 역시 사이판이었다. 파란 하늘에 아기의 하얀 기저귀가 펄럭였던 곳. 여옥의 굴곡진 삶처럼 사이판의 역사도 이렇게 생채기를 간직하고 있다. 사이판은 세계 최초로 세계 일주에 나선 마젤란이 발견한 섬이어서 300년간 스페인의 영향을 받았고, 1899년에는 독일, 1914년에는 일본, 1945년 종전 후 미국의 지배를 받아왔다. 일본이 하와이 진주만 공습을 위해 가미카제 폭격기가 발진했던 곳이 사이판이다. B-29기가 히로시마와 나가사키에 원자폭탄을 투하해 전쟁은 종전되었는데 그 B-29기가 출발한 곳이 사이판 아래 티니안 섬이다. 그러니까 태평양 전쟁의 시작과 끝은 사이판에서 비롯되었다고 할 수 있다.

태평양한국인위령평화탑

사이판에 도착해 한국인위령평화탑부터 찾았다. 먼저 안타깝게 죽어간 한국인을 위해 기도하고 난 후 사이판을 둘러보면 그나마 마음이 편해질 것 같았다. 태평양한국인위령평화탑은 제2차 세계대전 당시, 일본에 의해 강제 징용과 위안부로 끌려온 15,000여 명의 한국인의 영령을 위로하기 위해 1981년에 건립되었다. 한가운데 한국평화추념탑이 서 있으며 양옆에는 태극문양의 조형물이 탑을 수호하고 있다. 오각형, 육각형 하단의 받침은 오대양 육대주를 의미한다. 위령탑 상단에는 비둘기가 날고 있는데 그 방향이 부산이라니 영혼들만이라도 훨훨 날아 고국에 닿았으면 좋겠다. 제사 음식을 놓을 상석과 문인석 그리고 석등을 가지고 있다.

일본군 최후 사령부

일본군 최후 사령부는 원래 기총진지였다가 사령부가 미군에 쫓겨 1944년 6월 15일 마지막까지 저항했던 곳이다. 거대한 바위와 동굴을 이용한 사령부 진지는 햄버거 모양처럼 바위가 포개져 있는데 바위 뒤쪽에 넓은 공간이 있다. 밖에서는 요새처럼 보이지 않아 은거하기 적당한데 지금도 바위에 포탄 자국이 남아 있어 당시 치열했던 전투 상황을 말해주고 있다. 한국인은 한국인위령평화탑을 보기 위해 잠시 들르는 곳이지만 일본인들에겐 필수관광 코스이자 학생들의 수학여행 코스로 알려져 있다. 바위 앞쪽으로는 일본군이 사용했던 콘크리트 벙커와 녹슨 포 그리고 폭격에 부서진 탱크가 예전 모습 그대로 남아 있다. 총알이 빗발치고 폭탄이 난무했던 그 현장은 조용한 공원으로 바뀌어 야외 전쟁기념관 역할을 겸하고 있다. 사이판을 점령하기 위한 전투에서 일본군 3만여 명과 미군 3천여 명이 전사했다고 한다.

만세절벽

사이판의 최북단에 있는 만세절벽은 비장함이 묻어 있다. 바다색이 수시로 바뀌며 바다와

디어 부딪여 만든 하얀 포말은 괴물이 입을 벌린 것 같다. 2차 세계대전 막바지인 1944년 7월 7일, 미군의 강력한 공격을 받자 전세를 역전시킬 수 없었던 일본인들이 "천황 폐하 만세(Banzai)."를 외치며 절벽에서 뛰어내렸기에 '만세절벽'이란 이름이 붙여졌다. 80m 높이의 만세절벽은 일본 영토를 향하고 있다고 한다. 일본인뿐 아니라 징용으로 끌려간 조선인 역시 자살을 강요당했다. 아이를 데려온 엄마가 뛰어내리길 거부하자 일본군이 아이를 절벽 아래로 내던졌고 엄마도 따라 뛰어 내렸다는 일화도 전해진다. 발목에 줄이 묶여 거의 반강제적으로 내몰린 사람도 있었으니 일본군이 얼마나 잔인했는지 보여주는 대목이다. 미군들이 스피커로 '항복할 경우 죽이지 않겠다'고 설득했지만, 그들을 믿을 수 없었던 일본인들은 자살행진을 이어갔다. 반인륜적인 행위를 저질렀지만 오늘날 일본은 이들을 전쟁 영웅으로 여기고 충혼비까지 세웠으니 아시아를 공포로 몰았던 군국주의는 아직 사라지지 않은 것 같다. 언덕 위에는 위령과 평화를 위한 충혼비가 서 있다. 만세절벽은 스티브 맥퀸과 더스틴 호프만이 주연한 영화 〈빠삐용〉의 마지막 장면을 찍은 곳으로 수차례 탈출에 실패하고 유배생활로 늙어버린 빠삐용이 자유를 찾아 바다로 떨어지는 명장면은 아직도 기억에 생생하다.

자살절벽

해발 243m 높이의 마피산 정상에도 깎아지른 절벽이 있다. 사이판 앞바다를 내려다보기 좋은 전망포인트지만 제2차 세계대전 당시 슬픈 상흔이 깃들여 있다. 만세절벽에서 일반 군인들이 자살했다면, 이 절벽에서는 군 장교들이 뛰어내렸다고 한다. 어떤 가족은 나이 순서대로 행진해 절벽 아래 정글 속으로 투신했으며 수류탄을 터뜨려 온 가족이 자살하기도 했다. 당시의 장면이 미군 병사의 비디오에 담겨 생생한 기록으로 남아 있다. 또한 한국인들도 이곳에서 일본군의 강압에 의해 투신자살을 행했다고 한다. 정상에는 전쟁의 상흔을 볼 수 있는 평화기념공원이 조성되었으며 그 안쪽에는 그들의 넋을 추모하는 기념비가 서 있다.

슈거킹공원과 사이판박물관

제1차 세계대전 중이던 1914년 일본은 섬의 95% 이상을 사탕수수 농경지로 개간하면서 섬의 경제권을 장악하기 시작했다. 남양척식회사에서 농경지 개발을 위해 조선의 노무자를 데려왔는데 독립운동을 하신 분들이 많다. 주로 경상도와 전라도에서 온 사람들로 강제 노역에 시달리다가 전쟁이 발발하자 강제로 일본군에 편입돼 목숨을 잃게 된다. 슈거킹공원은 사이판에서 사탕수수 재배와 제당사업으로 성공한 일본인 마쓰에를 기념하기 위해 세운 공원이다. 사이판박물관은 원시시대에서부터 2차 세계대전 사이 사이판의 역사를 보여주는 곳이다. 바다 속에서 건져 올린 옛 항아리와 유물, 전쟁 관련 사진자료들이 전시되어 있다. 박물관보다는 숲 산책이 매력적이다. 박물관 일대는 옛 일본병원 자리다.

1. 일본군이 만세를 외치며 자살했던 만세절벽
2. 군장교들이 뛰어내린 자살절벽
3. 만세절벽 공원

홍콩·마카오·사이판
사이판

수정 같은 바다 위에 떠 있는 휴양 천국

만세절벽에서 해안선을 따라 남쪽으로 향하면 마도그 곶 앞바다에 있는 새들의 낙원인 새섬을 만나게 된다. 산호초 위에 솟아 있는 바위섬으로 바위에 새들이 둥지를 틀고 살고 있다. 남태평양의 파란 바다와 섬이 어우러져 한 폭의 그림을 연상케 한다. 이 부근이 세계 수준의 스쿠버다이빙 포인트이기도 하다. 그로토는 신비로운 푸른 물빛이 도는 동굴이다. 주차장에서 110여 개의 가파른 계단을 딛고 내려가면 큰고래가 입을 벌리고 있는 듯한 동굴이 나온다. 천연 석회동굴이 바닷물의 침식작용으로 인해 태평양 쪽으로 구멍이 뚫려 만들어졌다. 동굴 밑으로 3개의 해저 동굴이 바다와 연결된다. 거대하고 평평한 석회암 바위

홍콩 · 마카오 · 사이판

사이판

1. 새들의 낙원 새섬 2. 사이판의 한적한 해변

한국 연계관광지

제주 평화박물관

제주시 한경면의 평화박물관은 태평양 전쟁 당시 일본군이 주둔했던 미로형 지하 요새다. 제주민의 강제노역으로 만들어진 역사의 현장으로 일본인의 만행을 온몸으로 느낄 수 있다. 내부에는 곡괭이와 삽을 가지고 굴을 판 흔적이 남아 있다. 가마오름 지하요새는 총 길이 2,000m 중 300m만 개방해놓았다. 밀랍인형과 굴을 판 도구까지 갖추고 있어 일제강점기 피비린내 났던 현장을 고스란히 재현했다. 땅굴입구 전시실에는 일본군 사진첩부터 화승총, 군복, 각반, 철모, 수통, 미싱 등 군수품은 물론 생활용품까지 볼 수 있다. 영상물은 전쟁과 수탈에 관한 내용이 담겨져 있다(평화박물관 064-772-2500).

사이판의 한적한 해변

Storytelling

아낌없이 주고 떠난 황금자 할머니

2014년 1월 26일, 일본군 위안부 피해자인 황금자 할머니가 90세로 별세했다. 1924년 함경도에서 태어난 할머니는 13세 때 길을 가다가 일본 순사에게 끌려가 간도에서 고통스런 위안부 생활을 했다. 해방 후 고국으로 돌아왔지만 결혼도 하지 못하고 위안부 피해 후유증으로 대인기피증을 앓아 평생 홀로 살아왔다. 빈병과 폐지를 줍고 정부보조금을 아껴 강서구 장학회에 총 1억 원을 기부했으며 사후에 임차보증금, 은행예금 등을 포함한 재산 7,000여만 원을 재단법인 강서구 장학회에 기탁했다. 어머니 무릎에서 재롱을 피워야 할 13세 나이에 일본군에게 끌려가 힘겨운 삶을 보냈음에도 세상을 원망하지 않고 자신의 모든 것을 바쳤다. 일본정부로부터 공식적인 사과를 받아내겠다고 90세까지 살았지만 그 소망을 이루지 못하고 눈을 감았다.

홍콩·마카오·사이판

사이판

가 아치형으로 둥글게 형성되었다. 물위에 은은하게 반사되는 푸른빛이 신비감을 불러일으킨다. 특히 동굴의 물속은 다채로운 산호초와 열대어들이 많아 수영, 스노클링, 스쿠버다이빙 포인트로 유명하다.

사이판 중앙에 위치한 타포차우산은 해발 473m 사이판에서 가장 높은 산이다. 비포장도로를 따라 정상에 올라서면 섬 전체가 내려다보인다. 360도로 펼쳐지는 바다와 마나가하 섬 일대가 파노라마처럼 펼쳐진다. 남쪽으로는 사이판공항과 바다 건너 티니안 섬이 손에 닿을 듯 가깝게 보인다. 사이판 최고의 전망대다.

열대식물원

사이판 동쪽 약 10만 평의 넓은 대지에 2천여 종의 열대식물들이 자라고 있다. 사이판은 여름과 겨울의 기온차가 2℃ 정도밖에 되지 않아 1년 내내 꽃들을 볼 수 있다. 특히 코코넛, 파파야, 망고, 아보카도, 슈거애플, 구아바, 원주민들이 즐겨먹는 빵 열매 등 각종 과일을 맛볼 수 있다. 코끼리 열차 모양의 왜건카를 타고 둘러보면 된다.

사이판은 박물관과 식물원을 제외한 곳들은 주차료와 입장료를 따로 받지 않는다. 단 호텔전용비치는 투숙객에 한해 이용할 수 있다. 겨울에도 날씨가 덥기 때문에 생수나 음료수를 반드시 휴대해야 한다. 또한 비치나 명승지에서 편안한 휴식을 원한다면 간단한 점심도 준비하면 좋다. 사이판은 해안 백사장이나 공원 곳곳에 바비큐 그릴이 있다. 누구나 사용 가능하며 숯과 고기만 가져가면 된다. 스노클링이나 해양스포츠를 즐길 때 맨발보다는 아쿠아슈즈가 편하니 미리 준비하면 좋다. 비가 오거나 바람이 불 때는 기온이 떨어지기에 얇은 긴팔 옷은 필수다. 열대 스콜이 지나가기에 우산 겸용 양산을 준비하면 좋다. 선크림도 필수.

16
블라디보스토크에서
애국지사를 만나다

블라디보스토크 4박 5일

1일	속초 또는 동해
2일	블라디보스토크항 → 독수리전망대 → 잠수함 → 개선문 → 중앙광장
3일	블라디보스토크역 → 우스리스크 기차(이상설의사기념비 – 발해옛성터 – 최재형생가) → 블라디보스토크
4일	신한촌기념비 → 해변산책 → 블라디보스토크항
5일	속초 또는 동해

추천여행 패키지 또는 자유여행(항공, 선박 이용)　　**여행경비** 70만 원(패키지 60만 원, 기타 10만 원)
여행성격 건축, 역사, 문화답사, 가족　　**추천계절** 여름

1. 태평양을 향한 러시아 관문인 블라디보스토크 대교 2. 한국과 일본을 오가는 정기 페리호가 있는 블라디보스토크항

한국에서 가장 가까운 유럽, 블라디보스토크

유럽까지 가기엔 돈과 시간이 많이 든다. 한국에서 가장 가까이서 유럽 분위기를 접하겠다면 속초에서 블라디보스토크 가는 배에 올라타라. 유럽풍의 건물과 벽화, 다양한 조각품을 통해 러시아의 미적 감각을 접하게 된다. 거기다 블라디보스토크 외곽에 자리한 신한촌은 우국지사들이 나라를 되찾기 위해 거점을 삼은 지역이다.

내가 머문 호텔은 캠퍼스 건물만큼이나 컸다. 중국관광객이 이곳을 많이 찾다보니 거의 만실이란다. 눈에 띄는 볼거리가 없는데도 불구하고 중국인이 북적거리는 이유는 순전히 바다 때문이다. 육지로 둘러싸인 흑룡강성, 길림성, 요령성 등 중국 북방 인구가 무려 1억 천만 명. 중국인들은 버스나 기차에 올라타 3~4시간만 달리면 태평양을 볼 수 있으니 그 자체로도 매력적인 곳이다. 우리가 이곳을 고구려, 발해 땅으로 여기는 것처럼 중국인 역시 같은 생각을 가지고 있다. 부동항을 꿈꾸는 러시아의 등쌀에 못 이겨 1860년 베이징조약으로 중국은 연해주를 러시아에 넘겨준다. 러시아가 이곳에 살던 중국인을 내쫓고 농사를 잘 짓는 한인들을 데려온 것이 고려인의 시작이다. 그 이주정책은 정치적인 잣대에 휘둘리게 되는데 그 피해는 고스란히 고려인이 안았다.

유럽풍의 거리, 아르바트 거리

아침 일찍 시내를 배회하는 재미가 그만이다. 가장 번화한 곳은 아르바트 거리로, 도쿄보다 가깝지만 분위기는 완전히 유럽풍이다. 특히 미술작품 같은 거리를 배회하는 재미가 좋다. 우선 고기를 꼬치에 끼워 구워낸 샤슬릭으로 배를 채웠다. 쌀쌀맞은 종업원 앞에서 손짓 발짓하며 음식을 주문했다. 모모라는 만두를 시켰는데 아마 중국 영향을 받은 요리가 아닌가 싶다. 네팔에서도 모모라는 만두를 먹었는데 수천 km나 떨어진 극동에서 같은 이름의 만두를 먹을 줄은 몰랐다. 길을 걷다보니 가장 불편한 것은 언어였다. 특히 키릴문자는 n과 p가 r 발음이 나 도무지 헷갈려 글자를 발음할 수가 없었다. 술 좋아하는 러시아 사람들이 서양에서 알파벳을 배워왔는데 돌아오는 길에 보드카에 취해 키릴문자가 되었다는 우스갯소리도 있다.

러시아

1. 한국에서 가장 가까운 유럽 건물
2. 이국적 건물
3. 러시아 미적 감각을 볼 수 있는 아르바트 거리의 건물벽화

1. 한때 15만 명 한인이 북적거렸던 한인촌. 지금은 한인촌 기념탑만 남아 있다
2. 현대그룹 계동사옥을 빼닮은 현대호텔

고려인의 삶의 흔적, 신한촌

내가 찾아야 할 곳은 일제강점기 때 한인들이 모여 살았다는 신한촌이었다. 지도만 달랑 들고 이곳을 찾으려고 거리를 헤맸다. 슈퍼마켓에 들어가 직원에게 지도를 보여줬더니 고개만 가로저을 뿐이다. 하긴 우리에게만 의미 있는 곳이지, 러시아 사람들은 관심이나 있겠는가? 동물적 감각 아니 혈연에 대한 본능 때문일까. 우여곡절 속에 신한촌 근처까지 왔다. 이 넓은 아파트촌에서 어떻게 기념탑을 찾는단 말인가? 두리번거리다가 인상 좋은 아저씨에게 사진을 보여줬더니 10m 앞쪽을 손가락으로 가리킨다.

신한촌 기념탑은 러시아 서민들이 모여 사는 아파트 한가운데 서 있다. 1999년 3·1운동 80주년을 맞아 해외한민족연구소가 주축이 되어 한인들이 모여 살았던 신한촌에 기념비를 세운 것이다. 세 개의 돌기둥이 하늘을 향하고 있는데 가운데는 고려인, 오른쪽은 대한민국, 왼쪽은 북한을 상징한다고 한다. 뒤쪽 8개의 돌은 팔도를 의미한다. 고려인들은 1년에 두 번씩 이곳을 찾아 참배한다고 하는데 한 번은 3·1절이고 또 한 번은 중앙아시아로 강제 이주가 시작된 날인 1937년 9월 17일이란다. 기쁜 날을 축복하고 악몽 같은 날을 잊지 말자는 취지일 것이다.

한인들의 집단 거주지인 신한촌은 한국 독립운동사의 큰 획을 그은 현장이다. 헤이그밀사인 이상설과 이위종, 독립 자금을 후원했던 최재형, 민족주의자 신채호, 백두산 호랑이 홍범도, 의병대장 유인석 이외에도 안중근, 이동휘, 안창호, 박은식 등 국사책에 등장했던 애국지사들이 신한촌을 기반으로 독립운동에 몸을 바쳤다.

초창기에는 한인 6만 3천 명이 터를 잡았고 나중에는 여의도의 3배나 되는 면적에 15만 명의 한인들이 북적거렸다. 3·1운동이 한반도에 봇물처럼 번지자 3월 17일 이곳 신한촌에서도 성대한 항일독립운동대회가 열렸다.

안중근 의사는 신한촌의 대동공보사 사무실에 갔다가 이토 히로부미가 하얼빈에 온다는 소식을 전해 듣는다. 우덕순과 함께 블라디보스토크역을 출발해 하얼빈에서 민족의 원흉을 권총으로 주살했다. 만약 안중근이 신한촌을 찾지 않았다면 이토 히로부미를 죽일 수 있었을까. 신한촌은 마치 부산의 달맞이 공원을 닮았다. 아무르만의 바다를 바라보면서 우국지사들은 나라 잃은 분을 삭였을 것이다.

신한촌은 '한국을 부흥시키겠다'는 의미를 품고 있다. 소련 시절 지었던 아파트만 간신히 서 있을 뿐 한민학교, 고려극장, 신문사 등 민족단체 등의 흔적은 찾을 수 없다. 신한촌을 벗어나 러시아 서민들의 삶이 궁금해 시장으로 들어갔다. 야채나 과일은 거의가 중국산이었다. 땅이 척박해 과일을 수확할 수 없기 때문이다. 진열장에서 김치와 오이장아찌를 만났다. 고려인을 만난 것처럼 반가웠다.

돔 지붕이 상징인 러시아 정교회

나무가 많은 러시아는 일찍이 목조문화가 발달되었다. 목조문화에 유럽의 석조예술이 융합한 것이 바로 양파형 지붕인 쿠폴인데, 주로 성당건축에 많이 사용되었다. 성당의 크기에 따라 1~7개까지 가지고 있다. 폭군 스탈린은 5만 5천 개의 교회 중에서 5만 4천 개를 없앴지만 그가 죽자 교회는 다시 살아났다. 현재 러시아인의 70%가 러시아 정교회 신자란다.

성당 내부를 둘러보겠다면 여자는 반드시 미사보를 써야 하며, 남자는 모자를 벗어야 한다. 특이한 것은 무반주 음악인 아카펠라로 미사를 진행한다는 것이다. 신이 창조한 인간의 목소리가 가장 성스러우며, 인간의 기교가 들어간 오르간, 피아노 반주는 신을 예찬할 수 없다고 믿기 때문이다. 눈을 감고 감미로운 찬양소리를 듣는 것만 해도 신앙의 힘이 샘솟는다. 의자도 없이 2시간 이상을 꼬박 서서 미사를 드려야 한다. 성당 내부를 더듬어 보니 성서의 말씀을 담은 이콘화가 눈에 들어온다.

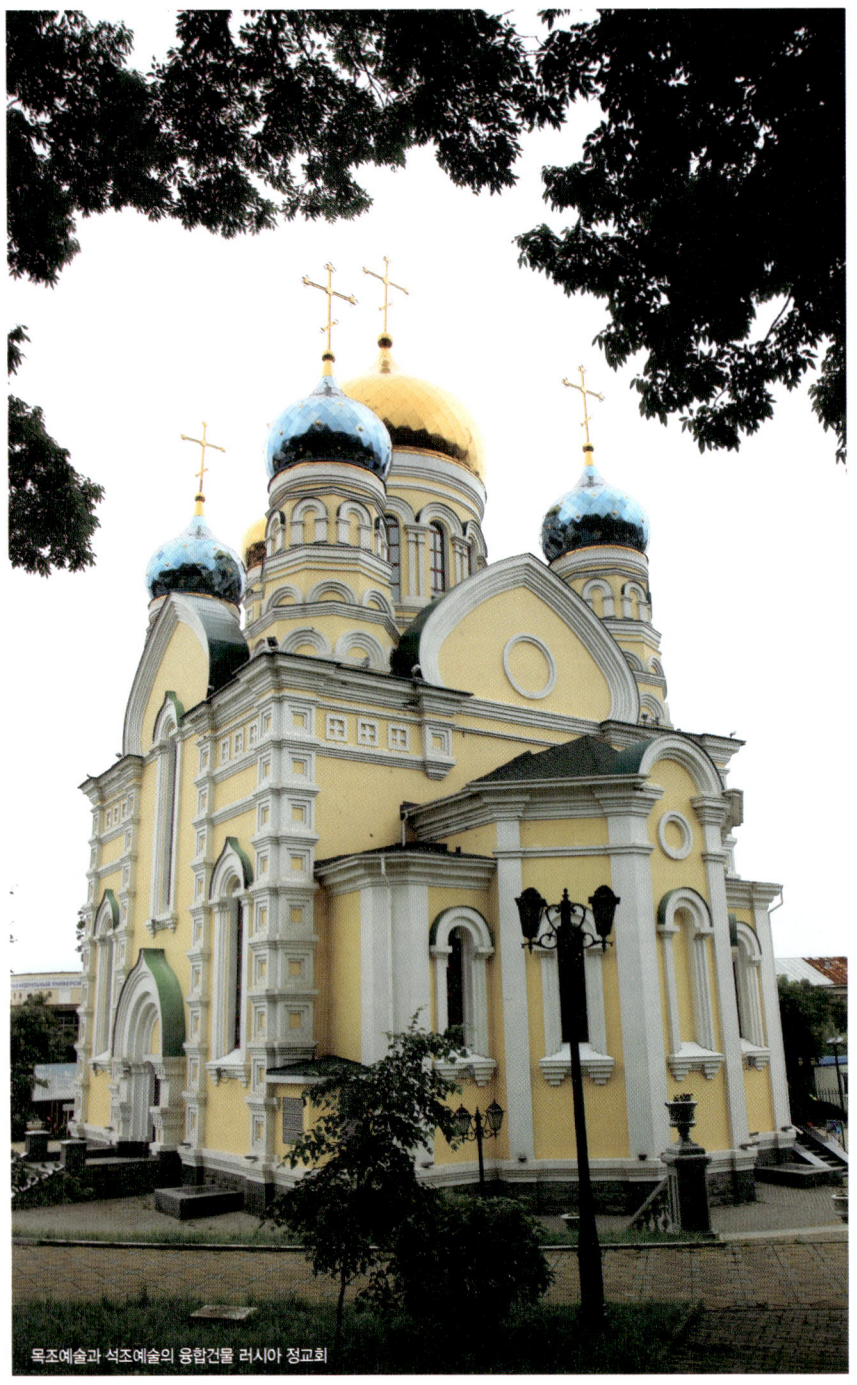

목조예술과 석조예술의 융합건물 러시아 정교회

성당 뒤편에 공원이 있어 쉬엄쉬엄 산책하면 좋다. 다시 시내로 내려가면 블라디보스토크에서 가장 좋은 호텔인 현대호텔이 나온다. 고(故) 정주영 회장이 1997년 건설했다고 하는데 계동 현대그룹 사옥을 빼닮았다. 반기문 유엔사무총장과 시진핑 국가주석도 이곳에 머물 정도로 유명한 호텔이다.

블라디보스토크 전망 포인트, 독수리전망대

독수리전망대는 해발고도 214m 산등성이에 자리하고 있다. 이곳에 서면 블라디보스토크 시내와 골든혼 일대의 해안선 풍경을 내려다 볼 수 있다. 전망대 아래 기념품 숍에는 러시아 전통 마트료시카 인형을 살 수 있다. 또한 기념주화를 제작하는 체험도 할 수 있다. 뒤편에는 키릴로스와 메소디우스라는 형제 성인 동상이 있다. 천년 전 러시아 문자인 키릴문자를 만들었으니 우리네 세종대왕에 비견되는 인물이다.

1. 골든홀 일대를 한눈에 볼 수 있는 독수리 전망대
2. 소비에트 정권 수립을 기념하기 위해 조성한 혁명중앙광장

1. 2차 세계대전 참전용사를 기리는 영혼의 불꽃 2. 니콜라이 2세가 블라디보스토크를 방문한 것을 기념하기 위한 개선문

개선문과 영혼의 불꽃
개선문은 1891년 러시아 마지막 황제 니콜라이 2세가 블라디보스토크를 찾은 것을 기념하기 위해 세워졌다. 니콜라이 황제는 오랜 전통에 따라 왕위계승 전, 러시아 도시들을 방문했고 세계 곳곳을 여행했다. 그가 방문했던 블라디보스토크에서 상트페테르부르크까지 러시아 도시는 이와 똑같은 개선문을 건축했다고 한다.
광장에서는 2차 세계대전 참전용사 중 돌아오지 못한 이들을 위한 추모 불빛을 볼 수 있다. 뒤편에 전쟁에 희생된 군인들의 부조와 이들을 위로하는 작은 정교회가 자리하고 있다. 한쪽에는 독일군함 10대를 격침한 C-56 잠수함이 전시되어 있는데 내부에 들어가면 선실, 기관실, 조타실 등을 둘러볼 수 있다.

혁명중앙광장과 블라디보스토크역
혁명중앙광장에는 소비에트 정권 수립을 위해 싸운 용사들을 위한 기념 동상이 서 있다. 국가행사나 대형 콘서트가 열리는 장소다. 영화 〈태풍〉에서 수많은 비둘기가 지나간 후 주인공 장동건이 나타나는 장면으로 유명한 곳이다.
블라디보스토크역은 천장의 그림이 볼만하다. 또한 항일 애국지사들이 이곳 연해주로 들어오는 통로이기도 하다. 육교 중간에서 계단을 내려가면 시베리아 횡단열차를 볼 수 있다. 블라디보스토크에서 모스크바까지 9,288km. 세계에서 가장 긴 철도. 서울과 부산을 20번을 왕복하는 거리로 미국 대륙 횡단열차의 2배로 보면 된다. 54개의 도시를 통과하며 모스크바까지 7일 동안 쉬지 않고 달린다고 한다. 시베리아 벌판에서 일출과 일몰을 매일 접하고 보드카를 들이키며 대륙을 횡단하게 된다. 9,288km가 새겨진 시베리아 횡단철도 기념비가 서 있고 당시 대륙을 횡단했던 증기기관차가 전시되어 있다.

1. 블라디보스토크역 천장 벽화
2. 시베리아 횡단열차 기념비
3. 시베리아 횡단열차 체험

러시아 블라디보스토크

1. 우스리스크 외곽에 자리한 이상설 선생 유허비 2. 우스리스크 발해 옛 성터

우스리스크 발해 유적지

블라디보스토크역에서 기차를 타면 잠시 시베리아 횡단열차 체험을 할 수 있다. 우스리스크역 또는 우골나야역에 내려 고려인의 삶을 보고 다시 돌아오면 된다. 우스리스크 외곽 라즈돌리노예 강변에는 이상설 선생 유허비가 자리하고 있다. 고종의 특명을 받고 네덜란드 헤이그 만국평화회의에 참가했지만 일본의 방해로 그 뜻을 이루지 못하자 결국 러시아로 망명해 니콜리스크에서 병사했다.

"조국 광복을 이루지 못했는데 어찌 고국으로 돌아가겠는가. 몸과 유품을 불태우고 이 강변에 뿌려다오."

다시 버스를 타고 15분쯤 가면 발해의 성터 유적지가 나온다. 너른 평원에 강을 끼고 있어 도성이 들어서기에 알맞다. 사방이 탁 트여 보기만 해도 가슴이 짜릿한데 대조영의 후예들이 이 평원에서 말을 타고 달렸을 것이다.

우스리스크에는 삼국시대 거북상을 볼 수 있다. 근처에는 연해주 최고 갑부이며 막대한 독립자금을 댔던 최재형의 생가도 있어 그의 애국정신을 되새겨볼 수 있다. 고려문화센터는 고려인의 아픈 역사를 전시해놓았다. 항일영웅 59분의 초상화와 독립군 병사의 사진을 볼 수 있다. 고려인들이 한글과 영어를 배우는 곳이다.

한국 연계관광지

진천 이상설 생가

충북 진천에는 이상설 생가가 자리하고 있다. 을사보호조약이 체결된 후 통분을 금하지 못하고 길에서 조약의 부당함에 대해 연설하고 집 밖을 나오지 않았다고 한다. 1907년 헤이그 만국평화회의에 고종의 밀서를 가져갔으나 그 뜻을 이루지 못했다. 고국에도 돌아오지 못하고 연해주에서 국권회복을 위해 싸우다 1917년 생을 마감했다. 선생이 살았던 초가집, 동상, 추모비 그리고 그의 위패를 모신 숭일사가 고향에 자리하고 있다.

Storytelling

발해인의 해상 무역로, 동해

블라디보스토크 가는 배 안. 선창가로 나갔는데 호수의 낙엽처럼 바다 위에 떠 있는 배가 보인다. 한두 척이 아니었다. 콩알 만한 배는 유원지의 오리배 만큼이나 많았다. 자세히 살펴보니 북한의 목선이었다. 저 작은 배로 함흥을 출발해 이곳까지 온다면 무려 5시간은 걸렸을 것이다. 어로기계도 없이 오로지 맨손으로 그물을 드리우고 잡아당긴다. 조업은 하루에 끝나는 것이 아니었다. 한국으로 돌아갈 때도 여전히 바다에 떠 있는 것을 보니 최소한 4일은 쪽배에서 보내야 할 것이다. 냉동시설이 없어 고기를 잡는 즉시 꼬챙이에 끼워 볕에 말린다. 손을 흔들었더니 누런 이를 드러내며 활짝 웃는 동포가 그리 반가울 수가 없다.

이 뱃길은 만주를 호령한 발해인들이 동해를 지배하면서 일본으로 향했던 해상무역루트였다. 1997년 12월 30일 발해 건국 1,300년을 기념해 블라디보스토크를 출발한 뗏목에는 발해인이 존경했던 치우 장군의 얼굴이 새겨져 있었다. 그들은 울릉도와 독도를 거쳐 부산항으로 가려고 했지만 북서풍은 그들을 일본으로 데려갔고 1998년 1월 23일 일본 오키섬 부근에서 풍랑을 만나 모두 사망했다. 그들의 마지막 외침 교신은,
"청년에게 꿈과 지혜를 주고 싶다. 탐험정신, 발해정신."
대조영의 발해건국 1,300년을 기념해 발해 1,300호 뗏목에 몸을 싣고 발해와 신라의 옛 해상항로를 증명한 장철수 대장과 대원들은 동해에서 눈을 감았다.

북한의 작은 어선

발해인의 해상무역로인 동해

친절한 여행 팁

블라디보스토크까지 인천공항에서 출발하는 비행기를 이용하는 방법이 있지만 중국으로 돌아가기 때문에 2시간 30분 정도 소요된다. 항공료가 비싸며 편수가 많지 않아 시간적 여유가 있다면 배를 이용하는 것이 좋다. 스테아대아호는 속초에서 금요일 출발하며 DBS호는 동해에서 월요일 출발한다. 속초 시외버스터미널에서 국제여객터미널까지 도보로 5분 거리다. 두 배 모두 19시간이 소요된다. 읽고 싶은 책이나 영화를 다운받아 배에서 보면 무료하지 않다. 한여름 블라디보스토크 날씨가 선선해 피서 여행지로 제격이다. 백야 덕분에 밤 10시까지 해가 지지 않아 시내를 알차게 둘러볼 수 있다. 대신 치안이 불안하기 때문에 골목에 들어가는 것은 권하지 않는다. 하나투어, 모두투어는 발해유적을 포함한 패키지 여행상품을 내놓고 있으며 TNT투어에서 블라디보스토크 자유여행상품을 판매한다.

17
바이칼 호수와 속 깊은 대화, 환바이칼 기차여행

바이칼 호수 알혼섬 5박 6일

1일	인천공항
2일	이르쿠츠크 → 시내관광(키로바광장 – 승리광장 – 스파스카야교회 – 앙가라강)
3일	이르쿠츠크 → 알혼섬(후지르마을 – 민족의 시원지 불한바위)
4일	알혼섬 일주투어(뉴르간스크 – 뻬씨얀까 – 사간후슈 – 하보이 트레킹)
5일	알혼섬 → 이르쿠츠크(즈나멘스크 수도원 – 꼴차크 제독 동상)
6일	환바이칼 관광열차(슬루지얀카 – 앙가솔까 – 끼르기레이 – 슈미하 – 뽀르트바이칼) → 이르쿠츠크공항 → 인천공항

추천여행 패키지(항공 이용) **여행경비** 220만 원(패키지 200만 원, 기타 20만 원)
여행성격 자연, 역사, 문화답사 **추천계절** 6~9월

한민족의 시원, 바이칼 호수

바이칼 호수. 한국인이라면 이름만 들어도 가슴이 벅차오르는 지명이다. 남한 면적의 3분의 1 크기로 호수라기보다는 바다에 가깝다. 바이칼이 한민족의 뿌리라고 하니 더욱 친근하게 다가온다. 바이칼 호수는 세상에서 가장 깊고 깨끗한데 눈으로 볼 수 있는 깊이가 무려 40m나 된다. 최고 수심이 1,742m라고 하니 덕유산(1,614m)을 거꾸로 처박아도 잠길 정도로 심연이며, 전 세계인이 매일 500ml 생수를 한 병씩 마신다고 해도 40년이 걸릴 정도로 세계 최대의 저수량을 자랑한다.

이렇게 수심이 깊다보니 호수 주변은 급경사 절벽이어서 접근조차 힘들다. 더구나 호수 북동쪽은 만년설로 덮여 있어 길조차 내기도 어렵다. 인간이 접근하기 힘들어서 더욱 성스럽게 보이는지도 모른다. 환바이칼 구간은 모스크바와 블라디보스토크를 잇는 시베리아횡단 구간 9,288km 중에서 가장 경치가 빼어난 구간이다. 이 황홀한 호수를 가장 멋지게 감상하려면 환바이칼 관광열차에 오르면 된다. 시속 20km로, 달린다기보다는 느릿느릿 걷는 것이 맞을 정도로 기차는 환바이칼 호수를 천천히 더듬어 간다. 영화 〈닥터지바고〉에 등장한 자작나무 숲과 청명한 바이칼 호숫가를 기차로 달려보자.

같은 경도에 있는 블라디보스토크가 한국보다 2시간이 빠르지만 바이칼은 한국과 시차가 같아 우리 땅 분위기가 난다. 거기다 이르쿠츠크 시내에는 한국에서 수입한 시내버스가 달리니 더욱 정이 간다. 버스 유리창에 '해운대' 행선지 간판을 달고 있어 저 버스를 타면 부산에 갈 것만 같다. 아마 바이칼 호수가 한민족의 시원이라는 말은 굳이 고대까지 거슬러 올라가지 않아도 될 듯싶다.

이르쿠츠크 시내를 다니는 한국버스

환바이칼 관광열차의 출발역인 이르쿠츠크

역을 출발하며

환바이칼 열차는 이르쿠츠크역에서 출발한다. 입구에 관광안내도가 있어 사진을 담으려고 했더니 아침부터 연인이 부둥켜안고 키스를 나누고 있었다. 안개와 스모그가 뒤섞인 잿빛 도시지만 사랑만은 도시를 밝게 해준다. 철로에는 밤새 시베리아를 달려왔던 열차들이 다리를 길게 내뻗으며 쉬고 있었다. 아침 8시가 되자 관광열차는 플랫폼으로 들어왔다. 잘 꾸며진 고급 기차는 러시아 서민들은 감히 타기 힘들 정도로 비싸다고 한다. 러시아 노부부는 물론 유럽인, 중국인들까지 탑승했으니 다국적 기차가 따로 없다. 좌석은 2인승, 3인승 좌석이 서로 마주보게 했다. 지하철처럼 옆으로 앉는 의자도 있고 1인승 좌석도 있으니 만석이 아니라면 구미에 맞는 자리에 골라 앉으면 된다. 의자 앞에는 탁자가 놓여 있어 간식이나 음료수를 먹기에 그만이다. 호수를 가까이 보겠다면 2인승에 앉는 것이 좋으며 일행과 담소를 즐기겠다면 3인승 좌석도 괜찮다. 10~12시간 동안 기차를 타야 하기 때문에 간식을 준비하는 것은 필수다. 러시아 맥주는 내 입에 맞아 아침부터 맥주를 들이켰다. 러시아 사람들은 보드카를 즐기더니 결국은 휘청거린다. 욱하는 성격하며, 술 좋아하는 것을 보면 우리와 닮은 구석이 많다. 안개가 걷히자 황금빛 자작나무 군락이 비단같이 보인다.

213

1. 기차는 2인실과 3인실 좌석이 마주보고 앉도록 배열되어 있다 2. 바이칼 호수 주변 자작나무

환바이칼 관광열차

저 멀리 안개를 머금고 있는 슬루지얀카가 보인다. 바이칼 호수의 서쪽 끝에 위치한 대리석의 산지다. 기차가 남동쪽으로 향한다면 바이칼스크, 븨드리노, 탄호이, 바부쉬킨을 거쳐 울란우데까지 갈 것이다. 이곳에서 남쪽으로는 몽골의 울란바토르와 연결되며 동쪽 기차를 타면 블라디보스토크에 닿는다. 대개 바이칼 호수 주변은 급경사 지역인데 슬루지얀카는 충적지다. 기차는 20여 분 정차하는데 환바이칼 철로를 이용하기 위해 디젤기차로 바꾼다. 호숫가를 따라간 기차가 처음 멈춘 곳은 꿀뚝역이다. 이곳에 승차한 관광객은 남쪽 울란우데에서 온 사람들이란다. 앙가솔까역은 호수와 입을 맞춘 듯 철길과 붙어 있다. 20여 분 자유시간이 주어진다. 레리흐 갤러리에 들어가 몽골, 티베트, 히말라야 등 주인이 세계 여행을 하며 담은 그림을 봐도 좋다.

다음에 정차한 곳은 끼르기레이다. 설악산을 연상하게 하는 바위산이 눈에 들어온다. 낙석과 지반 붕괴로 가장 사고가 많았던 구간이란다. 30여 분의 시간이 주어졌는데 우린 이곳 정자에 앉아 도시락을 까먹었다. 고려인 아줌마에게 특별히 도시락을 부탁했더니 튀김, 김치, 고사리, 오이와 상추까지 담겨져 있다. 바이칼 호수를 바라보며 쌀밥을 먹으니 힘이 솟는다. 10분 만에 식사를 끝내고 끼르기레이 속살을 살펴보았다. 코발트 호수, 파란 하늘과 구름 그리고 기차. 어느 곳이든 카메라를 들이대면 근사한 엽서사진이 나온다.

터널 위에 올라 호수를 내려다본 풍경은 그야말로 바다였다. 승무원에게 손짓 발짓하며 사진 찍어도 되냐고 물었더니 내키지 않는 표정으로 그냥 찍으란다. 처녀 때 러시아 여인들은 참 날씬한데 결혼해서 애를 낳으면 모두 뚱보가 된다. 쌍둥이를 임신했는데 하나만 낳고 하나는 몸에 숨겨둔 모양이다. 역사가 예쁜 마리뚜이역은 1950년대 이전 환바이칼 열차가 다닐 때 가장 번창했던 마을이었는데 지금은 기차만 정차하는 오지로 전락해 우리로 치면 봉화의 승부역쯤 될 것 같다.

기차는 온수 인심이 후하다. 포트에는 온수가 가득해 컵라면을 먹으면 딱 좋다. 보드카 안주에 신라면을 따라올 수 없다. 이렇게 보드카에 취하는 사이, 기차는 환바이칼 여행의 하이라이트격인 빨라빈늬역에 닿는다. 빨라빈늬는 중간역이란 의미로 환바이칼 구간 중 절반쯤에 위치하고 있다. 말이 역이지 간이역에 불과한데 마을 사람은 15명 정도다. 문명세계와 유일한 만남은 일주일에 2번씩 이렇게 관광열차가 들어올 때다. 이 마을에서 무려 1시간 30분이나 자유시간이 주어진다. 우리야 끼르기레이에서 도시락을 까먹었으니, 다른 관광객이 하나밖에 없는 식당에서 점심을 먹을 때 마을 구석을 둘러볼 수 있었다. 전형적인 러시아 판잣집인 올가 할머니 집을 찾았다. 남편도 없이 홀로 살고 있지만 살림을 잘 정돈해놓았다. 지금은 주름이 자글거리지만 예전 사진을 보니 영화에 나옴직한 미인의 얼굴이다. 잘생긴 남편은 살아 있을까? 50년은 넘은 것 같은 카펫은 어디에서 가져왔을까? 궁금한 것들이 많지만 말이 통해야 물어보지.

1. 철로변 러시아 연인
2. 수심이 깊어 공사하는 데 어려움이 많았던 앙가솔까
3. 앙가솔까 다리

러시아

환바이칼 관광열차

수영을 즐길 수 있는 모래해변도 있는데 물이 차가워 몸까지는 담그지 않았지만 발을 담그고 바이칼 물을 들이켰다. 시원한 물이 폐부를 찔러댄다. 시중에 파는 바이칼 생수는 바로 바이칼 호수의 심층수를 뽑아 올린 물이라고 한다. 백두산 천지의 물맛이 나는 걸 보니 조상의 땅이 맞는 것 같다. 유럽인들은 나무 벤치에 앉아 자연을 벗 삼아 책을 읽고 있다. 이 황홀한 풍경을 접하고 술 한 잔 걸치지 않으면 자연에 대한 모독일 것 같다. 호수를 안주 삼아 바이칼 맥주를 들이켰다. 술기운이 오르자 다시 호수로 달려가 손바가지를 해 물을 퍼마셨다. 속이 깔끔하다.

철로에는 오래된 기차가 퇴역군인처럼 서 있다. 한때 시베리아를 횡단했던 호기는 간 데 없이 뒷방 늙은이 마냥 힘없이 서 있었다. 역시 기차는 달려야만 폼이 나는 것 같다. 다시 기차에 몸을 실었다. 그렇게 신물이 나도록 바라본 바이칼이지만 지치지도 않는다. 혹시나 그 감동이 신기루처럼 사라지지 않을까 싶어 호수에 시선을 고정한다. 승차할 때 비워 둔 가슴에 바이칼 물을 채우고 있는 중이다. 깜빡 졸고 있는 사이 기차는 마지막 정착지인 슈미하에 우리를 내려준다. 기차는 이미 저만치 가버렸고 우린 철로를 따라 걸어야 했다. 파란 바이칼 호수를 옆구리에 끼고 걷는 맛이 끝내준다. 호수 바닥이 훤히 보일 것 같은데 수심이 500m가 넘는단다. 7, 8월 철로변은 온통 야생화가 가득하다고 한다. 터널을 지나니 슈미하 마을이 나왔다. 러시아의 목조건물들이 호수와 잘 어울린다. 기적소리에 다시 열차에 올라탔다. 기차는 이제 속력을 내는 것 같다. 4시쯤이다. 석양에 물든 자작나무는 진노랑빛을 띠어 남색의 호수와 대비가 된다.

5시 30분, 전통 러시아 가옥을 닮은 뽀르트바이칼역에 도착했다. 잘 가꿔놓은 화단에서 기념사진 한 장 박고 유람선에 올라탔다. 300여 곳의 물줄기를 받아낸 세계의 우물 바이칼, 호수물이 유일하게 흘러나가는 강이 앙가라강이다. 그러고 보니 백두산 천지를 닮았다. 북쪽 출구 달문을 빠져나와 긴 유랑을 거쳐 송하강으로 흘러가는데 앙가라강 역시 북

1. 관광열차 승무원 2. 보드카와 맥주를 즐기는 기차여행

1. 여름 수영을 즉길 수 있는 빨라빈늬 마을의 호수변
2. 바이칼에서 만난 이질풀
3. 빨라빈늬 마을의 작은 연못

러시아

환바이칼 관광열차

빨라빈늬역에서는
러시아 오지 사람들을 만날 수 있다

쪽으로 흘러 북해로 빠져나간다. 강 하구 중간쯤에 바위가 하나 솟아 있는데 바로 샤먼 바위다. 아무리 매서운 추위가 찾아와도 이곳만은 얼지 않는다고 하는데 바로 수면 아래 물이 폭포수처럼 떨어지기 때문이다. 이렇게 물살이 센 곳에 고기가 많이 잡힌다고 한다.
동서양을 잇는 대동맥인 시베리아 철도. 그 한가운데 시베리아 진주인 바이칼이 자리하고 있으며 그 호수를 연결한 것이 바로 골든버클인 환바이칼 철도다. 바이칼 호수와 속 깊은 대화를 나누고 싶다면 환바이칼 열차에 올라타라. 그리고 호수를 바라보며 자문자답 해보라. 대자연으로부터 무언의 조언을 들을 테니까.

인간의 한계를 극복한 환바이칼 열차

환바이칼 구간은 꿀뚝에서 뽀르트바이칼역까지 호숫가 평균 수심이 1,000m다. 급경사의 산악지대이기에 철로를 놓는 데 어려움이 많았다고 한다. 수에즈운하 공사비의 두 배가 들었을 정도라고 하는데 중국인, 터키인, 아르메니아인까지 동원해 39개의 터널을 뚫고 교량을 이어 만들었다.
알렉산더 3세의 명으로 1891년부터 착공된 시베리아 횡단열차는 1900년 바이칼 구간만 빼고 동서 구간이 모두 완공되었다. 시베리아 횡단철도를 잇는데 사망한 인원만 1만 명이 넘는단다. 산악 지역에다 수심이 깊은 바이칼 구간에는 철로를 놓을 기술이 부족했을 뿐만 아니라 막대한 돈을 댈 여력이 없었다. 그러나 시베리아에 물자공급을 막을 수는 없는 노릇이었다.

1. 바이칼 호수를 따라 8시간 이상 환바이칼 기차를 타야 한다
2. 슈미하 마을 인근 터널
3. 철길 산책을 할 수 있는 슈미하 마을

러시아

환바이칼 관광열차

그 대안으로 나온 것이 바로 쇄빙선이었다. 뽀르트바이칼에서 기차를 배에 싣고 바이칼 호수를 건넌 후 탄호이역에서 기차는 다시 선로에 올랐던 것이다. 그러나 1903년~1904년 겨울에는 얼음이 너무 두꺼워 쇄빙선마저 운행하지 못하자 러시아인들은 뽀르트바이칼역에서 호수 건너편 바부쉬킨역까지 꽁꽁 언 호수 위에 빙상철로를 놓았다. 호수의 빙판 위를 달리는 기차는 영화 〈설국열차〉가 아니었던가.

1902년 슬루지얀카에서 공사를 시작했고 1904년에 드디어 86km 바이칼 철도가 완성되면서 시베리아 9,288km 전 구간은 모두 연결되었다. 환바이칼 구간은 터널 39개, 회랑 16개, 다리와 같은 인공구조물이 470여 개나 된다. 1915년에는 복선이 완성되어 비로소 철로의 기능을 다하게 되었다.

그러나 1956년 이르쿠츠크를 지나는 앙가라강에 수력발전소를 건설하는 바람에 강이 불어 철로는 수장되고 만다. 이에 슬루지얀카에서 이르쿠츠크까지 산을 관통하는 우회철도가 놓이면서 환바이칼 철로 구간은 필요 없게 되었고 결국 역사 속으로 사라지게 된다. 1970년에 들어서 복선 중 단선만 보수해 현재 환바이칼 관광열차로 운행하고 있다.

뽀르트바이칼역에서 리스트비얀카까지 배로 이동해야 한다

Storytelling

카레이스키 (고려인)의 눈물

푹신한 열차에 앉아 유럽의 귀족처럼 호수 풍경에 호사를 즐기고 있지만 불과 80여 년 전에는 연해주의 고려인들이 전답을 다 빼앗기고 중앙아시아로 내몰린 비운의 길이다. 이들은 강제로 기차에 태워져 이름 모를 땅 중앙아시아에 흩어져야만 했다.

통한의 눈물을 흘리며 바다 같이 넓은 바이칼 호수를 훔쳐보았을 것이다. 밤길을 내달릴 때 틈새에서 새어나오는 바람이 어찌나 매서운지 눈물마저 얼어붙었다. 그 한숨과 탄식소리는 바이칼 호수에 스며들었을 것이다. 딱딱한 바닥에 잠 못 이루고 몇 날을 굶으며 서쪽으로 달려야만 했다. 역에서 내릴 때마다 가족들은 생이별을 해야만 했고 결국 다시 만나지 못하고 눈을 감은 가족들도 부지기수다. 소련이 붕괴되자 소수민족들이 분리독립하면서 고려인들도 러시아, 우즈베키스탄, 카자흐스탄, 타지스탄 등으로 흩어져 서로 다른 국적을 가져야만 했다. 언어, 종교적 갈등으로 다시 내몰리면서 고려인 3세들은 할아버지의 고향, 한국을 찾는다. 이들은 동대문, 안산, 부산 등에서 어렵게 삶을 이어가고 있다. 재정지원, 언어, 의료 등 이들이 국내에 잘 정착할 수 있도록 물적, 정신적 지원을 해야 100여 년 전 우리가 지은 빚을 갚는 셈이다.

카레이스키의 눈물이 젖어 있는 시베리아 횡단열차

러시아 환바이칼 관광열차

친절한 여행 팁

환바이칼 열차는 수, 토요일은 이르쿠츠크역(08:10)에서 바이칼역(19:20)까지 운행하며 목, 일요일은 바이칼역(10:40)에서 이르쿠츠크역까지 운행한다. 한 번 기차를 타면 중간에 내려도 다시 돌아갈 방법이 없다. 10시간 이상 기차를 타야 하기 때문에 간식과 음료를 넉넉하게 준비하는 것이 좋다. 슬루지안카에서 30분간 멈춰 전기기관차에서 디젤기관차로 동력을 바꾼다. 이곳에서 앙가솔까-끼르기레이-빨라빈늬-슈미하-뽀르트바이칼역까지 총 89km 거리를 8시간에 걸쳐 달린다. 최종역인 바이칼포트역에서 내려 유람선을 갈아타고 리스트비앙카 항구에 도착해 이르쿠츠크로 향하는 버스를 이용해야 한다. 6, 7, 8월에는 야생화를 볼 수 있으며 9월 중순에는 자작나무 단풍이 절정을 이룬다. 겨울 설경도 볼만하다. 바이칼 특산물은 연어의 일종인 오물로 소금에 절여 훈제로 요리해 먹는다. 맛이 고소해 맥주나 보드카 안주로 그만이다.

18
한민족 정신의 고향, 바이칼의 심장인 알혼섬

바이칼 호수 알혼섬 5박 6일

1일	인천공항
2일	이르쿠츠크 → 시내관광(키로바광장 – 승리광장 – 스파스카야교회 – 앙가라강)
3일	이르쿠츠크 → 알혼섬(후지르마을 – 민족의 시원지 불한바위)
4일	알혼섬 일주투어(뉴르간스크 – 빼씨얀까 – 사간후슌 – 하보이 트레킹)
5일	알혼섬 → 이르쿠츠크(즈나멘스크 수도원 – 꼴차크 제독 동상)
6일	환바이칼 관광열차(슬루지얀카 – 앙가솔까 – 끼르기레이 – 슈미하 – 뽀르트바이칼) → 이르쿠츠크공항 → 인천공항

추천여행 패키지(항공 이용) **여행경비** 220만 원(패키지 200만 원, 기타 20만 원)
여행성격 생태, 역사, 문화 **추천계절** 7~9월

시베리아 대평원을
가로지르는 도로

한국인과 닮은 섬, 알혼섬

바이칼 호수는 한민족의 시원이기에 어머니와 같은 땅이다. 고구려의 조상인 북부여족과 동일한 화석이 알혼섬에서 발견되었고 신체, 언어, 풍습 등 한국과 흡사한 것들이 많다. 육당 최남선 선생이 「불함문화론」에서 알혼섬의 불한바위를 한민족의 시원으로 지칭하기도 했으니 알혼섬행은 한국인의 원형질을 찾아가는 여정이라 하겠다. 바이칼 호수는 '시베리아의 푸른 눈'으로 통한다. 눈 속의 영롱한 빛을 내고 있는 눈동자가 바로 알혼섬이다. 그 눈동자에는 신비스러움이 가득해 동양의 7곳의 성소 중 으뜸을 차지한다.

바이칼 호수를 끼고 사는 원주민은 브리야트 사람들로, 우리와 외모가 흡사하고 알타이어를 사용하며 맷돌로 곡식을 갈고 장승(세르게)을 세우는 풍습이 있다. 거기다 '선녀와 나무꾼' 전설이 내려오며, 샅바를 잡고 넘어뜨리는 씨름도 우리와 같다. 곰을 숭상하는 토테미즘이 남아 있으며 강강술래, 세형동검, 마고자 등 우리 문화와 흡사한 점이 많다. 겨울에 찾아오는 철새인 가창오리의 학명은 'Baikal Teal', 즉 '바이칼 호수의 오리'다. 11월 초순이면 바이칼을 떠나 만주를 지나 서해를 건너 처음 상륙한 곳이 서산의 천수만이다. 머리에 태극문양이 선명한 가창오리가 추위를 피해 찾은 곳이 한반도여서 더욱 반갑다.

알혼섬의 어감 역시 살갑다. 마치 알 같은 섬에 혼이 담겨 있는 것만 같다. 알에서 태어난 주몽이나 박혁거세의 출생비밀(?) 역시 알혼섬에서 찾아야 하지 않을까 싶을 정도로 이곳에는 신화가 많다. 알혼섬은 동아시아 샤머니즘의 뿌리이며 영적인 에너지의 집결지다. 지금도 전 세계 무속인들이 기를 받기 위해 알혼섬을 찾는다. 한국의 무속인도 이에 뒤질세라 며칠이고 머물다 간다. 그렇기에 이르쿠츠크까지 와서 바이칼의 속살인 알혼섬을 **뺀**다면 여행의 반을 놓치는 셈이다. 알혼섬은 부엌칼 모양의 바이칼 호수를 **빼닮**았다. 호수의 축소판인 알혼섬은 어머니 자궁 속에 들어간 태아처럼 바이칼 호수로부터 자양분을 공급받고 있다.

1. 알혼섬 가는 길은 시베리아 대평원을 지나야 한다
2. 한국의 장승 역할을 하는 세르게
3. 알혼섬 가는 선착장이 있는 MRS마을

러시아

알혼섬

1. 미국의 5대양 물을 합친 것보다 저수량이 많은 바이칼 호수 2. 알혼섬까지는 배로 20여 분 소요된다

알혼섬 가는 길

알혼섬까지 가는 길은 그리 수월하지 않다. 호수 주변을 험준한 산이 감싸고 있어 낮은 산을 찾아 에둘러 돌아가야 한다. 북서쪽 바얀다이까지 대평원을 내달리다가 남서쪽으로 돌아간다. 물리적 거리는 불과 300km에 불과하지만 도로사정이 여의치 않고 배를 갈아타야 하며 들녘에 핀 꽃을 감상하고 점심까지 먹는다면 꼬박 하루를 잡아야 한다. 섬 안에도 볼 것이 가득해 1박 2일도 빠듯하니 2박 3일 일정으로 느긋하게 섬을 둘러보는 것을 권한다. 시베리아 대평원 초지에 직선의 대로가 가로지르고 있어 경치만 봐도 가슴이 탁 트인다. 지평선으로 해가 넘어가는 장면은 눈물이 날 정도로 장엄하다. 쉼터마다 성황당이 있으며 그 옆에는 하늘과 땅을 연결해주는 장승인 세르게가 하늘을 향해 서 있다. 은발의 러시아 사람들이 쌀을 뿌리고 담배나 동전을 제단에 올려놓고 허리를 숙이는 모습이 무척 낯설었다. 우리네 고수레의 모습인데 그 소원이 끊어지지 않도록 형형색색의 리본을 나무에 단단히 묶는다.

브리야트족의 자치구인 우스찌아르다를 지나 동쪽으로 꺾어지면 열악한 도로가 기다리고 있다. 버스는 마치 말을 타는 것처럼 요동친다. 그렇게 상하좌우로 시달리다가 고갯마루에 올라서니 바이칼 호수의 너른 자태가 펼쳐져 여독을 말끔히 잊게 해준다. 이는 호수가 아니라 코발트 바다였다.

평화로운 MRS(Motors Repair Service) 마을은 소련 시절 배를 수리한 공장이 있던 곳으로 마을을 휘감아 도니 말로에 모여 선착장이 나온다. 배가 바로 오지 않으면 선착장 뒤쪽 언덕에 올라가라. 바람이 만들어낸 벼랑에 서면 검푸른 바이칼이 그대 품에 안길 것이다.

전설의 섬, 알혼섬

호수 건너편 선착장까지는 그리 멀어 보이지 않지만 배로 20여 분이나 소요되니 눈으로 가늠한 거리는 무의미한 것 같다. 바이칼 호수는 세계 담수호의 20%를 차지하고 있는데

1. 바이칼 물에 손을 담그면 5년 젊어진다고 한다 2. 바이칼 호수와 알혼섬 평원

미국 5대호 물을 합친 것보다 많다고 한다. 지구 전체를 2cm 두께로 물을 덮을 수 있을 정도의 저수량을 자랑한다. 신기한 것은 336개의 하천이 흘러들어와 호수를 이루지만 빠져나가는 곳은 오로지 앙가라강 하나이며, 어떻게 수량이 조절되는지 여태 풀리지 않은 수수께끼란다.

물은 수정처럼 맑았다. 물이 깨끗한 이유 중에 하나가 바로 '보코플라프'라는 새우 때문이다. 무엇이든 닥치는 대로 먹어 치워 2주일이면 사람의 뼈까지 말끔히 없앤다고 한다. 바

1. 동양에서 가장 기가 세다고 하는 불한바위
2. 전 세계 무속인이 기를 받아가는 불한바위 인근에는 장승이 서 있다
3. 최남선 선생이 한민족의 시원이라 지칭한 불한바위

이칼 호수의 청소부가 새우라니 전설 같은 얘기가 아닐까.

섬에 도착해 먼저 바이칼 물에 손을 넣었다. 손을 담그면 5년이, 발을 담그면 10년이 젊어진다고 한다. 또 다시 차에 올라타 고개를 넘었다. 초지에 선을 그은 듯 길은 우리네 춤사위를 닮았다. 7월이면 이 초원은 들꽃으로 가득 찬다. 섬의 이동수단은 러시아산 4륜 봉고차로 거의 탱크 수준이다. 길이 아닌 초지나 모래밭도 거침없이 달린다. 러시아 최고 기술력을 가진 차량이지만 사람이 탄다는 것을 잊은 모양이다. 말을 탄 것처럼 승차감이 떨어지며 내부 계기판은 60년대 삼륜차 스타일이다.

바이칼에는 우리네 '선녀와 나무꾼'과 흡사한 전설을 가지고 있다. 백조들이 바이칼 호수로 하강해 깃털 옷을 벗고 목욕을 하고 있었고 이때 사냥꾼이 깃털 하나를 몰래 감춰버렸다. 결국 막내 백조만 하늘로 날지 못하고 지상에 남았다. 어느 날 사냥꾼 총각과 결혼한 백조는 언니를 만나게 해달라고 남편에게 간청했고, 깃털을 내주자 하늘로 날아간 백조는 다시 내려오지 않았다고 한다.

석호인 한호이 호수도 보인다. 경포호나 영랑호처럼 바다에서 밀려나온 모래가 연결된 것이 석호인데, 바다가 아닌 호수에 딸린 석호는 처음 본다. 안쪽의 호수는 30° 이상 따뜻해

러시아
알혼섬

3

양쪽을 오가며 호수욕을 즐긴다면 또 다른 재미일 것이다. 이르쿠츠크를 출발해 8시간을 달려 도달한 최종 목적지는 불한바위를 품고 있는 후지르 마을이다.

한민족의 본향, 불한바위

후지르 마을은 브리야트인, 몽골인, 한민족의 본향이건만 지금은 원주민이 거의 떠났고 은발에 코가 높은 러시아인이 주인 행세를 하고 있다. 먼저 불한바위를 가장 멋지게 볼 수 있는 거북바위부터 찾았다. 한민족의 나무인 소나무가 우뚝 서 있어 반갑게 달려갔다. 나무는 신을 향한 염원인 오색 리본을 허리에 둘둘 감고 불한바위를 응시하고 있다.
지구-푸른 눈(바이칼)-눈동자(알혼섬)-홍채(불한바위)까지 지구의 눈동자 속으로 빨려 들어가는 기분이다. 해변은 활처럼 휘어 있다. 제법 날씨가 쌀쌀했지만 수영복을 입은 러시아 사람들은 기꺼이 호수에 몸을 담근다. 한기를 느끼면 보드카 한 잔 들이키고 목이 마르면 손 바가지로 호수 물을 퍼마신다. 생각보다 모래가 고왔고 바닥은 훤히 드러날 정도로 맑았다. 노을빛을 받으니 불한바위는 붉게 빛났다. 관광객이 많았지만 성소답게 소란스럽지도 않다. 모두들 구도자의 심정으로 불한바위를 바라볼 뿐이다.
빙하기 때 바이칼은 열수(熱水)였다고 한다. 온통 얼음으로 덮인 빙하세계 속에서 바이칼만은 사막의 오아시스 역할을 했다. 사람들은 혹독한 추위를 피해 따뜻한 바이칼로 모여들었다. 그러나 다시 해빙기가 찾아와 큰 홍수로 터전을 잃은 사람들은 결국 남하하게 된다. 어떤 이는 초원인 몽골에 정착했고 송화강을 건너 만주에 터전을 잡기도 했다. 더 남쪽으로 내려가 정착한 사람이 바로 우리 한민족이다. 브리야트는 순록을, 몽골은 늑대를, 한국은 곰을 숭상한다. 이렇게 짐승을 숭상하는 토테미즘 사상은 바로 이 바이칼에서 연원을 찾아야겠다.

바이칼 호수에는 '네르파'로 불리는 바이칼 바다표범이 살고 있다. 바다에 살고 있는 바다표범이 어떻게 수천 km나 떨어진 바이칼 호수에 살게 되었는지는 아직도 미스터리다. 바이칼 호수와 북극해 사이에 바닷길이 있었을 때 네르파가 들어왔다는 주장도 있다. 리스트비얀카의 바이칼호수박물관에 가면 수족관에서 놀고 있는 네르파를 볼 수 있다.

이르쿠츠크시 외곽인 후모또바라는 야외 노천시장이 있어 알혼섬에 가기 전 장을 보면 된다. 좌판에서 파는 감자를 구입해 알혼섬에 들어가 캠프파이어 때 구워먹으면 된다. 뒤편에 쇼핑센터가 있어 술과 간식거리를 준비해 가면 물가 비싼 알혼섬에서 바가지 쓸 걱정을 하지 않아도 된다. 우스찌아르데에는 국립 브리야트 민속박물관이 있어 부근에서 발굴된 유물, 브리야트 사람들의 생활상을 전시해놓았다. 거기다 브리야트 민속공연을 볼 수 있는데 전통혼례식, 씨름 등을 볼 수 있다. 따로 생업을 가지고 있는 아마추어 봉사자로 사전에 예약하면 공연을 위해 달려온다고 한다.

바이칼 호수 박물관에서 본 네르파

1. 알혼섬의 땅끝인 하보이 언덕 2. 알혼섬과 바이칼 호수

알혼섬 속살 보기

다음날은 알혼섬 속살을 살펴보는 일정이다. 뻬씨얀까는 구소련 시절 강제로 수용소가 있었던 자리로 통나무 흔적만 덩그러니 남아 있다. 수감자들은 아름다운 바이칼 호수를 보며 자유를 꿈꾸었을 것이다. 초원만 펼쳐질 줄 알았더니 남쪽에는 울창한 밀림이 숨어 있었다. 지프차는 그 험한 길을 모험을 즐기듯 지면을 더듬어 간다. 오프로드의 진수라고 할까?

가슴을 졸이며 찾아간 곳은 삼형제바위. 아버지의 말을 듣지 않던 3마리 독수리가 바위로 굳어졌다고 한다. 푹신한 초원에 누워 대양 같은 호수를 바라보는 호사에 눈물이 날 지경이다. 초원트레킹을 할 수 있는 하보이 언덕은 알혼섬의 땅끝으로, 웅장한 바이칼 호수를

1. 하보이 언덕에서 점프하고 있는 관광객 2. 하트모양의 지형인 사랑의 언덕

Storytelling
한류 먹을거리 팔도 도시락면

시베리아 추위를 이기기 위한 러시아의 먹을거리는 남다르다. 과자는 달고 느끼하며, 도수가 높은 술의 천국이기도 하다. 보드카와 맥주가 다양해 골라먹는 재미가 쏠쏠하다. 3L 페트 맥주는 러시아에서나 볼 수 있다. 러시아에서 용기면 시장의 80%를 점유한 것은 팔도 도시락면이다. 종류도 다양해 러시아인들의 입맛에 맞췄다고 한다. 국내에서는 신라면의 위력에 눌려 거의 기를 펴지 못한 이 도시락면이 러시아에서만 한 해 3억 개가 팔린다고 한다. 땅덩어리가 넓어서 컵 모양보다는 러시아 지도 같은 납작한 도시락이 잘 팔리나보다. 초코파이 역시 러시아 파이 시장의 60%를 차지하고 있으며, 빙그레의 꽃게랑의 인기도 하늘을 찌른다. (주)오뚜기가 생산하는 마요네즈의 3분의 1은 러시아가 소비할 정도로 그 인기가 뜨겁다. 마요네즈 3~4 스푼을 넣고 라면을 끓인다는데 아마 추위를 이기기 위한 방편이겠다.

이 머나먼 러시아 땅에 한국의 먹을거리가 인기 있는 이유는 뭘까? 우리 기업이 직접 홍보한 것이 아니라 보따리상과 선원들의 입소문 때문이었다. 1991년 러시아 어선들이 선박 수리차 부산으로 입국했다가 꽃게랑을 가지고 귀국하면서 러시아 전역에 퍼졌고 보따리상들이 도시락면을 구입해 고국에 돌아가 팔면서 수출로 연결되었다고 한다. 교역은 이렇게 자연스레 이루어진다.

러시아

알혼섬

만날 수 있는 전망포인트다. 바람이 깎아 만든 기암절벽과 넉넉한 호수가 마음을 편하게 해준다. 날씨가 좋으면 바이칼에서 서식하는 민물물개인 네르파의 집단서식지인 우쉬칸섬까지 조망이 가능하다. 아득한 절벽을 따라 거닐다보면 파란 호수를 배경 삼아 서 있는 장승을 보게 된다. 그 아래에는 거대한 바위가 우뚝 서 있어 마치 바람과 맞서 싸우는 장수 같다. 그 아래쪽 구멍이 뚫린 바위는 하늘로 올라가는 출입구처럼 보였다.

우주릭 가는 길 중간쯤, 하늘에서 내려다보면 하트모양을 한 지형이 나온다. 일명 '사랑의 언덕'으로 지명에 걸맞게 이 초지 위에서 사랑을 나누며 뒹구는 러시아 연인들을 흔히 볼 수 있다. 언덕에 서면 깎아지른 기암절벽과 호수가 눈에 들어온다. 자갈해변인 우주릭만에서는 일광욕을 즐기는 사람들이 있다.

19

12만 명의
조선인 혼령이 묻혀 있는
교토 코무덤

교토 2박 3일

1일	인천공항 → 간사이공항 → 교토역 → 서본원사 → 삼십삼간당 → 코무덤 → 도요쿠니신사
2일	청수사 → 치온인 → 니조성 → 도시샤대학 → 광륭사 → 금각사
3일	동사 → 동복사 → 교토역 → 간사이공항 → 인천공항

추천여행 개별여행(항공, 선박 이용)
여행경비 60만 원(항공 25만 원, 입장료 10만 원, 숙박 15만 원, 식사 10만 원)
여행성격 역사, 답사, 건축   **추천계절** 봄, 가을

1. 조선의 기를 누르기 위해 무덤 위에 올린 탑 2. 귀무덤과 코무덤을 병행해서 사용하고 있다

코무덤

우리네 경주와 비견되는 고도, 교토에 가면 청수사, 금각사, 치온인 등 볼거리가 가득하다. 그럼에도 불구하고 코무덤을 절대 놓치지 마라. 임란 때 조선인 12만 6천 명의 코와 귀가 묻혀 있는 한(恨)의 현장이기 때문이다. 안타깝게도 코무덤이 놓인 자리는 전범 도요토미 히데요시의 신사에서 불과 100m도 떨어져 있지 않다. 전범은 신이 되어 추앙을 받고 있지만 억울하게 학살당한 조선인들은 몸은 고국에, 코는 현해탄을 건너 교토에 묻혀 있다. 참혹한 만행에 희생된 조선인을 생각하니 눈물이 앞을 가리고 가슴이 먹먹해 한동안 마음을 진정해야만 했다.

코무덤에 가려면 교토박물관을 지나야 한다. 도쿄박물관, 나라박물관과 더불어 일본 3대 박물관으로 손꼽힌다. 벽면의 붉은색 벽돌이 유난히 눈에 띄는데 마치 서양의 궁전을 연상케 한다. 복잡한 교토에서 한적하게 에도시대 고미술을 감상할 수 있으며 특히 한국 관련 불상과 조선통신사 관련 자료를 볼 수 있다.

코무덤은 놀이터 뒤편에 초라하게 자리 잡고 있다. 예전에는 이총(耳塚) 즉 귀무덤으로 불렸다. 에도시대 유학자 하야시 라잔이 코무덤은 야만스럽고 잔인하기에 '귀무덤'으로 부르자고 해서 하루아침에 명칭이 바뀐 것이다. 귀가 잘린 고호처럼 귀를 잘라왔다면 덜 잔인하게 생각했는지 모르겠다. 그렇게 100년을 넘게 귀무덤으로 불리다가 최근에 교토시에서 괄호를 열고 '귀무덤(코무덤)'으로 두 이름을 병행해 부르고 있다. 말이 귀무덤이지 실은 코가 대부분이다. 이 작은 묘역에 조선인 12만 6천 명의 귀와 코가 묻혀 있다고 생각해보라. 아마 묘를 조성할 때 소금에 절여진 코가 산더미처럼 쌓였을 것이다. 몸은 고국에 코

1. 도요토미 히데요시의 혼령을 모신 도요쿠니 신사
2. 일본의 3대 박물관 중 하나인 교토박물관

일본 · 교토 코무덤

낯선 땅에 와 구천을 헤맸을 영혼들을 생각하니 가슴이 먹먹할 따름이다.

1597년 정유재란을 일으킨 왜군은 14만 대군을 이끌고 다시 조선 땅을 침탈한다. 이때 도요토미는 전과 보고용으로 사람의 코를 잘라 소금에 절여 보내라는 명령을 하달한다. 눈병 귀를 가져오라는 명령은 없었다. 이에 가토는 병사들에게 1인당 3개의 코를 가져오도록 명령했고 그때부터 전과에 눈이 먼 왜군들이 조선의 병사뿐 아니라 민간인들까지 학살하기 시작했다. 특히 남원 사람들의 피해가 컸다고 한다. 살아 있는 사람의 코와 귀를 잘랐으니 그 절규는 삼천리를 흔들었고 강토는 피로 물들었을 것이다. 왜놈들이 잔인할수록 농민들은 저항의 기치를 높였다. 앉아서 죽느니 차라리 장렬하게 싸우다 죽는 것을 원했기 때문이다.

한글로 된 안내판을 읽어보니 '한반도 민중들의 끈질긴 저항' 때문에 왜군이 패퇴함으로써 전쟁은 막을 내렸다고 한다. 조선 의병의 저력을 간과한 것이 패인이었다. 일본은 적장이 죽으면 졸개들이 사기를 잃고 도망가지만, 조선의 장수는 쉽게 쓰러뜨릴 수 있어도 졸개는 항복하지 않을 뿐더러 농민, 승려 등 민초들까지 불같이 일어나 도무지 당해낼 수 없었다고 한다.

소금과 석회, 식초에 절여진 코와 귀는 항아리에 담겨 배에 실려 오사카로 보내졌고 다시 육로를 통해 교토까지 오게 되었다. 도요토미 정권은 코의 개수를 확인하고 무사들에게 상을 내렸다. 그러니까 살육을 많이 할수록 큰 상을 받은 셈이다. 코와 귀를 담은 항아리가 무려 1,000여 개나 되었다고 하니 전쟁의 참혹함을 말해주고도 남는다.

도요토미는 종전 1년 전쯤 그의 업적을 과시하기 위해 이곳에 코무덤과 위령탑을 조성했다. 죽은 자를 위로하기 위해 탑을 세웠다고 하지만 탑을 봉분 위에 세운 것이 영 의아스러운데 이는 조선의 기가 바깥으로 나오지 못하도록 누르기 위함이란다. 코무덤이 조성된 후 도요토미도 세상을 떠났으니 아무래도 귀천을 떠돌았던 12만 혼령들이 도요토미에게

한국 연계관광지

선진리성

사천군 용현면에 가면 임란 때 왜군이 쌓은 성인 선진리성이 자리 잡고 있다. 1598년 10월 1일 조명연합군은 왜군이 차지하고 있던 선진리성을 포위하고 싸움이 한창 진행될 즈음 아군의 진영에서 화약상자가 폭발해 전열이 흐트러졌다. 이에 왜군은 기습공격을 감행해 아군 7천 명을 몰살하고 귀와 코를 잘라 일본으로 보냈고 나머지 시신을 한데 모아 무덤을 만든 것이 조명군총이다. 사형수를 돌보는 삼중스님은 400년 만에 교토 코무덤의 봉분에서 일부 흙을 가져와 항아리에 담아 이곳에 옮겨놓았다. 상징적이나마 시신에 귀와 코를 붙여 놓은 것이다. 나머지 봉토 역시 전부 모셔 와야 억울하게 죽은 조선인의 한을 풀어줄 것 같다.

도요토미 가문의 멸문의 원인이 되는 종

일본

교토 코무덤

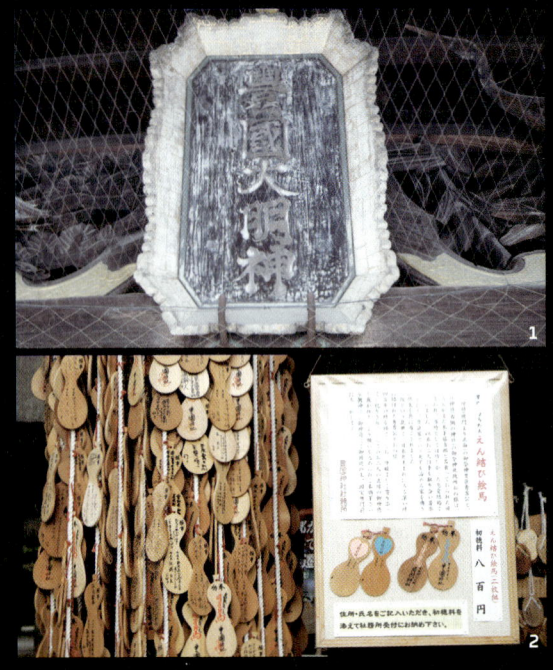

1. 풍국대명신으로 추앙받고 있는 도요토미 히데요시
2. 도요쿠니 신사의 행운의 장식품

복수를 하지 않았나 싶다. 치욕의 현장이자 참혹한 상징물인 코무덤이 아직도 교토시 한 복판 그것도 도요쿠니 신사 앞에 있다는 것은 역사의 수치다. 조속히 봉토를 모셔와 고국에서 편안히 쉬도록 해야 한다. 오늘날 코(귀)무덤은 귀가 아픈 환자들이 찾는 민간신앙처로 전락했다. 길을 걷다보니 아베 총리의 얼굴이 담겨진 선거 포스터가 보인다. 독도에 대한 야심, 교과서 왜곡, 야스쿠니 신사 참배, 군국주의 부활 등 임진왜란을 일으킨 도요토미 히데요시의 잔영이 겹쳐진다.

"역사를 잊으면 반역이다."

전범 도요토미 히데요시의 혼령을 모신 도요쿠니(豊國) 신사

교토국립박물관 뒤편, 코무덤 근처에 도요토미 히데요시의 위패를 모신 도요쿠니(豊國) 신사가 자리하고 있다. 1599년 8월 도요토미가 전쟁의 실패로 인해 화병으로 사망하자 7년 전쟁은 종결을 고한다. 그의 시신은 호코지(方廣寺) 근처 산자락에 묻혔기에 이곳에 신사가 들어선 것이다. 원래 '풍국대명신(豊國大明神)'으로 추앙받았지만 도쿠가와 이에야스가 권력을 잡자 도요토미 일가가 멸족을 당하게 되면서 신사도 폐철이 되었다. 그러나 1868년 메이지 천황은 도요토미가 정권 장악 시 막부를 열지 않았던 것을 천황을 받들 줄 아는 공신이라 여겨 다시 신사를 재건하도록 했다. 신사는 작지만 화려하게 꾸며졌다. 주격 모

Storytelling
도요토미 가문 멸문의 원인이 된 종(鐘)

이 글자 때문에
도요토미 가문이 멸망하게 되었다

임란을 일으킨 도요토미에게 56세에 낳은 늦둥이 히데요리가 있었다. 도요토미가 눈을 감기 전 5명의 측근들에게 6살 아이 히데요리를 부탁했다. 측근의 한 명이자 야심가였던 도쿠가와 이에야스는 정권을 잡자 도요토미 가문을 멸문시킬 계획을 짠다. 그는 히데요리에게 아버지 묘의 원당인 호코지 절 재건을 제의했다. 아버지를 기리는 사찰을 재건하면서 전국의 다이묘들을 한데 모을 생각을 가진 히데요리는 흔쾌히 승낙한다. 그러나 그 제의에는 도쿠가와의 흉계가 숨어 있었다. 절을 재건하면서 도요토미 가문의 재산탕진을 노렸기 때문이다. 급기야 호코지의 종에 새겨진 글자를 꼬투리를 삼아 도요토미 가문을 멸문시켜버린다.

'國家安康 君臣豊樂(국가안강 군신풍악)' 즉 '국가의 안녕과 군신의 평안을 기원한다' 라는 의미를 가지고 있다. 그런데 도쿠가와는 어용학자를 동원해 얼토당토 않는 해석을 내린다. 家와 康 사이에 글자를 넣은 것은 도쿠가와 가문의 분열을 의미하며, '臣豊'처럼 도쿠가와(豊臣)를 거꾸로 새겨 넣은 것은 모반을 일으킨다고 해석해 히데요리를 궁지로 몰아넣는다. 결국 오사카 성에서 항전하다 히데요리가 자결하면서 도요토미 가문은 멸족을 당하게 된다. 전쟁을 일으킨 도요토미 히데요시의 조선 침략의 죄과를 자식들이 받은 셈이다.

 친절한 여행 팁

코무덤은 교토역에서 시내버스를 이용하거나 도보로 20분이면 갈 수 있다. 교토의 교통은 1일 승차권(500엔)을 이용하면 무제한 버스 승하차가 가능하다. 버스는 교토역 광장에서 출발과 도착을 하니 숙소는 교토역 근처에 구하는 것이 편하다. 오사카와 나라까지 연계하면 교토에 2일, 나라 2일, 오사카 1일 5박 6일로 일정을 짜야 여유 있게 본다. 교토에서 가장 유명한 청수사는 780년 엔친 스님이 건립했다고 알려졌지만 백제인의 후손인 다무라마로 장군이 지었다는 설도 있다.

양의 장식품은 도요토미가 전쟁 때 사용했던 표식으로 지금은 행운을 기원하는 기념품이 되어 일본인들이 곁면에 소원을 적고 있다.

1719년 조선통신사가 교토를 방문했을 때 대불사(大佛寺)에서 열리는 잔치에 참석해 달라고 요청을 받았지만 통신사들은 이 절이 도요토미 히데요시의 원당이기 때문에 어렵다고 거절했다. 그런데 일본 측은 대불사는 도요토미 가문이 아니라 도쿠가와 가문의 원당이라고 설득했고 결국 정사와 부사가 잔치에 참석했으나 종사관은 병을 이유로 끝까지 가지 않았다고 한다. 이것이 문제가 되어 귀국 후 조정의 지탄을 받았다고 한다.

20
교토 도시샤 대학에서 윤동주와 정지용을 만나다

교토 2박 3일

1일	인천공항 → 간사이공항 → 교토역 → 서본원사 → 삼십삼간당 → 코무덤 → 도요쿠니신사
2일	청수사 → 치온인 → 니조성 → 도시샤대학 → 광륭사 → 금각사
3일	동사 → 동복사 → 교토역 → 간사이공항 → 인천공항

추천여행 개별여행(항공, 선박 이용)
여행경비 60만 원(항공 25만 원, 입장료 10만원, 숙박 15만 원, 식사 10만 원)
여행성격 문학, 역사
추천계절 사계절

도시샤 대학

교토의 명문 도시샤(同志社) 대학을 찾으면 한국 대표 시인인 윤동주와 정지용 시인을 만날 수 있다. 해맑은 시어의 원천은 전원풍경을 가진 고향 명동이겠지만 문학의 신사조를 터득한 곳은 바로 캠퍼스였을 것이다. 붉은 벽돌 건물과 운치 있는 성당, 노거수가 즐비한 교정은 하늘과 바람, 별과 시 등 해맑은 시어를 뽑아내기에 충분했다.

교토의 유명 관광지만 둘러보다가 일본 대학생들의 살아 있는 모습을 만날 수 있는 것도 매력이다. 잔디밭에서 누워 휴식을 즐기거나 자전거를 타는 일상의 모습이 평온해 보인다. 일본 대학생을 통해 대시인의 학창시절 모습을 그려보면 어떨까.

대학 정문 수위실에서 손짓 발짓을 해가면서 시비 위치를 물었더니 경비아저씨가 빙그레 웃으며 30페이지 분량의 안내 책자를 건네준다. 맨 뒷장에는 지도가 그려져 있어 시비를 찾는 데 어려움이 없었다. 그 안에는 윤동주와 관련된 논문과 신문기사가 빼곡히 담겨져 있었다. 대학 역시 윤동주 시인에 대한 자부심이 대단한 것 같다. 안내서는 거의 일본어로 되어 있지만 '시비건립취지서'만은 한국어로 쓰여 있어 잠시 벤치에 앉아 시인의 삶을 되새겨보는 것도 괜찮다.

기독교 재단인 도시샤 대학은 고풍스런 분위기에 걸맞게 예쁘장한 교회를 가지고 있다. 아치형의 문, 하얀 대리석, 붉은 벽돌이 파란 하늘과 대비된다. 마치 유럽의 어느 도시에 들어선 기분이 든다. 대시인의 시비는 교회 근처에 있다.

'별을 노래하는 마음으로 모든 죽어가는 것을 사랑해야지.'라고 외쳤던 시인의 해맑은 마음을 엿볼 수 있어 좋다.

1. 대학에서 제작한 윤동주 소개 책자 2. 도시샤 대학 내 윤동주 시비

도시샤 대학 내 교회

일본
교토 도시샤대학

용정의 명동마을 윤동주 생가

윤동주 시비

시비에는 윤동주의 대표작인 「서시」를 담고 있다. 왼쪽은 일본어로, 오른쪽은 한글 육필 원고다. 이 대학을 다닐 때 단지 한글로 시를 썼다는 이유만으로 투옥되었다. 그래서인지 시비에 새겨진 한글이 더 절절하게 보인다. 얼마나 우리말로 시를 쓰고 싶었을까. 분명 도시샤 대학 시절에도 시를 많이 썼을 텐데 그 주옥같은 시가 사라진 것은 통탄할 일이다.

윤동주는 중국 길림성 용정시에서 태어났고 평양 숭실중학교를 졸업했으며 연희전문대학을 다니다가 일본으로 유학 왔으니 남북한은 물론 중국, 일본까지 시인의 발자취를 찾을 수 있다. 생전에 한 권의 시집도 내지 않았고 주로 혼자 일기 쓰듯 써내려갔다. 한국어는 물론 중국어, 일본어로 된 시비를 가지고 있는 시인은 윤동주 말고 또 누가 있단 말인가.

용정의 명동 생가에 가보면 마당에 있는 동시를 볼 수 있다. 아마 어렸을 때부터 시적인 감각이 뛰어났던 모양이다. 하긴 그가 태어난 용정의 명동 마을 자체가 전형적인 시골 풍경을 품고 있는 데다 선각자인 김약연 목사를 통해 자연스레 민족혼을 배웠을 것이다. 북간도를 통틀어 고종사촌인 송몽규와 윤동주만이 연희전문학교에 합격해 마을의 큰 경사였다고 한다.

1943년 7월 사상범의 죄목으로 2년형을 선고받고 후쿠오카 형무소에 갇혀 옥고를 치렀다. 안타깝게도 해방을 6개월 앞두고 28세 나이로 옥사하고 만다. 전쟁의 막바지에 731부대의 생체실험대상처럼 형무소에서 이름 모를 주사를 맞아 죽었다는 소문까지 들리니 더욱 안타깝다. 일본에서 한 줌의 재로 돌아와 용정마을 뒤편 묘지에 묻혔다. 그나마 지인이

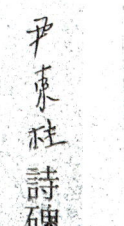

1. 윤동주 시비 한글
2. 윤동주 시비 일본어
3. 서울 부암동 윤동주 문학관
4. 용정 대성학교의 중국어로 된 서시
5. 도시샤 대학 구내에 나란히 서 있는 윤동주와 정지용 시비

한국 연계관광지

윤동주 시 문학관과 정지용 생가

종로구 부암동에는 윤동주 문학관과 시인의 언덕을 볼 수 있다. 연희전문대학 재학 시절 인근 누상동에서 하숙생활을 했기에 이곳에 문학관이 들어섰다. 뒤쪽 시비공원에는 규모는 크지 않지만 서울 남쪽과 북쪽을 한 번에 볼 수 있으며 인왕산 아래 그림 같은 풍경을 감상하며 명시를 감상할 수 있도록 시비가 서 있다.

충북 옥천에는 정지용 생가와 문학관이 있다. 시 「향수」의 서두를 장식한 실개천이 있으며 초가집과 질화로를 통해 눈으로 명시를 감상하게 했다. 문학관은 시인의 일대기와 시만 있는 것이 아니라 직접 느끼고 감상하고 체험할 수 있도록 꾸며졌다.

정지용의 옥천 생가

1. 정지용 시비 2. 정지용의 시 압천의 배경인 교토 가모가와강

유고를 정리해 1948년 『하늘과 바람과 별과 시』라는 시집을 펴낸 덕에 시인은 사후에 이름을 남기게 되었다. 시대의 아픔을 온몸으로 지고 살다 생을 마감했으니 그의 인생은 소설만큼이나 파란만장했다.

정지용 시비

도시샤 대학 교정 왼쪽에 윤동주 시인의 시비가 있다면 오른쪽은 정지용 시비가 서 있다. 두 거목의 시비가 교정에 나란히 서 있는 모습이 마치 우애 좋은 형제가 손을 맞잡은 것 같다. 이왕이면 두 시인의 대표시를 준비해 벤치에 앉아 음미해보는 것은 어떨까. 한국에 있을 때보다 고향 생각이 더욱 간절해질 것이다.

'넓은 벌 동쪽 끝으로 옛이야기 지줄대는 실개천이 휘몰아 나가고 얼룩배기 황소가 해설피 금빛 게으른 울음을 우는 곳'

정지용의 대표작 「향수」다. 바로 이곳 도시샤 대학 유학 시절, 고향인 옥천을 그리며 쓴 시다. 옥천보통학교를 졸업한 후 어린 아내를 고향에 남겨둔 채 그때부터 타향살이를 하게 되었다. 17세에 휘문고보에 입학해 습작을 하게 되었고, 성적이 뛰어나 이곳 도시샤 대학 영문과로 유학 오는 행운을 잡았다. 이곳에서 신사조인 모더니즘을 접하면서 그의 시의 자양분을 더했다. 1926년 유학생 잡지인 『학조(學潮)』에 시 「카페 프란스」 등을 발표하면서 시인 정지용의 이름을 세상에 알린다.

고국으로 돌아가 김영랑과 함께 『시문학』 동인으로 활동하면서 한국 현대시의 큰 족적을

친절한 여행팁

윤동주와 정지용의 명시를 따로 복사해서 교회 옆 벤치에서 낭독하면 유익한 시간이 될 것이다. 정문 수위실에서 기념으로 자료집을 받아 챙기는 것이 좋다. 식사는 도시샤 대학 구내식당을 이용하면 저렴하게 한 끼를 해결할 수 있다. 일본에서는 도시락이 유명하다. 특히 기차역에서 파는 에키벤(駅弁)은 그 종류가 많은데 그 지역의 특산물과 계절음식을 담은 것이 특징이다. 일본 여행 시 한 번쯤 먹어볼 만하다. 직사각형 용기에 십자형으로 칸을 나눠 밥과 반찬을 담았다.

남겼지만 한국전쟁 때 북으로 끌려가 금지 시인으로 낙인 찍혔다. 월북작가라는 빨간 줄이 그어져 세인들의 기억에서 잊혔지만 성악가 박인수와 가수 이동원에 의해 「향수」가 불리면서 다시 우리 품으로 돌아왔다.

시비에는 「압천(鴨川)」이란 시가 새겨져 있다. 교토를 남북으로 가로지르는 가모가와강을 말한다. 봄에 벚꽃이 유명한 곳이다. 교토 여행을 할 때는 이 강을 여러 번 지나게 되는데 정지용의 시를 한 번 음미해보면 어떨까.

압천

정지용

가모가와 십리벌에
해는 저물어… 저물어…

날이 날마다 님 보내기
목이 자졌다… 여울 물소리…

찬 모래알 쥐여 짜는 찬 사람의 마음,
쥐여 짜라, 바시여라, 시원치도 않어라.

역구풀 우거진 보금자리
뜸북이 홀어멈 울음 울고,

제비 한 쌍 떴다,
비맞이 춤을 추어,

수박 냄새 품어오는 저녁 물바람,
오랑쥬 껍질 씹는 젊은 나그네의 시름.

21

쌍둥이의 재회를 꿈꾸다
광륭사 금동미륵반가사유상

교토 2박 3일

1일	인천공항 → 간사이공항 → 교토역 → 서본원사 → 삼십삼간당 → 코무덤 → 도요쿠니신사
2일	청수사 → 치온인 → 니조성 → 도시샤대학 → 금각사 → 용안사 → 인화사 → 광륭사
3일	동사 → 동복사 → 교토역 → 간사이공항 → 인천공항

추천여행 개별여행(항공, 선박 이용)
여행경비 60만 원(항공 25만 원, 입장료 10만 원, 숙박 15만 원, 식사 10만 원)
여행성격 역사, 문화유산답사
추천계절 사계절

자연을 건물에 끌어들인
창덕궁 후원

내 인생을 바꾼 명작, 금동미륵반가사유상

20여 년 전이다. 유럽배낭여행 때 프랑스의 베르사유 궁전의 규모와 화려함에 넋이 빠져라 감탄하면서 우리에게는 이런 궁전 하나 없는 것을 원망하고 있었다. '남의 나라는 국력을 키우며 화려한 궁전을 세울 때 우린 도대체 뭘 했어?', '매일 당파싸움만 하면서 세월만 보내고 있었지 뭐.'

이렇게 분노 서린 불평은 무지가 낳은 편견이었다. '내 눈으로 우리 문화재를 직접 확인하고 욕을 하자.' 양심이었는지 아니면 일말의 오기였는지 잘 모르겠다. 한국으로 돌아와 가장 먼저 찾아간 곳이 바로 국립중앙박물관이었다. 당시에는 경복궁 옆에 옹색하게 세 들어 있었다. 그곳에서 미술책에 등장한 서화와 고려청자를 만나니 나름 우리 문화도 괜찮다고 여기고 있었다. 그러다가 망치로 머리를 맞은 듯 충격적인 미술품이 있었으니 바로 국보 제83호 금동미륵반가사유상이었다. 실물로 접한 모습은 국사책에서 본 사진과는 전혀 딴판이었다. 생각보다 불상은 컸으며 미끄러지는 옷주름 그리고 마디마디 생동감 있는 손가락이 나를 혼돈으로 몰아넣었다. 급기야 그 무아지경의 표정은 내 천박한 사대주의를 단박에 깨트렸다. 역시 유물은 직접 만나야 감동이 배가 된다.

다음날 난 창덕궁과 후원을 찾았다. 궁궐 구석구석을 거닐며 내가 유럽에서 얼마나 한심한 생각을 했는지 반성하는 계기로 삼았다. 우아한 건물은 둘째치고라도 자연을 건물에 끌어들이는 한국 정원

국보 제83호
금동미륵반가사유상

1. 광륭사 정문과 금강역사상
2. 율독적이 글씨체이 광륭사
3. 교토 한 칸짜리 전차

의 오묘한 맛에 탄성을 내질렀다. 베르사유 궁전과 자금성의 거대함보다 창덕궁과 후원이 훨씬 아기자기하고 사랑스럽다는 것을 내 눈으로 확인했고 손목시계가 벽시계보다 비싸다는 것을 뒤늦게 깨달았다. 그 후 우리 문화에 관심을 갖게 되었고 차츰 안목을 높이려고 관련 책을 뒤적였으며 또한 훌륭한 스승까지 만나게 되는 행운을 얻었다. 배우면 배울수록 욕심이 생겼고 그 감동을 글로 남겼다. 결국 우리 국토는 물론 세계의 멋스런 곳을 찾아다니는 여행작가가 된 것이다. 이렇듯 미술품 하나가 한 사람의 인생을 180도 바꿔놓았다.

도래인이 세운 절, 광륭사

전무후무할 줄 알았던 이 명작에게 일란성 쌍둥이가 있다는 말에 가슴이 두근거렸고 늘 광륭사 반가사유상을 친견하는 꿈을 꾸었다. 만화에 나옴직한 한 칸짜리 전차에 올라타 교토 서쪽에 자리한 광륭사에 내렸다. 입구에는 '廣隆寺(광륭사)'라는 멋진 글씨가 꿈틀거리고 있었다. 변함없이 인상을 쓰고 있는 금강역사상이 절을 호위하고 있었다. 우리네 금강역사상은 해학적 얼굴을 가지고 있어 마음을 편하게 해주는데 일본 것은 무섭고 사실적이어서 좀 낯설었다.

『일본서기』에 따르면 쇼토쿠 태자(성덕태자)가 '귀한 불상이 있는데 이 불상을 모실 자가 있는가? 라고 묻자 신하인 秦河勝(진하승)이 절을 창건해 불상을 모셨다'라는 기록이 있다. 이 일대는 4세기경 신라에서 넘어간 진(秦)씨 일가가 살았던 마을이다. 절의 옛 이름은 太秦寺(태진사)로 태자의 '太(태)'와 진씨의 '秦(진)'이 합쳐진 이름이다. 신라인이 만든 절에 삼국시대 불상을 모신 것은 묘한 인연이 아닐까? 여러 정황상 신라의 불상으로 추정된다. 광륭사는 쇼토쿠 태자가 건립한 일본의 7대 사찰 중에 하나로 교토에서 가장 오래된 사찰이다. 일본의 고찰답게 정원이 잘 꾸며져 녹음 속을 걷기만 해도 마음이 편해진다.

한국 연계관광지

국립중앙박물관 금동미륵반가사유상 상설관

국립중앙박물관에서는 특별상설관을 조성해 국보 제83호와 국보 제78호를 6개월간 번갈아 전시하고 있다. 83호는 단조롭지만 단정한 삼산관과 아래로 길게 늘어진 천의의 조각은 삼국 조각 기술의 최고 걸작임을 말해주고 있다. 얼굴 표정과 옷주름, 자세 등을 보아 광륭사 목불상과 흡사한 점이 많다. 이는 삼국과 일본 간의 교류를 말해주고 있다. 83호는 화려하게 조각한 관을 쓰고, 하체 앞뒤에 규칙적인 문양을 새기고, 허리에 연결된 긴 장식띠가 특징이다. 이런 반가사유상의 양식은 고구려, 백제, 신라 등에서 모두 제작된 것으로 보아 당시 미륵신앙이 유행했던 것으로 추정된다.

일본 국보 1호를 모신 영보전

먼저 아스카 문화를 꽃피운 쇼토쿠 태자를 모신 태자전부터 찾았다. 측면의 현판에는 '奉納聖德太子(봉납성덕태자)' 글씨가 있어 이 절이 쇼토쿠 태자가 세운 절집임을 말해주고 있다. 습기가 많아서인지 건물은 지면에서 한참 떠 있다.

목조미륵반가사유상을 친견하려면 관람료 8천 원을 내야하며, 불상 사진 한 장을 사려고 해도 5천 원이 넘는다. 좀 더 저렴했다면 많은 한국인들이 이곳을 찾을 텐데 그 점이 못내 아쉽다.

성덕태자를 위한 절집임을 말해주고 있다

불상은 '영혼의 보물이 모셔진 전각' 즉 영보전에 모셔져 있다. 고요하고 은밀한 분위기다. 내부는 눈이 침침할 정도로 어둡고 조용해 관람객의 발자국 소리만 정적을 깨뜨릴 뿐이다. 사진을 찍을까봐 눈을 부라리고 있는 관리인의 눈초리가 예사롭지 않다. 더구나 불상은 난간에서 꽤 멀리 떨어져 있어 눈을 크게 떠야 한다. 그럴 만도 한 것이 1980년대 초, 이 불상의 미소에 반한 대학생이 자신도 모르게 불상에 접근하다가 실수로 오른손 새끼손가락을 부러뜨린 사고가 발생했다. 그때부터 불상을 가까이 볼 수 없게 되었다. 그러나 이런 사고를 통해 불상에 관한 새로운 사실이 발견되었다. 부러진 새끼손가락의 재질을 확인했는데 놀랍게도 경북 봉화군의 적송인 춘양목임이 밝혀진 것이다. 아스카 시대 목상들은 거의 녹나무인 데 반해 적송은 이 불상이 유일하다. 일본 학자들은 한반도에서 넘어간 것을 인정하고 싶지 않아 한국산 적송을 가져다가 일본인이 조각했다고 주장한다. 그렇다면 한국의 금동미륵반가사유상과 쌍둥이처럼 닮은 것은 또 어떻게 설명할 것인가? 이제부터 구차하게 한국산이든 일본산이든 따지지 않겠다. 세계 최고의 조각품을 마주한 것에 대해 감동받을 따름이다.

1. 쇼토쿠 태자를 모신 태자전 2. 목조미륵반가사유상을 모신 영보전

광륭사 목조미륵반가사유상

편안하게 불상을 감상할 수 있도록 간이의자가 놓여 있다. 주변이 어두운데 조명이 작품을 비추고 있어 불상에 집중할 수 있어 좋다. 작품의 크기가 123.5cm, 사람의 앉은키와 흡사하다. 한쪽 다리를 걸치고 앉아 있는 품새며, 지긋하게 감은 눈, 오똑한 코, 잔잔한 미소, 튕기는 듯한 수인까지 나무로 깎아 만든 것이 아니라 1,500년 동안 숨을 쉬고 있는 부처 같았다. 반가사유는 태자 시절 석가모니가 인생무상에 대해 고뇌하는 명상 자세를 말한다. 어찌 표정이 이리 맑을까. 한쪽 다리를 걸친 모습에서 美(미)라는 것이 얼마나 편안한 것임을 보여주고 있다. 나는 불교 신자는 아니지만 근심 한 점 없는 무아지경의 표정에서 내가 믿는 신을 마주한 기분이다.

한 젊은이를 충격에 빠뜨렸던 미소를 먼발치에서 보는 것에 만족 못한 나는 난간 가까이 다가갔다. 그제야 나뭇결이 시야에 들어온다. 1,500년 묵힌 나무향이 풀풀 나는 것 같다. 그러나 세월의 무게는 어쩔 수 없나보다. 오른발 무릎에 나무가 갈라져 있었다. 도끼로 맞은 듯한 고통 속에서도 온화한 미소를 잃지 않는 모습에 더욱 감동을 받는다. 암만 뜯어봐도 경주 오릉 부근에서 발견된 국보 제83호 금동미륵반가사유상과 흡사했다. 단 금동이란 재질 때문에 다소 차갑게 느껴졌다면 이 불상은 나무 재질이어서 온화하고 따뜻한 느낌이다. 순천 선암사의 700년 수령 고매화가 매년 꽃을 피운 것을 보고 감격한 적이 있었다. 수많은 중생들이 이 불상의 미소를 통해 마음의 위안을 받았다면 선암사 매화처럼 매일 꽃을 피운 것이나 마찬가지다.

1945년 독일의 실존주의 철학자 야스퍼스가 이 불상을 친견하고는 "고대 그리스 로마시대 예술품은 아직 완전히 인간적인 냄새를 벗어나지 못했지만 이 불상은 모든 시간을 초월해 인간의 존재 중 가장 정화되고 영원한 모습을 보여주고 있다."라고 극찬했다.

국보 제83호 청동불과 이 반가사유상이 나란히 전시된다면 얼마나 황홀할까. 얼마 전 프랑스 파리와 미국 뉴저지로 입양된 한국계 쌍둥이가 25년 만에 유튜브를 통해 기적적인 만남을 가졌다. 아마 자매 상봉 못지않은 감동이 밀려오지 않을까 싶다.

친절한 여행 팁

교토의 북서부는 일정을 묶어 코스를 짜는 것이 효율적이다. 금각사 – 용안사 – 인화사 – 광륭사 순으로 일정을 잡는 것이 좋은데 500엔 일일패스를 구매하면 아무리 버스를 많이 타도 추가 금액을 내지 않는다. 금각사는 3층의 금박 누락을 가지고 있으며 연못에 비친 모습이 감동적이다. 용안사는 하얀 모래와 바위로 조성된 카레산스이 정원으로 유명하다. 벚꽃으로 유명한 인화사는 5층 목탑과 정원이 아름답다. 용안사는 아침 8시에, 금각사는 9시에 문을 연다.

1. 매표소에 걸린 목조미륵반가사유상
2. 목조반가사유상
   모본 부여백제문화단지
3. 광륭사 경내에서 만난 도라지꽃

22
백제 목탑을 만나려면 법륭사를 찾아라

오사카 나라 2박 3일

1일	인천공항 → 간사이공항 → 오사카성 → 도톤보리
2일	난바역 → 법륭사 → 흥복사 → 나라국립박물관 → 동대사 → 이월당
3일	평성궁 → 약사사 → 나라 → 간사이공항 → 인천공항

추천여행 개별여행(항공 이용)
여행경비 70만원(항공 30만 원, 입장료 10만 원, 숙박 10만 원, 기타 20만 원)
여행목적 역사, 문화유산답사, 건축
추천여행 봄, 가을

담징의 금당 벽화

담징이 신라에 머물고 있을 때, 그림을 잘 그린다는 소문을 들은 일본은 사신을 보내 담징을 모셔왔다. 그러나 수나라가 고구려를 침입했다는 소식을 들은 담징은 마음이 고국에 가 있어 도무지 붓을 잡을 수 없었다. 어느 날 을지문덕 장군이 수나라를 물리쳤다는 소식이 전해지자 법륭사로 돌아와 혼신의 힘을 다해 그린 그림이 그 유명한 법륭사 금당벽화다. 이 벽화는 경주의 석굴암과 중국의 용문석굴과 더불어 동양 3대 미술품으로 손꼽히고 있다. 아직도 진품 논란이 있지만 애국심이 묻어나는 이야기는 우리의 가슴을 설레게 만든다. 단 한 곳도 남아 있지 않는 백제시대의 목조 건물은 어떤 모습인지 궁금하다면 고대 불교의 가람의 결정체인 법륭사를 통해 그 온전한 모습을 상상해 볼 수 있다.

법륭사 가는 길

법륭사 역사는 경주역처럼 고풍스럽게 꾸며졌다. 합각지붕 3개를 이어 만든 계단이 인상적이다. 역사 안 관광안내센터에는 한국어를 구사하는 직원이 있으니 사전에 궁금한 사항을 물어보고 이카루카 지역을 담은 한글 지도 한 장 얻으면 코스를 잡는 데 도움이 된다.

법륭사 입구는 일본의 여느 사찰과는 달리 소나무가 도열하고 있다. 합천 해인사 솔숲과 보은 법주사 오리숲처럼 울창하지 않지만 우리네 절집 분위기가 묻어나 좋다. 산사의 진입로는 한국처럼 보일 듯 말 듯 해야 제 맛인데 대패로 민 것처럼 길게 내뻗은 보행로가 눈에 좀 거슬린다. 아침이어서 그런지 싱그러운 솔향이 마음의 때를 씻어준다.

솔숲이 끝나면 남대문이 서 있다. 문을 중심으로 양편에 단아한 베이지색 토담이 양팔을 늘어뜨리고 있었다. 남대문은 액자 틀이 되어 그 안에 중문과 오중탑을 담고 있다. 중문 가는 길은 양편 역시 토담이 도열하고 있어 왠지 무언가에 빨려 들어가는 기분이 든다. 가까이 갈수록 중문과 오중탑은 점점 커지며 급기야 거인 앞에 선 것처럼 몸은 위축된다.

1. 고구려인 담징이 그린 것으로 알려진 법륭사 금당 벽화 2. 고풍스런 분위기의 법륭사역

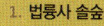

1. 법륭사 솔숲
2. 배흘림기둥을 가진 중문
3. 세계문화유산인 법륭사
4. 일본에서 가장 오래된 금강역사상

1. 삼국시대 가구 구조를 엿볼 수 있는 중문 2. 법륭사 금당 기둥의 목사자상 3. 금당 기둥의 용조각

백제의 건축 구조를 볼 수 있는 중문

중문은 단청이 지워져 짙은 나뭇결이 드러나 자연스러워 보인다. 무늬가 없는 기단 위에는 복층의 중문이 우직하게 서 있다. 강릉 객사문의 배흘림 기둥만큼 배가 불러 건물이 안정감 있게 보이게 해준다. 이 배흘림 기법은 삼국시대 이전부터 사용되었으며 일본 아스카, 나라 건축에 영향을 미쳤다고 한다. 문 양옆에 서 있는 금강역사상은 일본에서 가장 오래된 작품이다. 잘 뜯어보면 복근과 옷주름, 비장한 표정까지 생생하게 묘사되어 있다. 중문은 오중탑과 금당을 지키는 호위무사처럼 든든했다. 살짝 반전을 준 처마도 감동적이다. 중문을 통해 경내로 들어가야 제 맛이건만 매표소가 왼쪽에 자리 잡은 탓에 에둘러 돌아가야만 했다.

일본 최초의 세계문화유산, 법륭사

법륭사는 55동의 건축물과 60여 점의 불상 그리고 조각, 경전, 불구 등 500여 점의 보물을 소장하고 있어 일본 아스카 문화의 보고라고 해도 과언은 아니다. 입장료는 1,000엔으로 1만 원이 훌쩍 넘지만 시간을 두고 곱씹으며 둘러보면 몇 배의 가치가 있음을 알게 될 것이다.

4면에 회랑이 둘러싸여 있으며 가운데 금당과 오중탑이 나란히 서 있다. 오중탑이 상승감 돋보인다면 금당은 넉넉한 품새가 자랑이다. 가요 「향수」의 이동원과 박인수의 화음이랄까. 고구려가 1금당 3탑 구조이며, 신라는 1금당 쌍탑, 백제는 1금당 1탑의 구조를 가지고 있다. 법륭사는 백제가람과 방향만 다를 뿐 1금당 1탑이 양식인 사이인가람이다. 중문을

1. 세계에서 가장 오래된 목조건물인 법륭사 금당
2. 바깥 풍경을 경내로 끌어들이는 역할을 하고 있는 법륭사 회랑
3. 아스카 문화에 영향을 끼친 백제식 와당

가운데 두고 회랑이 중심 가람인 오중탑과 금당을 감싸고 있고 그 뒤편에 강당이 자리 잡은 양식이다.

2004년 법륭사 발굴 조사를 했더니 현재의 동서가 아닌 남북의 약초가람이었다고 한다. 그렇다면 부여 정림사지와 같은 가람배치다. 당시 실력자인 쇼토쿠 태자는 백제 승려인 혜총을 스승으로 모셨고 백제 건축가를 불러 사찰을 세우도록 했으며 법령을 제정해 불교를 국가 통합의 근간으로 삼았다. 거기다 백제 이민자를 받아 들여 자신의 지지기반으로 삼았을 정도로 백제와 친분이 두텁다.

백제 목탑을 상상할 수 있는 법륭사 오중탑

만약 백제가 멸망하지 않았다면 목탑 하나쯤은 남아 있지 않았을까? 하긴 전승국인 신라도 남아 있는 목탑이 없으니 무슨 기대를 걸까? 백제목탑을 보고 싶다면 법륭사 오중탑을 보면 되고, 그것을 고스란히 가져가 익산의 미륵사지 목탑자리에 얹고 법륭사 금당을 올리면 백제 가람이 완성된다. 부여의 백제문화단지에 가면 능산리사지를 복원해 놓았는데 바로 이 법륭사 오중탑을 모델로 삼았다고 한다.

일본에서 가장 오래된 오중탑으로 높이가 무려 31.5m다. 1,400년 동안 딱 두 차례 보수공사만 했을 뿐, 원래의 모습을 고스란히 간직하고 있다. 올라가면서 지붕은 10-9-8-7-6의 비율로 체감하기 때문에 하늘로 날아갈 듯 날렵한 모습이다. 몸돌의 체감률은 우리 탑과 비슷해 정림사5층석탑과 왕궁리5층석탑의 확대판으로 보면 된다.

지붕의 수막새는 백제의 막새처럼 잎새가 도톰하며 연밥이 큼직한 것이 자랑이다. 그래서 온화하고 유연하다는 평을 듣는다. 암막새는 당초문양이 새겨져 있다. 백제의 기와 제작 기술은 신라와 왜에 전해졌다고 하는데 와박사가 있어 아스카 문화에 영향을 끼쳤다는 기록이 남아 있다.

탑의 기초가 되는 기단은 부석사 무량수전 기단처럼 장식이 없다. 동서남북 사방에 문이 있어 동쪽에는 유마거사와 문수보살과의 문답장면이, 서쪽에는 부처 사리의 분할장면이, 남쪽은 미륵보살 설법장면이, 북쪽으로 석가의 열반장면을 묘사하고 있다. 특히 북쪽은 오열하는 제자들의 모습을 실감나게 표현하고 있다.

담징의 벽화가 그려진 법륭사 금당

현존하는 세계 최고의 목조건물로, 쇼토쿠 태자의 극락왕생을 빌기 위해 세워졌다. 쇼토쿠는 나라에서 20km 떨어진 이곳에 궁궐을 짓고 법륭사를 원찰로 삼았다. 화강암을 기단으로 삼고 그 위에 목조건물을 세웠는데 지진이 많은 일본에서 1,400년 동안 무너지지 않은 것은 기적에 가깝다. 지구에 남아 있는 유일한 백제 건축양식이라 할 수 있겠다. 중앙에는 금당의 상징인 석가삼존불이 자리하고 있다. 석가여래를 가운데 모시고 약사보살과 약왕보살을 협시불로 모셨다. 불상에 새겨진 명문을 보면 쇼토쿠 태자를 위해 '안작지리

1. 백제의 목탑을 상상하게 해주는 법륭사 오중탑
2. 법륭사 흙담벼락
3. 하늘에서 내려다볼 때 8잎의 뒷사귀 형상의 종진

일본

나라 법륭사

(鞍作止利)'로 하여금 623년 불상을 제작케 했다는 내용이 나온다. 여기의 안작지리는 바로 백제의 장인이다. 무릎 아래 치렁거리는 옷주름은 부여박물관의 납석여래좌상과 청양 도기좌대와 흡사해 백제의 선진 기술이 현해탄을 건너갔음을 증명해주고 있다.

고구려에서 도래한 담징이 그렸다는 금당벽화는 원래 채색벽화였다. 아미타정토삼존불로, 오른쪽에 이 벽화의 최고 걸작인 관음보살을 볼 수 있다. 안타깝게도 1949년 화재로 소실되어 지금은 칙칙한 흑백으로 바뀌었는데 그것도 화가들이 재현한 모사품이다. 이 사고의 충격으로 1월 26일을 일본 '문화재 방재의 날'을 지정했다. 한국의 문화재 방재의 날은 바로 숭례문화재가 발생한 2월 10일이다. 양국 모두 '소 잃고 외양간 고치는 날'을 삼은 셈이다. 2층에는 목조 난간이 드리워져 있다. 용이 기둥을 따라 휘감아 하늘로 승천하고 있으며 다른 쪽 용은 하강하고 있다. 비늘까지 섬세하게 묘사하고 있으며 용의 수염은 청동으로 말아 올렸다. 모서리마다 재미난 동물이 조각되어 있는데 코끼리가 보이고 복스러운 털을 가진 사자도 있다. 익살스런 귀면은 〈센과 치히로의 행방불명〉에 나오는 요괴를 연상케 한다.

근정전이나 불국사처럼 회랑은 건물의 격조를 높이는 데 일조를 한다. 법륭사 회랑 역시

1,400년 전 모습을 고스란히 간직하고 있다. 'ㅁ'자 모양으로 경내를 감싸며 부속건물들을 연결해주는 역할을 한다. 회랑의 매력은 16:9 크기의 창문에 있다. 자연 채광이 회랑을 밝게 해주며, 바깥 자연풍경을 건물 내부로 끌어들이는 역할을 하고 있다. 강당 중심에 자리한 약사삼존불은 얼굴이나 옷주름이 우리네 불상 양식을 빼닮았다.

비단벌레로 만든 옥충주자

대보장원에는 호류사의 보물들로 가득 차 있다. 거의 국보급 유물로 삼국시대 불상도 만날 수 있다. 그중 옥충주자는 2,563마리 비단벌레의 날개를 붙여 만든 것으로 통영 자개 빛깔이 난다. 그 많은 비단벌레의 날개를 일일이 떼어 낸 것도 대단하지만 그걸 감쪽같이 붙인 것에 혀를 내두를 수밖에 없다. 하단은 부처 전생을 그리고 있는데 배고픈 어미 호랑이에게 몸을 보시하는 내용을 담고 있다. 이런 옥충기법은 삼국시대 금동투각장식에 이용되었고 일본에는 호랑이가 없기에 이 명품 역시 한반도에서 건너 간 것으로 추정하고 있다.

미스 백제, 백제관음상

이번 아스카 여정에서 가장 감동을 준 걸작은 바로 구다라(백제)관음상이다. 이름에서 보듯 일본학자들도 이 관음상이 백제에서 넘어온 걸작임을 인정하고 있다. 백제왕이 쇼토쿠 태자에게 보낸 선물로 추정되는데 단순한 불상이 아니라 1,400년 전 백제 여인의 얼굴을 볼 수 있어 더욱 의미가 있다. 늘씬한 8등신의 몸매에 청초한 얼굴은 가히 '동양의 비너스'라는 칭호를 받을 만하다. 백제에 미인 대회가 있다면 1등을 먹었을 것이다. 하늘하늘한 천의를 입고 있으며, 어깨에 새겨져 있는 문양은 물결이 되어 길게 늘어져 있다. 그 천의 자락은 팔등을 거쳐 다리를 스쳐 연꽃 위에 살포시 얹어진다.

섬세한 투조 보관을 머리에 썼고 다소 길쭉한 얼굴에 가느다란 눈썹의 선, 콧날은 오뚝하

한국 연계관광지

부여의 백제문화단지

백제역사문화의 우수성을 세계에 알리고자 건립한 한국 최대 규모의 역사테마파크로 백제왕궁을 재현한 사비궁과 대표적 사찰인 능사, 생활문화마을, 위례성, 고분공원, 백제역사문화관, 백제의 숲 등이 조성되어 있어 백제의 문화를 이해하는 데 도움이 된다. 정림사지5층석탑은 법륭사 오중탑의 축소형으로 보면 된다. 정림사는 중문, 석탑, 금당, 강당 순으로 일직선으로 배열되어 있으며 경내는 회랑으로 연결되어 법륭사의 가람배치와 흡사하다. 부여박물관에서는 아스카 문화에 영향을 미친 백제 와당과 도기, 불상을 볼 수 있다.

1. 백제 최고의 예술품인 백제관음상 2. 미스 백제의 얼굴을 볼 수 있는 백제 관음상

며 잔잔한 눈웃음과 옅은 입가의 미소는 뭇 남성의 혼을 빼 놓는다. 서산 마애삼존불상의 미소보다 훨씬 세련되었다고 할까. 오른손 팔꿈치는 직각을 하고 있으며 손바닥은 하늘을 향하고 있다. 왼손의 손가락이 키포인트다. 엄지와 검지를 이용해 정병을 살며시 쥐고 있다. 허벅지에 정병이 묻어 있지만 눈 여겨 보지 않으면 알아차리기 힘들다. 가볍게 정병을 쥔 손끝에서 오묘한 생명력이 느껴진다. 군더더기 없는 몸의 자태가 유연하게 뻗어 있으며 연꽃 위에 살포시 서 있다. 물방울 모양의 광배 한가운데에 큼직한 연꽃을 달고 있어 백제인의 너른 마음을 엿보는 것 같다. 광배는 길쭉한 대나무로 연결되어 있어 자연미를 더해 준다.

동원가람의 중심은 몽전(夢殿)이다. 얼마나 좋은 꿈을 꾸었기에 이런 멋진 이름을 가졌을까. 하늘에서 내려다보면 건물은 8장의 잎사귀 형상을 하고 있다. 내부에는 구세관음상이 모셔져 있는데 1년에 두 번 개방한다고 한다. 고문서에 따르면 구세관음상은 백제 위덕왕이 아버지인 성왕을 추모하기 위한 불상으로 백제가 왜의 왕실에 보냈다고 한다. 쇼토쿠 태자의 얼굴이라고 주장하기도 한다. 뒤편 종각은 고구려의 창고인 부경을 닮았다.

> **친절한 여행 팁**
>
> 법륭사는 8시에 문을 연다. 이 개장시간에 맞춰 절을 찾는다면 아무런 방해 받지 않고 백제의 흔적을 찾아볼 수 있다. 1,500년의 유물과 교감하기 위해서는 서두르는 것이 좋다. 3~4시간을 법륭사에 할애하고 오후 일정은 다시 JR 기차를 타고, 10분 정도 떨어진 나라를 둘러보는 것이 좋다. 동선 짜기도 좋고 교통편이 맞아 떨어진다. 단 이른 아침에는 역에서 호류지를 오가는 버스가 다니지 않아 1.6km 정도 걸어야 한다. 20여 분 동안 담장 너머로 일본 가옥을 기웃거리는 맛도 그만이다.

23
백제 장인이 만든 세계 최대의 사찰, 동대사

오사카 나라 2박 3일

1일	인천공항 → 간사이공항 → 오사카성 → 도톤보리
2일	난바역 → 법륭사 → 흥복사 → 나라국립박물관 → 동대사 → 이월당
3일	헤이조궁 → 약사사 → 나라 → 간사이공항 → 인천공항

추천여행 개별여행(항공 이용)
여행경비 70만 원(항공 30만 원, 입장료 10만 원, 숙박 10만 원, 기타 20만 원)
여행성격 역사, 문화유산답사, 건축
추천계절 봄, 가을

삼국시대 고대 문명의 만남, 나라 유적지

여행안내센터에서 받은 나라 지도

'나라' 어감이 참 와 닿는다. 나라라는 지명 앞에 '우리'라는 말을 붙이고 싶을 정도로 백제와 관련이 있다. 나라에서 가장 유명한 건축물인 동대사는 세계에서 가장 큰 고건축물이며 또 세계에서 가장 큰 불상을 가지고 있다. 일본이 작은 것을 좋아하고, 생각이 작다는 편견을 단박에 깨뜨려버린 세계문화유산이다. 그 이면에는 백제의 후손이 있었고 저변에 신라의 화엄정신이 깔려 있다. 1,300년 전 한류가 시작된 나라 지역은 아스카 문화의 발상지로, '일본 속 백제'라고 불러도 손색이 없다. JR 나라역에서 빠져나와 산조도리 길을 걸으면 일본 특유의 작은 상점들을 만나게 된다. 8세기 도읍이 들어섰을 때부터 거리가 형성되었다고 한다. 중간쯤 안내센터가 있으니 잠시 쉬면서 상담하거나 자료를 챙겨도 좋다.

사루사와 연못과 흥복사

흥복사 오중탑이 사루사와 연못에 비치는 모습은 나라 8경에 꼽힐 정도로 멋지다고 하는데 지금은 물이 탁하고 물결이 일어 그 장면을 볼 수 없음을 아쉽게 생각한다. 천황의 총애를 그리워하는 우네메(궁녀)가 스스로 목숨을 끊어, 그녀의 명복을 빌어주기 위해 북쪽에 신사를 세웠다고 한다. 연못을 따라 돌아가면 바로 흥복사 오르는 계단이 나온다.
흥복사는 8세기부터 500년간 세력을 뻗친 후지와라 가문이 창간한 사찰로, 한때는 175개의 부속건물을 품고 있었다고 한다. 그 후 화재와 폐찰로 상당 부분이 잘려 나갔다. 1870년 메이지유신 때는 억불정책이 일어 수많은 고서적이 불쏘시개로 쓰였고 3층탑은 30엔, 5층탑이 250엔으로 팔려나갈 위기에 놓일 정도로 심각한 종교 탄압을 받았다. 흥복사 5층석탑은 유네스코 세계문화유산으로, 화순 쌍봉사의 대웅전을 닮았다. 키가 50.8m로 늘씬한 자태가 자랑인데 언덕에 위치해 연못에서 보면 더 높아 보인다.

나라공원과 나라국립박물관

나라공원은 드넓은 잔디공원으로 그 안에 사슴이 자유롭게 뛰놀고 있다. 전설에 의하면 이곳에 신사를 창건하고 신을 초대했는데, 그 신이 흰 사슴을 타고 온 것을 보고 그때부터 사슴을 키웠다고 한다. 사슴은 주로 풀과 대나무 잎, 산초나무 순을 먹는데 개체가 늘어나 지금은 사람이 주는 센베로 살아간다. 그러나 위험 경고판이 있을 정도로 사슴이 달려드니 안전에 유의해야 한다.
나라국립박물관 본관은 르네상스양식을 가졌으며 도쿄박물관, 교토박물관과 더불어 일본

1. 사루사와 연못과 흥복사
2. 르네상스양식을 가진 나라국립박물관
3. 비보차원에서 조성된 동대사 금강역사상
4. 일본에서 가장 큰 산문인 동대사 남대문

3대 박물관 중 하나로 손꼽힌다. 1895년에 개관했으니 100년이 훌쩍 넘는다. 본관에는 불상관이 전시되어 있는데 아스카 시대부터 가마쿠라 시대까지 일본을 대표하는 불상을 만날 수 있다. 고려의 불상도 볼 수 있다. 봄가을에는 정창원 특별전시를 하니 불교미술에 관심이 있다면 이 시기를 맞춰서 찾으면 된다. 개관시간은 오전 9시 30분~오후 5시 매주 월요일 휴관.

세계 최대의 사찰인 동대사

유네스코가 지정한 세계문화유산 동대사는 '동쪽에 큰 절'을 의미한다. 나라는 710년 헤이조궁(平城宮)이 조성되면서 도읍이 되었고 784년 교토의 나가오궁으로 천도할 때까지 일본의 도읍지였다. 710년이면 신라 선덕여왕 9년에 해당되니 신라 화엄종과 깊은 관련이 있다 하겠다. 남대문과 중문 그리고 대불전이 있으며 다양한 부속건물을 가지고 있다.
남대문으로 향하는 길에 1,500여 마리의 방목된 사슴이 있어 운치를 더해주고 있다. '대화엄사' 현판이 걸려 있는 남대문은 일본에서 가장 큰 산문으로, 주눅이 들 정도로 크다. 아무래도 대불전의 규모에 맞추다보니 이리 거대한 문을 만든 것 같다. 문의 높이가 25.4m다. 21m에 달하는 기둥 18개를 사용했다. 창건 당시 만들었던 문은 태풍으로 쓰러졌고 이 문은 1119년 재건했다고 한다. 5칸 중층 건물로 마지막 양쪽 칸에 목조금강역사상을 모시고 있다. 800년 전에 만들어진 금강역사상은 8.4m 거인으로 육중한 몸매도 놀랍지만 근육과 표정 등 사실적 표현과 역동성에 입이 다물어지지 않는다. 일본 역사교과서에도 등장할 정도로 걸작인데 흥복사와 동대사가 화재로 인해 어려움을 겪자 비보 차원으로 금강역사상을 조성했다고 한다. 2개의 나무를 붙였기에 거대한 크기로 만들 수 있었다. 남대문을 유심히 보면 천장이 없는 구조다. 바로 송나라 천축양식이다.

세계 최대의 전각, 대불전

중문 들어가기 전, 거울처럼 맑은 연못인 '경지'가 자리하고 있다. 중문과 대불전의 반영을 볼 수 있어 신라의 아사달, 아사녀의 무영탑 설화가 떠오른다. 붉은 단청의 중문에는 긴 회랑이 놓여 있어 사찰의 권위를 높여준다. 중문에서 바라본 대불전은 입이 딱 벌어질 정도로 거대했다. 바티칸의 성 베드로 대성당을 마주했을 때 그 웅장함에 오금이 저렸는데 동대사에서도 같은 충격을 받았다. 대불전 앞 석등이 놓일 자리에 팔각등롱이 서 있다. 하늘거리는 천의를 입은 보살은 피리를 불고 있는데 그 표정이 사뭇 진지하다. 마름모꼴의 창살도 정교하며 구름문양과 당초문양 등으로 천상을 표현하고 있었다.
높이 48m, 가로 57m, 세로 50m 동대사 대불전은 세계에서 가장 큰 목조건물로, 오늘날 15층 건물에 해당된다. 여러 번 화재로 소실되었다가 1709년에 예전 크기의 3분의 2 규모로 축소해 다시 지었다고 하니 중문 앞에서 대불전 크기를 가늠해보는 것도 괜찮다. 눈에 거슬리는 것은 투구모양의 '당파풍'이다. 짐승이 입처럼 보여 단아한 건물과는 어울리지 않는 것 같다. 중국 송나라 때 유행했던 양식으로 오늘날 일본 고건축에 정형화되었다.

백제인의 땀방울

동대사는 일본 화엄종의 총본산으로 서대사, 흥복사, 법륭사 등 나라의 7대 사찰 중 하나로 손꼽힌다. 이렇게 큰 사찰을 조성하려면 자본과 기술이 있어야 하는데 선도적 역할을 한 사람은 백제인인 행기와 양변이다.

왕인 박사의 후손으로 알려진 행기 스님은 일본 최초의 큰 스님으로, 대중포교와 서민을 돕는 일에 힘써 살아 있는 보살로 추앙받고 있다. 그는 동대사 대불조성 모금운동을 주도했지만 안타깝게도 사찰의 완성을 보지 못하고 열반에 든다. 뒤를 이은 양변 스님은 동대사 건설을 마무리해 동대사 최초의 주지스님이 된다. 양변은 백제인의 후손으로 어렸을 때 솔개에 채여 행방불명되었다. 나라 땅에서 솔개에 의해 키워졌고 덕망 높은 스님에게 발견되어 훗날 화엄학의 대가가 되었다고 한다. 이 설화는 왕인 박사 유적지가 있는 영암 구림

1. 거울처럼 맑은 연못 경지와 동대사 전경
2. 동대사 주 출입문
3. 세계 최대의 목조건물인 대불전

1. 청동주물로 만든 세계 최대의 불상인 동대사 대불
2. 기둥을 통과하면 머리가 좋아진다고 해서 학생들이 줄을 서고 있다
3. 동대사 대불
4. 손바닥에 16명이 앉을 수 있을 정도로 규모가 큰 동대사 대불

리의 도선국사 설화와 흡사해 서로 연관성이 있지 않나 싶다. 대불전 오른쪽으로 이월당 가는 길에 위치한 행기당과 개산당은 바로 이 두 분을 모신 사당이다. 대불전을 건축할 때 총책임자는 고구려 사람인 고려 복신이었다고 한다. 동대사에 삼국인의 예술혼이 깃들어 있다고 해도 좋을 것 같다.

동대사 대불

불국사, 석굴암과 같은 시대에 대불이 세워졌다는 것은 이 시기가 동북아 르네상스였음을 말해주고 있다. 비로자나불은 높이 16.2m, 얼굴 길이 4.8m, 손 길이가 3.6m, 무게만 425톤에 달한다. 고구려의 기상과 백제의 정교함이 녹아 있는 불상은 청동으로 제작되었으며 철불처럼 부분 제작해 붙인 것이 아니라 주물로 통째로 만들었다하니 그 거대함에 압도당한다. 해마다 8월 7일에 불상 닦기 행사 때는 250명의 스님들이 동원되는데 자일에 매달려 부처님 세수시키는 장면은 장관이란다.

오똑한 콧날, 굳게 닫은 입술 등 영화배우 뺨칠 정도 잘생겼다. 불상 제작할 때 가장 힘든 부분이 손가락이라 하던데 손톱은 물론 손마디까지 세밀하게 묘사하고 있다. 이 손바닥에 무려 16명이 앉을 수 있다고 한다. 대불의 광배는 뒤쪽 기둥에 철심으로 연결해 힘을 분산시켰다. 광배 뒤쪽에도 구름문양과 연꽃을 새겨 넣어 보이지 않는 곳까지 신경을 썼다. 광배에 붙어 있는 화불은 웬만한 법당의 불상 크기와 맞먹는다.

48m나 되는 기둥은 연꽃 수줏놀이 받치고 있다. 기둥 한 곳은 가로 30cm, 세로 36cm 크기의 구멍이 뚫렸는데 대불의 콧구멍 크기와 같다고 하니 온몸으로 대불의 크기를 체감해 볼 수 있다. 이곳을 통과하면 머리가 좋아지거나 1년간 액땜이 된다는 전설 때문에 수많은 학생들이 줄을 서며 통과를 기다리고 있다.

한국 신을 모신 가라쿠니 신사와 일본의 3대 명종

다시 경내를 벗어나 왼쪽으로 꺾어지면 이월당 가는 오솔길이 나온다. 이곳에는 辛國社(신국사) 즉 '가라쿠니' 신사가 자리하고 있다. 신사 이름에 매울 신(辛)을 붙인 것은 이례적인데 이는 韓과 辛의 발음이 '가라'이기에 후대에 한반도의 의미를 없애기 위해 한자를 바꾼 것이다. 사당에 모신 한국 신은 역병이 돌면 치유하는 능력을 가졌다고 해서 많은 신도들

은근히 곱씹어봐야 할 유적이 많으니 나라에 최소한 이틀 일정을 잡고 구석구석을 둘러봐야 한다. 나라역 관광안내센터에 가면 한글로 된 나라시 관광지도가 있는데 무척 짜임새가 있다. 나라시 전체 지도가 있어 만약 자전거를 빌린다면 유용할 것 같다. 뒷면은 워킹맵으로 긴테스 전철역과 나라 전철역 인근 관광지를 담고 있어 하루 코스로 나라를 왔다면 도보 길 코스 잡기 그만이다. 개관시간, 버스 노선도, 버스 승차장 위치는 물론 화장실의 위치까지 자세히 나와 있다. 이틀 코스라면 1일 자유승차권을 구입하면 시내버스로 나라 전 지역을 저렴하게 둘러볼 수 있다. 1일 500엔.

이 찾았다는데 지금은 주황색 도리만 있을 뿐 거의 폐허가 되어버렸다. 좀 더 언덕을 오르면 새가 훨훨 날 것 같은 종루가 나온다. 다른 곳과 달리 날렵한 처마가 특징인데 종소리가 날개를 달고 멀리 퍼지라는 의미를 가지고 있다. 범종은 26.3톤으로 일본 3대 명종 중에 하나로 국보로 지정되어 있다.

이월당 언덕을 따라 오르면 왼쪽에 이월당, 오른쪽은 삼월당이 자리하고 있다. 삼월당(법화당) 내부에는 나라 시대를 대표하는 불상이 모셔져 있으니 놓치지 마라. 동대사는 대불전만 있는 것이 아니라 우리네 암자처럼 부속 사찰을 자식처럼 거느리고 있다. 일반 신도들은 이 많은 사찰 중에서 어느 사찰을 가야 할지 모르기 때문에 작은 절집 이름을 이월당, 삼월당, 사월당 등 월별로 이름 지어 기도처를 정했다고 한다.

오른쪽으로 넓은 계단을 따라 올라가 이월당 본전에 참배하고 왼쪽 회랑을 따라 내려오면 된다. 폭이 넓은 계단에는 구름, 벌집 등 독특한 문양이 음각되어 있으니 놓치지 마라. 법당 앞에 서면 난간 뒤로 개산당, 행기당 등 대불을 조성했던 백제고승을 모신 건물과 대불전이 보인다. 그 뒤로 나라의 너른 들녘이 파노라마처럼 펼쳐진다. 특히 해 질 무렵이면 나라는 온통 황금빛으로 물든다. 그걸 보기 위해 관광객이 난간에 앉아 있다. 이월당에서 동대사 뒤쪽으로 놓인 길은 잘 다듬은 박석길로 담백한 토담과 잘 어울린다.

1. 동대사의 걸작인 팔각등롱
2. 이월당에서 바라본 나라 시내

1. 나라 일대를 한눈에 내려다볼 수 있는 이월당
2. 이월당에서 동대사 가는 길은 박석길과 토담길로 꾸며졌다

일본 나라 동대사

277

24
부산에서 70분, 대마도에서 한국 혼을 찾다

대마도 1박 2일

| 1일 | 부산국제여객터미널 → 히타카츠항 → 미우다해수욕장 → 일러우호기념비 → 이즈하라 |
| 2일 | 덕혜옹주기념비 → 수선사 → 만재키바시 → 한국전망대 → 히타카츠항 → 부산국제여객터미널 |

추천여행 패키지(선박 이용)
여행경비 40만 원(패키지 35만 원, 기타 5만 원)
여행성격 등산, 역사, 문화답사, 생태
추천계절 사계절

한국에서 가장 가까운 해외, 대마도

한국에서 배 타고 70분 만에 다른 나라 출입국사무소에 도장을 받을 수 있는 곳이 대마도 말고 또 있을까? 오전 9시 부산항을 출발해 10시 10분 대마도 히타카츠항에 도착한다. 한국전망대, 미우라 해수욕장을 감상하고 나루타키 숲 산책을 하고 나서 4시 배에 올라타면 5시 10분에 부산항에 도착한다. 거기다 자갈치시장에서 활어회 한 접시 즐기고 갈매기 울음소리 들으며 시장 구경까지 하고 난 후 부산역에서 밤 8시 30분 KTX를 타면 11시면 서울역에 닿는다. 서울서 출발해 하루에 일본을 다녀온다는 것이 꿈만 같지 않은가.

대마도는 부산에서 가깝다보니 가는 이유도 다양하다. 바다를 발아래 두고 산행을 하려는 등산객이 있으며 태종대로 데이트 하러 가듯 바다를 거니는 연인들도 있다. 비자문제로 해외에 한 번은 나갔다와야 하는 외국인노동자들에게는 대마도야말로 최적의 해외다. 눈살을 찌푸리게 여행객도 있다. 출발 며칠 전 인터넷이나 한국면세점에서 잔뜩 쇼핑하고 면세품 인도장에서 수십 개 쇼핑백 물건을 인도 받고 대마도에 도착해서는 여객터미널에서 멍하니 앉았다 온다. 짐을 지켜야 하니 여행은 언감생심. 쇼핑백을 지키는 모습이 안쓰럽게 보인다.

한국전망대, 만관교, 덕혜옹주봉축비, 최익현순절비 등 질곡의 역사를 간직한 한국 관련 여행지가 여럿 있으니 최소한 1박 2일 일정을 잡아야 한다. 화려하고 감각적인 것을 보겠다면 대마도에 갈 필요가 없다. 한일 간 샌드위치처럼 낀 대마도의 역사를 알아야 이 섬의 진수를 느낄 것이다. 대마도 사람들은 독도영유권과 맞물려 한국에서 일고 있는 대마도영유권 주장을 예민하게 받아들이고 있다. 거문고 마을의 '백제에서 온 1,500년 수령 은행나무'에서 백제라는 말을 빼놓았고 이즈하라 항구에는 '일본 고유의 영토 쓰시마'라는 문구를 새로 걸어놓았을 정도로 대마도는 한국 지우기 운동이 한창이다.

1. 상대마 히타카츠항까지 70분 코비호 2. 대마도 가는 배는 오륙도 옆을 지난다

1. 일본 고유의 영토임을 명시한 안내판 2. 부산을 바라보고 있는 한국전망대

대마도를 향해

대마도 가는 배는 호주 오페라하우스를 닮은 부산여객터미널에서 출발한다. 부산의 신항만을 지나 오륙도 옆을 스쳐가니 6개의 섬을 전부 볼 수 있다. 코비호 내부는 우리네 연안여객선과 흡사한데 매일 번갈아 가며 대마도와 후쿠오카를 오간다. 후쿠오카도 2시간 20분밖에 걸리지 않으니 백령도보다 가깝다.

코비호는 45노트, 시속 83km로 내달린다. 비행기 제트엔진을 달아 고속으로 달리기 때문에 안전벨트를 매야 한다. 거기다 FLAP을 달아 운항 시 수면 위로 달리기 때문에 아무리 파도가 쳐도 선체의 동요가 없는 것이 특징이다. 배 구경하고 있는데 벌써 대마도가 아른거린다.

"니 조오련하고 바다거북하고 수영시합하모 누가 이기는지 아나?"

영화 〈친구〉에 나오는 대사다. 1980년 8월 11일 조오련 선수는 부산 다대포 앞바다에 뛰어 들어 대마도까지 53km, 13시간 만에 주파했다. 대한해협은 조류가 세고 파도가 거센데 오로지 두 팔로 헤엄쳐 갔으니 존경스러울 따름이다. 히타카츠항은 대마도 북쪽 내만 깊숙이 항구가 조성되어 태풍에도 거뜬히 견딜 수 있다.

한국전망대

순전히 한국인관광객을 위해 만든 정자로 파고다공원 정자를 본떠 만들었다고 한다. 무궁화까지 심어 한국인의 기분까지 맞춰주었다. 내부에는 한국과 대마도 관련 역사가 전시되어 있다. 조선통신사는 이곳을 거쳐 후쿠오카까지 가서 일본의 해안선을 따라 오사카, 교토, 나고야, 도쿄까지 장장 6개월에 걸친 문화전도 여행하게 된다. 대마도는 부산에서 49.5km, 일본 후쿠오카에서는 145km. 지정학적 위치나 거리를 봐도 한국에 가깝다.

88%가 산이며 리아스식 해안선 길이가 915km로 제주도의 3.6배에 달한다. 척박한 데다가 경작할 땅이 없어 조선에서 교역을 끊으면 그냥 굶어 죽어야 했다. 유일한 방편은 해적질. 이에 견디다 못한 세종은 이종무 장군을 내세워 전함 227척 군졸 1만 7천2백 명이 바

해수욕장 중의 하나인 미우라해수욕장

다 건너 대마도를 정벌해 적선 129척과 1,940호의 집을 불태웠고 중국인 포로를 구출해냈다. 조선의 조정도 해적 때문에 골치 아파 무역항(부산, 울산, 마산)을 개방해 그들이 교역할 수 있도록 숨통을 트여 주었다. 그 후 대마도는 조선과 본섬 사이에 중개무역으로 먹고 살았다.

조선역관순난지비

오늘날 외교관인 조선역관사절단은 50회 이상 대마도를 찾았는데 1703년 대마도 와니우라를 눈앞에 두고 역관사를 포함해 112명이 목숨을 잃은 사고가 발생했다. 조난당한 바다 위 언덕에 '조선역관순난지비'를 조성해놓았다. '에도 쇄국체제하에서도 일본이 유일하게 국교를 유지한 나라가 조선으로, 한일교류의 새로운 시대를 맞아 성신지교린 정신으로 순사한 일행의 넋을 위로하고 양국 간 영원한 우호증진을 위해 이 비를 세운다.'라고 적혀 있다. 근처에는 3천 그루의 이팝나무가 자라고 있으니 5월 초순이면 이 일대가 설산처럼 하얗게 변해 그 시기에 맞춰 찾는 것도 괜찮다. 이팝나무는 대마도의 시목이다.

1. 나가사노유 온천
2. 러시아 발틱함대 수병이 상륙하자 주민이 음식과 잠자리를 제공한 것을 기려 도고가의 은해의교라는 휘호를 내렸다
3. 미우라해수욕장 바로 옆은 야영장
4. 풍랑으로 조선인 112명의 목숨을 잃은 사건을 추모하는 조선역관순난지비
5. 도고사키 일본 해전 기념비

1. 조선통신사를 맞이하기 위해 세운 고려문
2. 노거수가 많은 대마도
3. 대마도 카스텔라인 카스마키
4. 일본식 라면
5. 자전거 렌털

미우라해수욕장

미우라해수욕장은 일본 해수욕장 100선 중 하나로 에메랄드 바다색이 자랑이며 가운데 그림 같은 섬이 있다. 해변의 길이는 240m, 그 규모는 작지만 조가비 성분을 지닌 천연백사장을 가지고 있으며 수심이 얕고 깨끗해 아이들이 물놀이하기 좋다. 해수욕장 옆에는 잔디밭, 야영데크, 개수대 등 부대시설을 잘 갖춘 야영장이 마련되어 있다. 일본의 비싼 숙박비를 절감하려면 야영을 하는 것도 방법이다. 원목데크와 잔디를 가지고 있으며 바로 옆에는 바다를 조망하며 온천을 즐길 수 있는 나기사노유 온천이 있다.

이순신의 학익진 전법과 도고 턴

러시아 발틱함대가 대패를 당한 곳이 바로 대마도 바다다. 러일전쟁은 조선을 집어삼키려는 러시아와 일본 제국주의 사이에서 일어난 야욕 전쟁으로 봐야 한다. 러시아는 태평양 진출을 위해 부동항인 조선이 필요했고 일본은 대륙진출을 위한 교두보가 필요했다. 이에 일본은 1904년 2월 뤼순항을 기습공격했고 러시아 함대가 주축이 되어 반격에 나섰다. 1904년 10월 15일 로제스트벤스키가 지휘하는 발틱함대는 러시아 발틱해를 출발했지만 영국의 방해로 수에즈 운하를 통과하지 못하고 아프리카 대륙 남쪽 끝 희망봉을 돌아가야만 했다. 영국 식민지인 인도에서의 냉대, 인도차이나 반도에서는 프랑스의 방해로 극도로 피곤한 상태로 극동까지 오게 되었다.

한편 내나노 내만에 함대를 숨긴 일본함대는 발틱함대가 다가오길 기다렸다. 1905년 5월 27일 새벽 4시 적을 발견했고 새벽 5시 진해에 있었던 일본함대가 출항했다. "황국의 흥폐, 이 전투에 달려 있다."라는 명언을 남긴 도고는 양측이 1.1km 거리에 이르자 '丁'자 전법을 구사했고 러시아 함대는 그곳에 꼼짝없이 갇혀 침몰 또는 나포를 당했다. 이 전투로 인해 세계는 경악했고 안타깝게도 조선은 일본의 손아귀에 들어가게 되었다. 아이러니하게도 丁자 전법, 즉 '도고 턴'은 바로 이순신 장군이 한산도대첩 때 사용했던 '학익진 전법'이었다.

일러 우호 기념비

도노사키 공원에는 전쟁영웅 도고가 패전 후 병석에 누워 있는 로제스트벤스키 당시 발틱함대 사령관을 찾아가 위로하는 장면이 그려져 있다. 전쟁을 잊고 앞으로 사이좋게 지내자고 손을 내민 것이 우호평화비인데 오늘날 역사 왜곡을 일삼는 일본의 양면성을 보게 해준다. 전쟁영웅 도고에게 미해군사관학교 생도들이 찾아왔고 가장 존경하는 인물이 누구냐고 물었다고 한다.

"조선 수군을 지휘한 이순신 제독이다."라고 대답했다. 사관생도는 처음 듣는 이름이기에 자세히 묻자,

"이순신은 해군 역사상 가장 위대한 제독이며 이순신과 비교했을 때 나는 하사관도 못된

다. 나와 넬슨을 비교하는 것은 용서하지만 이순신과 비교하는 것은 용서할 수 없다."라고 칭송할 정도로 이순신 장군을 롤 모델로 삼았던 것이다. 이순신이 구사했던 전법으로 러시아에 승리를 거둔 일본이 조선을 집어삼켰으니 역사의 아이러니가 아닐 수 없다. 오늘날 이순신 장군의 이야기는 일본자위대 해상교과서에도 실렸다고 한다.

덕혜옹주 결혼봉축기념비

이즈하라의 대마역사민속자료관에는 대마도 관련 유물과 역사 그리고 조선통신사 관련 그림을 전시하고 있다. 자료관 입구에는 조선통신사 일행을 맞이한 고려문이 자리하고 있으며 한쪽에 조선통신사비가 서 있다. 근처에는 비운의 여인 덕혜옹주의 결혼봉축기념비가 서 있다. 덕혜옹주는 고종의 막내딸로 후궁인 양귀인 사이에서 태어났다. 고종의 네 딸이 일찍 목숨을 잃어 옹주는 외동딸로 귀여움을 독차지했다.

옹주는 14세의 나이에 유학이란 명목으로 동경에 보내졌다. 어머니의 죽음을 맞이해도 찾아가지 못할 정도로 아픔을 겪었는데, 일본에 의해 대마도 영주인 다케유키 백작과 정략결혼을 하게 된다.

실제 결혼생활은 동경에서 했으며 대마도 영주였기에 1931년 이즈하라에 결혼기념비가 세워졌다. 일본에서의 유학, 남편과의 갈등과 이혼 등으로 정신분열증이 발생, 악화되었고 딸 정혜미사까지 자살을 해 정신은 더욱 황폐화되어 결국 정신병동에서 살아야만 했다. 해

1. 이즈하라에 자리한 덕혜옹주 봉축기념비 2. 최익현 순국비

> **Storytelling**
>
> **한류의 원조 조선통신사**
>
> 1607년 대마도에 첫 번째 조선통신사가 파견된 후, 200년 동안 12차례 통신사가 방문해 문자, 예술, 학문 등 한일 간의 교류의 장을 열었다. 이즈하라 시내 하천 난간에는 조선통신사 행렬도를 볼 수 있다. 통역, 문인, 화원, 악사, 의원 등 총 300~500명에 이르는 대규모 사절단으로 에도까지 왕복 6개월~9개월이 걸린 대장정을 벌였다. 일본인들에게 시와 글씨를 써주었으며 취타행렬, 춤과 마상재 공연 등 선진문화를 소개했고 그걸 보려고 일본인들이 구름처럼 몰려들었다니 원조 한류라 할 수 있다. 일본 막부가 막대한 비용을 들여 통신사를 접대했으며 해로와 육로를 통해 조선의 선진기술이 전파되었다. 쓰시마 시청 골목에는 서산사(西山寺)가 자리하고 있다. 조선통신사가 대마도를 통해 일본으로 오갈 때 숙박지였으며 지금도 유스호스텔로 활용하고 있다니 하루쯤 이곳에 묵으며 조선통신사의 여정을 그려보면 어떨까?

방이 되지만 고국으로 돌아오지 못했고 정권으로 바뀐 1962년 귀국해 양덕혜로 살다가 1989년 창덕궁 낙선재에서 76세로 한 많은 삶을 마감하게 된다.

면암 최익현 선생의 순국비가 있는 수선사

백제의 비구니가 지은 절인 수선사에는 면암 최익현 선생의 순국비가 있다. 대쪽 같은 성품을 지닌 선생은 1905년 외교권이 박탈당하자 항일의병운동을 일으켰다. 중과부적으로 패전해 1906년 대마도로 유배되었다. 양심의 보루였던 선생을 국내로 귀양을 보내면 의병운동이 다시 일어날 것을 우려한 일본은 대마도로 유배를 보낸 것이다. 선생은 유배된 뒤 일본이 주는 음식이라 거절해 단식을 하였지만 제자들의 간청으로 3일 만에 단식을 중단했다. 그렇지만 고령과 쇠약한 몸이 악화되어 몇 달 후 숨을 거두었다. 1986년 양국의 유지들이 순국비를 건립했다.

> **친절한 여행 팁**
>
> 코비호, 비틀호, 오션플라워호 등 대마도행 배는 매일 뜬다. 선사 간 경쟁이 치열해 여행사 홈페이지를 뒤지면 왕복 3만 원짜리 배표까지 구매할 수 있으며 9만 9천 원이면 상대마 당일 버스투어까지 할 수 있다. 서울역에서 5시 30분 KTX 첫차를 타면 부산역에 8시 17분에 도착하니 택시를 타고 달려가면 대마도행 9시 배를 탈 수 있다. 서울역에서 부산역까지 22시 50분에 무궁화호 기차(28,600원)를 타면 부산에 4시에 도착한다. 여객터미널에서 배회하다가 배에 오르면 되는데 몸이 피곤하다. 전날 미리 도착해 광복동, 보수동 책방거리, 용두산 공원 등 일대를 둘러보고 여객터미널 5분 거리의 도요코인에 묵고 아침에 배에 올라타면 알찬 여행을 할 수 있다. 여행박사(www.tourbaksa.com), TNT투어(www.tnttour.co.kr), 조이로드(www.joyroad.co.kr) 등 대마도 전문 여행사가 있다. 되도록 당일보다는 1박 2일 상품을 권한다. 대마도가 우리 땅이라고 생각하고 여권을 챙기지 않는 사람이 있는데 그러면 절대로 갈 수 없다.

25
바이욘의 미소, 앙코르와트에서

앙코르와트 4박 5일

1일	인천공항 → 시엠립국제공항
2일	앙코르와트 → 앙코르톰 → 타프롬 → 프놈바켕 일몰
3일	반테이스레이 → 앙코르국립박물관 → 왓트마이(킬링필드)
4일	톤레삽 호수와 수상촌 → 재래식시장
5일	시엠립국제공항 → 인천공항

추천여행 개별 또는 패키지
여행경비 90만 원(항공 50만 원, 입장료 10만 원, 숙박 20만 원, 식사 10만 원)
여행성격 역사, 문화, 종교
추천계절 겨울

1. 신계와 인간계를 구분하기 위한 경계선인 해자 2. 조금의 틈새도 허용하지 않고 돌을 이어 붙인 회랑 부조

앙코르와트를 만나면서

불교의 발생지는 인도지만 인도의 불교도는 소수에 불과하다. 세계 3대 불교 유적지인 캄보디아 앙코르와트, 인도네시아 보로부두르, 미얀마의 바간 등 모두 동남아시아에 자리하고 있다. 특히 앙코르와트는 처음에는 힌두교 사원이었지만 크메르 제국이 불교를 받아들이면서 불교사원으로 바뀌어 지금은 한국인이 가장 많이 찾는 유적지가 되었으며 불자들이 꼭 가봐야 할 성지순례지다. 캄보디아와 북한의 관계는 형제 국가 이상이다. 1970년 시아누크 전 국왕이 쿠데타로 실각을 한 뒤 찾은 곳이 북한의 평양이며 김일성 주석은 자신의 관저인 주석궁을 본뜬 커다란 저택을 지어주는 등 극진한 대우를 했다고 한다. 북한은 최근에 1,500만 달러를 투입해 시엠립에 그랜드 파노라마 박물관을 조성했다. 앙코르와트에 등장한 크메르 사람들의 일상 모습을 벽화로 그려놓았다.

내게 앙코르와트는 아껴 둔 여행지였다. 인간이 신의 영역에 침범한다는 생각이 들었기에 앙코르와트를 찾지 않았는지도 모른다. 어느 날 갑자기 앙코르와트를 애타게 가고 싶어졌다. 내 몸에 흐르는 소우주의 근원을 찾아가려는 회귀본능이 나를 일깨웠는지 모른다. 그곳을 이해하기 위해 여러 책들을 탐독하고, 생각하며 나름 열심히 공부했지만 막상 앙코르와트에 들어서는 순간 아무것도 떠오르지 않았.

'그래, 모든 것을 다 잊자. 하얀 여백에 나만의 신화를 그려 넣는 거야.'

해자와 정문

본 건물을 보기도 전에 앙코르와트를 감싸고 있는 해자에 그만 기가 죽어버렸다. 폭 200m, 길이 5km나 이어진 해자가 사원을 감싸고 있다. 해자의 물은 대양을 의미하기도 하기도 하고 '신계와 인간계를 구분하기 위한 경계선'이라고도 한다. 하긴 기독교에서도 물로 세례를 베풀지 않았던가? 물은 이렇게 신성하며 마음을 차분하게 해준다.

1. 메루산을 상징하는 탑
2. 물에 비친 앙코르와트 신전
3. 서민의 일상을 볼 수 있는 투견 장면
4. 선신과 악신이 우유의 바다를 휘젓고 있는 모습을 담은 벽화

앙코르와트의 해자는 적의 침입을 방지할 뿐 아니라 농번기 때는 저수지 역할을 한다고 한다. 놀라운 것은 성전 자체가 물 위에 지어졌다는 것. 그래서 더욱 신비롭다. 해자는 우기 때 사원에 떨어진 빗물을 모아 지하수면의 상승을 억제하고, 건기 때는 흙이 해자의 물을 흡수해 지하수면을 일정하게 유지하게 해준다. 이런 과학적 장치 때문에 사원은 물에 뜬 배처럼 유지해 물의 압력으로 건물이 무너지거나 뒤틀리지 않게 되었다. 천년을 버티게 해준 원동력은 바로 해자에서 찾아야 한다.

해자를 가로지르는 다리는 250m나 이어지고 있다. 다리 양쪽에는 용으로 상징되는 5마리의 뱀과 사자가 사원을 수호하고 있다. 경내의 규모는 항공모함 백 대를 합친 것보다 크다고 한다. 땅을 판 뒤 모래로 메우고, 돌을 깐 다음 모래를 덮어 표면을 고르게 했다. 다리를 건너면 4.5m 높이의 주벽이 서 있으며, 출입문은 동, 서, 남, 북 각각 하나씩 놓여 있다. 정문인 서문만은 5개의 문이 있다. 맨 가장자리 2개의 문은 코끼리와 기마부대가 들어가는 문이어서 문턱이 없다. 문마다 불상이 모셔져 있고 순례객의 참배가 이어져 은은한 신앙의 향기가 코끝을 스친다.

앙코르와트의 과학

남북의 길이가 1.5km. 그 거대한 건물은 틈 사이로 빗물이 새어나올 수 있을 텐데 단 1mm의 틈새도 허용하지 않았다. 아래 벽돌과 위 벽돌은 면도날로 자른 것처럼 이음매가 완벽하다. 표면이 거친 사암에 물을 뿌리고 문지르면 표면이 매끄러워진다. 회반죽 없이 그걸 정교하게 끼워 맞췄던 것이다.

앙코르의 유적을 복원한다고 일본인들이 첨단 기계와 기술을 동원해 복원을 마쳤건만 건물이 자꾸 기울어진다는 소식에 씁쓸함을 지울 수 없다. 출입문을 지나면 신전으로 향하는 참배길이 이어진다. 다리 중간에 나가상이 호위하고 있다. 성큼성큼 걸어갈수록 신전은 커지고 내 심장소리는 요동치고 있었다.

어디서 보든 앙코르와트의 자태는 눈부셨다. 힌두교에서 말하는 천상의 산인 메루산과 주변의 산이 솟아 있기 때문이다. 이는 신전으로 만든 히말라야산으로 봐야 한다. 신전을 중심으로 좌우에 각각 연못이 하나씩 놓여 있다. 물에 비친 메루산은 연꽃 봉오리를 닮았다. 이는 신왕의 권위를 상징한다. 정면에는 탑이 3개밖에 보이지 않지만 측면 연못으로 가면 5개의 탑을 볼 수 있으니 이곳이 사진포인트다.

끝없는 시간여행, 회랑부조

벽면을 가득 메운 부조들은 놀랍도록 풍부한 원근감을 표현하고 있다. 2.3cm 깊이의 공간에 전경, 인물, 배경까지 모두 담았다. 갑자기 빙하기를 만나 얼어붙은 모습처럼 생생하다. 이 부조가 무려 804m나 이어졌는데 건축 당시에는 황금으로 덮였다고 하니 그 황홀함은 이루 말할 수 없다. 부조를 이해하기 위해서는 힌두교 설화 「마하바라타」와 「라마야

1. 앙코르와트 2층
2. 힌두교 설화를 담고 있는 회랑 부조
3. 천상의 세계에서 바라보는 밀림
4. 왕만이 오를 수 있는 중앙계단

인도

캄보디아 앙코르와트

천국을 지상에 구현한 탑

나를 공부하면 도움이 된다. 재미난 스토리가 이어지기에 마치 근사한 영화 한 편을 걸어서 감상하는 것 같다. 남쪽 갤러리에는 수리야바르만 2세의 승전도와 충성맹세가 그려져 있다. 투견 장면 속에서는 앙코르 서민들의 일상을 볼 수 있다. 남동쪽 갤러리는 세 단으로 구성되어 있다. 위쪽은 천국, 중간 단은 염라대왕의 심판대며, 아래 단은 지옥을 담고 있다. 천상의 새인 가루다가 받치고 있는 천국에는 압사라가 춤추고 있었다. 동쪽 갤러리는 힌두교 교리인 천지창조 신화를 표현하고 있다. 영생불사의 약을 얻으려고 선신과 악신이 우유의 바다를 휘젓고 있는 모습은 최고의 걸작이다.

극락 가는 길

중앙 신전에 올라가려면 미로 같은 중간 단을 거쳐야 한다. 십여 개의 기둥이 놓여 있는 십자회랑을 거쳐야 하는데 여기서부터 지상세계가 끝나게 된다. 마지막 계단을 뚜벅뚜벅 올라가면 신의 영역에 닿게 된다. 신의 공간답게 인간의 부조는 찾아볼 수 없으며 1천5백 기가 되는 압사라가 2층 벽면을 가득 메우고 있다.
하늘에서 보면 정사각형 모서리 부근에 탑을 하나씩 가지고 있고 한가운데에 거대한 중앙탑이 서 있다. 신앙의 힘을 빌리지 않고 인간의 능력만으로 이런 대작을 만들지 못했을 것이다. 계단을 오르는 일본 여인, 문턱에 앉아 한숨을 내쉬고 있는 독일 청년, 앙코르 대평원을 보고 넋이 빠진 미국인, 모두들 신의 경지를 맛보고는 아무 말이 없다.

천상세계

3층 마지막 계단은 승려계급 이외에 유일하게 왕만이 오를 수 있는 계단이다. 70도 경사에, 계단의 높이는 낮아 몸을 옆으로 틀어 사선으로 올라가야 한다. 하긴 천상을 맛보기가 어디 쉬운가. 위를 보니 다리가 후들거려 올라갈 엄두가 나지 않는다. 결국 앞 사람 발을 보고 올라가게 마련인데 자연스레 신을 향해 허리를 숙이게 했다. 이것 역시 건축가의 치밀한 계산에 따른 결과가 아닐까 싶다. 단 한 사람 왕을 위한 계단이건만 지금은 전 세계인이 함께 오르는 길이 되었다. "무서워."라는 말을 각 나라의 언어로 듣게 되니 웃음이 절로 나온다.
간신히 기어올라 탑문에 기대니 앙코르와트 경내가 한눈에 잡힌다. 멀리 시선을 던지면 빼곡한 밀림이 삼림의 바다같이 보인다. 가히 이곳이 신들의 거처임이 틀림없다. 회랑의 지붕은 우리네 목조건물의 맞배지붕을 닮았다. 용마루가 있고 처마도 보인다. 가히 지상에 조성한 천국임이 틀림없다. 돌 곰팡이를 통해 세월의 향기를 느껴본다.
앙코르와트와는 이제 작별할 시간이다. 행여나 이 장면이 기억 속에서 사라질까봐 연신 카메라 셔터를 눌러댔다. "철컥, 철컥~~."
이러다보면 내 가슴 한쪽에 앙코르와트 필름이 새겨지겠지.

1. 이를 드러내고 있는 압사라
2. 2층 신계에 새겨진 압사라

압사라

서양에 천사가 있다면 앙코르에는 압사라가 있다. 수만 기의 압사라 중 같은 손 모양, 같은 표정은 단 하나도 없다. 인간이 취할 수 있는 모든 동작을 압사라가 보여주고 있다. 서문 근처에는 유일하게 이를 드러내고 있는 압사라가 있으며 중앙 회랑 근처에는 혓바닥을 내미는 압사라가 있으니 술래잡기하는 기분으로 찾아보라. 정형에서 벗어난 예외야말로 건축가의 재치가 아닐까 싶다.

"캄보디아 여인들은 허리가 압사라처럼 날씬한 것 같아요."

"엄마는 아이를 허리에 걸치기 때문에 잘록한 허리가 나온답니다."

그렇다면 압사라는 결혼한 아줌마란 말인가?

Storytelling
바이온의 미소

결론부터 말한다. 난 앙코르와트에서 세상에서 가장 아름다운 미소를 보았다. 가슴속 깊은 곳에 그걸 숨겨두고 힘겨울 때 슬그머니 꺼내볼 심산으로 사진에 담았다.

이틀 동안 빠듯한 일정을 마치고 마지막 하루만은 자유시간이 주어져 바이온 사원을 다시 찾았다. 스토리 가득한 벽화를 다시 음미하고 2층으로 올라가 미로 같은 방을 헤매다 방향을 잃어버렸다. 갑자기 소나기까지 내려 더 이상 걸을 수가 없었다. 비를 피하기 위해 사원 안으로 들어가 돌무더기에 풀썩 주저앉아 잠시 졸았다. 조금 있다 빗소리에 정신이 번쩍 들어 고개를 치켜드니 세상에서 가장 아름다운 미소가 나를 향해 웃는 것이었다. 세상의 모든 고통과 번뇌를 아우르는 천상의 미소였다. 자세히 보니 그 관음보살은 지그시 눈을 감았고 입꼬리는 살포시 올라가 있었다. 더 놀라운 것은 눈썹 사이의 백호인데 우리 불상이라면 움푹 패여 보석이 박혀 있을 자리다. 그러나 이 불상에는 그 자리에 잡초가 삐죽 자라고 있는 것이다. 무량광의 빛은 보석이 아니라 생명의 빛임을 내게 말하고 있는 것 같았다.

불상은 천년의 세월 동안 단 하루도 미소를 잃지 않았다. 주변국의 침략을 받아 사람이 죽었고 사원마저 폐허가 되었어도 불상은 그저 웃고만 있었다. 어쩌면 무한 미소를 통해 악을 징벌했는지 모른다.

다시 일행을 찾으려 사원에 내려왔지만 방향 감각을 잃어 어디로 가야 할지 모르겠다 비는 더 세차게 쏟아져 미로 같은 길에서 빠져나올 재간이 없었다. 한참을 두리번거리니 현지 가이드인 께오가 나타났다. 한 손에 우산을 받치고 다른 한 손은 내가 쓸 우산을 들고 나를 찾으러 온 것이다. 눈이 마주치자 슬그머니 웃는다. 나도 웃었다. 바이온의 미소였다. 이 미소는 손에 움켜지는 것이 아니라 나누면서 확대 재생산해 나가는 것임을 깨달았다.

친절한 여행 팁

재래시장에 가면 저렴한 가격에 망고스틴, 파파야, 구아바, 사포딜라 등 신기한 열대과일을 맛볼 수 있다. 특히 과일의 황제라고 하는 두리안을 실컷 즐길 수 있다. 워낙 관광객이 많기 때문에 자유여행을 해도 문제가 없으니 에어텔 상품(항공 호텔, 조식)을 이용하는 것도 방법이다. 아니면 항공권만 구입하고 시엠립 내 한국 게스트하우스에 숙박하면 다양한 정보를 얻을 수 있다. 공연, 툭툭이 예약, 가이드까지 도움을 받을 수 있다. 툭툭이를 이용하면 롤로오스의 크메르 초기 유적군, 쁘레아 칸, 반테이스레이 등 여행상품으로 가기 힘든 유적지를 둘러볼 수 있다.

1. 재래식 시장의 바나나
2. 앙코르와트에서 맛본 과일

26
박영석 대장이 산이 된 곳, 네팔 안나푸르나

MBC(마차푸차레 베이스캠프)에서

영화 〈버킷리스트〉에서 생이 얼마 남지 않음을 알게 된 두 사람은 죽기 전에 꼭 하고 싶은 일들을 적어 실천에 옮기게 되는데 그들이 마지막 묻힌 곳은 바로 히말라야였다. 세계 최초 산악그랜드슬램을 달성한 박영석 대장이 죽어 산이 된 곳도 안나푸르나이기에 더욱 의미 있는 산행이라 하겠다. 거대한 히말라야 설벽을 마주하며 한 번쯤은 산과 대화를 나누면 어떨까 싶다.

히말라야는 양파와 같았다. 한 꺼풀 벗길 때마다 새로운 세상이 펼쳐지니 말이다. 산모퉁이를 돌면 과연 어떤 장면이 나타날까 설렘을 품고 걷는다. 산은 온화함과 엄격함을 동시에 지녔다. 우리를 감싸안을 정도로 넉넉했지만 가끔은 두려울 정도로 싸늘했다. 내가 만난 눈사태는 규모가 작지만 그 소리만은 웅장해 먼발치에서 가슴 졸이며 구경했다. 마차푸차레는 혼자가 아니었다. 주변의 봉우리들을 주렁주렁 거느리고 있었다. 왕의 존엄을 말해주듯 운무가 호위하고 있었다. 구름은 하얀 적삼이 되어 봉우리를 오가며 마구 흔들어대고 있다. 산은 숨었다가 다시 드러내는데 산들의 숨바꼭질에 애간장이 탄다. 6일간 사투를 벌이며 드디어 MBC에 도착했다. 이곳에서 40여 분 동안 고산적응을 할 수 있도록 시간이 주어졌다. 난 야생화 가득한 풀밭에 누워 파란 하늘과 설봉을 감상하다가 스르르 잠이 들어버렸다. 세상에서 가장 달콤한 낮잠이었다.

안나푸르나 베이스캠프와 푼힐 전망대 10박 11일

1일	인천공항 → 카트만두 → 왕궁 → 타멜시장
2일	카트만두 → 국내선 → 포카라 → 나야풀 → 티케둥가
3~7일	티케둥가 → 푼힐 → 츄일레 → 촘롱 → 시누와 → 데우랄리 → 안나푸르나베이스캠프(ABC)
8~9일	안나푸르나 일출 → 박영석대장위령비 → 밤부 → 지누단다
10일	지누단다 → 시와이 → 지프차 → 나야풀 → 포카라
11일	포카라 → 국내선 → 카트만두 → 인천공항

추천여행 패키지
여행성격 등산, 트레킹
여행경비 280만 원(패키지 270만 원, 기타 10만 원)
추천계절 봄, 겨울

마차푸차레 베이스캠프

ABC(안나푸르나 베이스캠프)를 향해

경사도 제법 있고 산소가 부족해 몸은 천근만근 무거웠다. 뒤를 돌아보니 MBC 롯지가 성냥갑처럼 작아 보인다. 운무가 한바탕 휩쓸더니 마차푸차레는 몸을 숨겨버렸다. 서둘러 걸었건만 운무가 우리를 앞질러 가더니 이젠 아무것도 보이지 않는다. 별을 보며 걷는 동방박사라고 할까. 이젠 트레커가 아니라 수행자가 되어버렸다.

다시 걷다보니 천지개벽처럼 하늘이 열렸다. 히운출리봉이 웅장한 자태를 뽐내고 있었다. 가까이 다가가니 산이 아니라 거대한 벽이었다. 그 옆에는 안나푸르나 남봉이 버티고 서 있었다. 인간 세계와 신의 세계를 넘나드는 것 같다. 이젠 체력도 바닥나 쓰러지기 일보 직전이다. 걸었다기보다는 기어갔다고 할까. 저 멀리 베이스캠프 건물이 신기루처럼 아른거렸다. 단숨에 갈 것 같지만 몸이 말을 듣지 않는다. 드디어 내 인생을 통틀어 가장 높은 곳, 안나푸르나 베이스캠프(4,130m)에 닿았다. 이곳의 숙소는 딱 2곳. 여기서 방을 구하지 못하면 다시 MBC로 내려갔다가 새벽에 다시 올라와야 일출을 만날 수 있다. 그래서 방이 좁다고 불평하지 마라. 바람을 막을 수 있는 벽과 내 몸 하나 누울 수 있는 자리 하나에 감사하자.

1. 안나푸르나 빙하에서 흘러내리는 모디콜라강
2. 안나푸르나 베이스캠프
3. ABC 롯지 내부에 걸려 있는 박영석 대장과 대원들 사진

ABC에서 박영석 대장을 만나다

안나푸르나 롯지 벽면에는 동국대 산악회에서 제작한 박영석 대장 위령동판이 붙어 있다. 롯지 내부의 벽에도 박영석 대장과 신동민 대원, 강기석 대원의 사진이 걸려 있다. 안나푸르나 남벽은 에베레스트 남서벽, 로체 남벽과 더불어 세계에서 가장 오르기 힘든 절벽 가운데 하나다. 코리안 루트를 개척한다는 일념으로 도전했지만 결국 그는 산이 되어버렸다. 우선 소주 한 병 들고 박영석 대장 위령비부터 찾았다. 박 대장과 신동민 대원의 단란했던 가족사진을 보니 또 눈물이 쏟아졌다.

"동물원의 호랑이는 야성을 잃어서 호랑이가 아니다. 호랑이는 들판을 뛰어다니면서 포효를 해야 호랑이가 아닌가? 산악인은 산에 있어야 산악인이고, 모험가는 도전해야 모험가가 아닌가? 이것이 내가 산에 오르는 이유다."

박영석 대장의 쩌렁쩌렁한 목소리는 히말라야 호랑이의 포효였다.

정면에 보이는 안나푸르나 남벽에 박영석 대장과 신동민 대원, 강기석 대원의 시신이 묻혀 있을 것이다. 6,000m까지 올라갔다가 날씨가 좋지 않자 하산했지만 엄청난 눈사태를 만나 결국 거대한 눈 속에 파묻히고 만다. 고산을 오르는 사람은 배낭에 늘 '사고'를 챙겨 넣

피시테일, 일명 물고기 꼬리모양의 마차푸차레

1. 박영석 대장, 신동민 대원, 강기석 대원의 위령비
2. 안나푸르나 일출. 가장 먼저 빛이 닿은 곳이 정상이다

는다고 한다. 그걸 배낭 밖으로 나오지 않게 하는 것이 등반이라고 한다. 주변을 보니 산을 오르다 죽은 사람들의 돌무덤이 부지기수다. 어여쁜 처녀도 있었고 중년 아저씨도 보인다. 바람이 전하는 말씀인 오색 깃발, 타르초가 이들의 영혼을 위로하는 듯 펄럭이고 있다.

두 명산을 동시에 볼 수 있는 ABC

해 질 무렵이 되자 안개가 물러나고 안나푸르나 제1봉(8,091m)이 자태를 드러냈다. 세계에서 10번째로 높은 산이며 또한 가장 많은 목숨을 집어삼킨 산이다. 안나푸르나는 산스크리트어로 '곡식과 풍요'라는 뜻을 가지고 있다. 안나푸르나 연봉은 그 길이가 무려 55km에 달한다. 남봉(72,191m)-1봉(8,091m)-3봉(7,555m)-4봉(7,525m)-2봉(7,937m)이 줄줄이 사탕처럼 어깨를 맞닿고 있다. 안나푸르나 제1봉은 1994년 이후에는 단 한 차례도 정상을 밟지 못했다고 할 정도로 위험한 산이다. 특히 수직절벽인 남벽은 기온이 올라가거나 바람이 불면 눈사태가 나기 때문에 많은 산악인을 죽음으로 몰았다.

베이스캠프는 안나푸르나와 마차푸차레 사이에 있어, 양쪽 산이 다 시야에 들어와 어떤 산에 시선을 줘야 할지 고민해야 한다. 마차푸차레는 파라마운트사 로고인 마테호른(스위스)보다 더 멋지고 황홀했다. 네팔 사람들이 가장 신성시하는 산이기에 아직도 등반 허가가 나지 않는 미답봉이다. 하긴 세상에 인간의 발길이 닿지 않은 산이 하나쯤은 있어야 신들도 체면이 서지 않을까. 6,996m 높이지만 그래도 이 산이 8,000m 고봉 앞에서도 주눅

1. 달을 배경으로 서 있는 마차푸차레
2. 아이의 맑은 표정
3. 안나푸르나 연봉과 트레커들

이 들지 않는 이유는 가파른 능선과 뾰족한 모양 때문이다. 일명 피시테일(Fish Tail) 즉 물고기 꼬리다. 그렇다면 나머지 몸통은 땅속에 처박혀 있을 것이다.

신들의 잔치

8시. 밤이 깊었지만 눈을 붙일 수 없었다. 안나푸르나의 별빛을 봐야 잠이 올 것 같았다. 달이 서서히 올라오더니 피시테일에 딱 달라붙어 마치 부처의 두광을 닮았다. 세상에나 신들의 모임에 초대받은 것이었다. 그 장면에 힘을 얻고 다시 침낭 속으로 들어갔다.

새벽 4시. 방광에 물이 차올라 눈이 떠졌다. 롯지를 빠져나와 사방을 둘러보니 설봉들이 선텐을 하듯 별빛을 받아들이고 있었다. 이 성스러운 곳에서 소변을 보는 것 자체가 신에 대한 모독이라 생각하고 다시 1평짜리 화장실로 들어갔다. 히말라야의 선경을 훔쳐본지라

잠이 확 달아났다. 조심스레 방에 들어가 카메라와 삼각대를 챙기고 의자에 앉아 별 샤워를 즐겼다. 몸은 바들바들 떨었지만 가슴은 뜨겁게 타올랐다. 세상 누구도 가지지 못한 나만의 시간이자 최상의 특권을 마구 즐겼다. 우선 입을 크게 벌리고 설산에서 내려온 바람을 진공청소기처럼 빨아들였다. 지구의 지붕에서 내려온 우주의 기운이 내 가슴속에 차곡차곡 쌓인다.

여명이 어둠을 파고들자 별빛은 힘을 잃고 무대에서 사라졌다. 듬성듬성 망을 보던 구름마저 밀어내니 마차푸차레는 파란 하늘 위에 유아독존처럼 서 있는 것이다. 안나푸르나도 이에 뒤질세라 거추장스런 구름옷을 벗어버리고 태곳적 자태를 보여주고 있다. 내가 서 있는 베이스캠프가 해발 4,000여m 정도가 되니 수직 벽의 높이만 4,000m가 넘는다. 이는 아파트 1,400층 높이란다.

드디어 장엄한 일출의식이 시작되었다. 일주일 동안 생고생해서 온 이곳의 하이라이트가 바로 안나푸르나 일출이다. 실제 ABC까지 오른 사람의 절반은 변화무쌍한 날씨 때문에 이 황홀한 장면을 만나지 못하고 하산한다고 하니 이것이야말로 천운이 아닐까?

안나푸르나의 일출은 산 위에서 해가 뜨는 것이 아니라 수직 벽이 캔버스가 되어 붉은빛이 머물면서 시작된다. 해가 뜨면 가장 높은 봉우리부터 빛이 비친다. 그러니까 빛이 가장 먼저 닿는 곳이 정상인데 이때 빛은 생명력을 가득 품어 정상 부근 설벽은 황금빛을 띤다. 빛이 서서히 내려오는데, 3분 만에 정수리를 지나 얼굴까지 내려왔다. 대자연의 신비에 가슴이 두근거린다. 이런 장면을 보여준 안나푸르나 극장이 매우 고맙다.

1. 안나푸르나 연봉
2. 도인처럼 히말라야를 걷는 포터

친절한 여행 팁

11일 코스로는 안나푸르나 베이스캠프의 웅장함을, 푼힐전망대에서는 히말라야 연봉을 볼 수 있다. 서서히 고도를 높이기 때문에 고소 적응하기가 쉽다. 직장인을 위한 8일 코스는 카레-포타나-란드룩을 거쳐 지누단다 촘롱까지 직선코스다. 거리는 짧지만 ABC까지 오르막길을 걸어야 하기에 다소 힘에 부칠 수 있다. 카트만두와 포카라 사이는 항공을 이동하는 것을 권한다. 버스를 타면 6시간을 길에서 시달려야 하기에 산행 시 컨디션 조절하는 데 어려움이 있기 때문이다.

Storytelling

히말라야의 진정한 구도자, 포터

히말라야의 주인이면서도 가장 음지에서 일하는 사람들은 다름 아닌 포터였다. 실은 여행 내내 이들과 눈을 마주칠 기회가 그리 많지 않았다. 새벽에 롯지 주변을 서성거리다가 우리가 짐을 싸고 난 후 카고 백을 문밖에 슬그머니 내놓으면 그들은 짐 2개를 묶고는 홀연 떠나버린다. 슬리퍼 하나에 몸집보다 더 큰 짐을 지고 도인처럼 히말라야를 누비는 모습은 경이로움 그 자체였다. 우리가 조그만 배낭을 메고 스틱을 짚고 하루 종일 걸어야 할 거리를 이들은 반나절도 채 되지 않아 끝내버린다. 그야말로 신선이다. 배낭 하나 달랑 들고 히말라야를 배경 삼아 온갖 폼을 잡고 정복자인 양 사진을 찍어대는 내 모습이 한없이 부끄러웠다. 우리에게는 걷는 것이 취미겠지만 이들에게는 처절한 생존의 방편이었다. 다 떨어진 신발에 바람이 숭숭 들어오는 옷을 걸치고 있어도 힘든 내색을 하지 않는다. 아무 불평 없이 자신의 소임을 다하는 모습이야말로 히말라야의 진정한 순례자다. 고작 우리가 한 일은 길을 비켜주고 "단야밧(안녕하세요)."을 외칠 뿐이다.

마지막 날이다. 셸파, 가이드, 요리사, 포터에게 감사를 표시하는 자리를 가졌다. 셸파야 우리와 늘 함께 있었고 요리사는 음식이 맛있어 귀가 따갑도록 찬사의 소리를 들었다. 그러나 포터는 거의 존재감이 없었다. 이들이 히말라야의 주변인이 아니라 주인임을 말해주고 싶었고 그들에게 마음에서 우러나오는 감사를 드리고 싶었다.

그리고는 깜짝 이벤트를 벌였다. 20여 명 되는 포터를 앞에 모시고 우리 일행은 한국 최고의 예의인 큰 절을 바치는 것이었다. 포터 대장은 우리가 허리를 숙이고 바닥에 머리를 조아리는 모습에 적잖이 당황한 모습이었다. 놀란 포터들은 맞절을 하기도 했다. 수년 동안 산을 오르내리면서 이렇게 멋진 인사를 받은 적이 있을까? 산은 우리에게 낮은 마음을 선물했다. 헤어지면서 입던 옷을 몰래 쥐어주는 이도 있었고 검정 봉지에 슬리퍼를 건네는 사람도 보인다. 서로 눈물을 그렁거리는 악수를 나누며 헤어졌다. 이런 인간적인 교감이야말로 산이 주는 교훈이 아닐까.

그리고 다시 거친 마음의 땅, 한국으로 돌아왔다. 내 주변에도 헐벗고 가난한 포터들이 없는지 고개를 돌려보았다. 24시간 아파트를 지키는 경비아저씨가 있었고 지하철 화장실에서 청소하는 아줌마도 나에게는 포터로 보였다. 그들이 없었다면 우리가 안락한 삶을 누릴 수 있을까. 앞으로 한국의 히말라야에 살면서 세상에 감사하면서 살련다.

포터에게 감사의 절을 바치고 있는 일행

히말라야 포터

27
부처, 대중과의 첫 만남, 인도 바라나시

북인도 7박 8일

1일	인천공항 → 델리공항
2일	뉴델리 → 사르나트(녹야원 – 다메크스투파 – 고고학박물관) → 바라나시
3일	갠지스강 일출 → 카주라호 → 호텔
4일	카주라호 서부, 동부 사원군 → 잔시 → 아그라 → 호텔
5일	타지마할 → 아그라포트 → 자이푸르
6일	시암베르성 → 시티팰리스 → 잔다르만타르 → 핑크시티
7일	자이푸르 → 델리(라지가트 – 인디아게이트 – 바하이사원 – 꾸뜹미나르) → 델리공항
8일	인천공항

추천여행 패키지
여행성격 건축, 문화, 역사
여행경비 150만 원(패키지 140만 원, 기타 10만 원)
추천계절 사계절

바라나시는 워낙 복잡하고 길이 좁기 때문에 사이클 릭샤가 위력을 발휘한다

갠지스강과 바라나시

불자들이 평생 가보고 싶어 하는 곳은 바로 부처가 최초로 법문을 펼친 사르나트 즉 녹야원이다. 대중과의 첫 만남을 통해 사성제와 팔정도 등 불교의 교리를 완성했다. 혜초 스님도 『왕오천축국전』에서 녹야원의 다메크 스투파와 아쇼카 석주 그리고 그 위쪽 사자상을 보았다는 기록을 남겼으며 갠지스강을 따라 바라나시를 둘러봤다고 한다.

히말라야에서 발원한 갠지스강은 2,460km로 인도 인두스탄 대평원을 적시고 캘커타를 거쳐 뱅골만으로 빠진다. 남동쪽으로 흐르던 강이 갑자기 북쪽(정확히 말하면 초승달 모양)으로 방향을 틀면 빨랐던 유속도 줄어들고 강은 호수처럼 잔잔해진다. 그곳에 바라나시가 자리하고 있다. 사람은 태어나 죽고, 다음 생에는 돼지로 태어나고 그 다음엔 벌레로 태어나는 것이 반복된다면 이 억겁의 윤회는 지옥보다 더한 고통이다. 그런데 갠지스강에서 죽음을 맞이하고 그 시신을 태운 재를 강물에 흘려보내면 윤회의 사슬에서 벗어나 영원한 해탈을 얻는다고 믿고 있었다. 그렇기에 완벽한 죽음을 위해 인도 전역에서 바라나시를 찾고 있다. 강물 한 모금 마시면 수년간 쌓인 업이 씻겨나가고, 목욕을 하면 일생의 업이 씻겨나가 다음 생에는 좋은 업을 받을 수 있다. 중국인들은 만리장성에 오르는 것이 평생소원이라면 인도인들은 갠지스강에서 몸을 씻는 것을 최고의 기쁨으로 여겼다. 이방인들의 눈에는 오물이 둥둥 떠다니는 지저분한 물로 보이지만 그 한계를 뛰어 넘으면 수면 아래 진리가 흘러감을 깨닫게 된다. 그래서 갠지스강은 생명수이자 마르지 않는 샘물로 통한다.

인간의 염원과 신의 반응 – 갠지스의 일출

바라나시 시내는 차로 접근할 수 없다. 유일한 교통수단은 바로 사이클 릭샤다. 어슬렁거리는 소, 다닥다닥 붙은 노점상과 잡상인, 오토바이, 오토릭샤, 경적소리. 그 사이를 사이클 릭샤는 송사리처럼 잘 빠져나간다. 고돌리아 로터리에 이르면 릭샤도 소용없다. 무거운 짐을 끌고 미로 같은 골목을 헤매야만 했다. 1평도 채 되지 않는 가게가 어깨를 맞대고 있으며 그 안에는 쌀가루장수, 튀김장수, 과일장수 등 인도의 맨 얼굴을 보게 된다. 바라나시의 첫 만남은 이렇게 이상야릇했다.

새벽이다. 묘한 기운이 나를 깨운다. 옷을 주섬주섬 챙겨 입고 자석에 끌리듯 갠지스강으로 다가갔다. 가트에는 힌두승인 사두가 꿈쩍도 하지 않고 강 건너편을 응시하며 시바와 태양신 수리아를 갈구하고 있었다. 가트에서 노숙한 인도인들은 강물로 끓인 차인 짜이를 홀짝거리며 언 몸을 녹이고 있었다.

바라나시는 지붕 없는 성전이다. 강을 중심으로 서쪽은 건물이 높고 인간들로 북적거리지만 강 건너 동쪽은 고요하다 못해 적막해 신이 사는 곳임을 말해주고 있다. 그 생명수 위로 뜬 태양은 숭고함 그 자체다. 인간은 신에게 소원을 빌고 신의 길을 밝혀줄 디아(기름불잔)를 강물에 놓는다. 작은 불꽃 디아는 강을 둥둥 떠다니다가 거대한 빛인 태양의 품에 안긴다. 기도로 힘을 얻은 태양은 기도한 사람들에게 골고루 빛을 분배해준다. '염원–분

1. 성스러운 기도를 바치고 있는 힌두교도 2. 갠지스강에서 수행하고 있는 사두

배-찬미' 윤회의 수레바퀴처럼 인간은 매일 신과의 만남을 가졌다. 이런 뿌자 의식은 인도인의 종교와 문화를 가장 가까이 느껴볼 수 있는 기회다.

갠지스강의 풍경

강 건너편은 고운 백사장이다. 부처의 제자가 우주의 겁(우주의 시작과 끝)이 얼마가 되냐고 물었더니 부처는 "갠지스강의 모래알 수와 같아 다 헤아릴 수 없구나."라고 대답했다. 난 무지한 제자인가보다. 건너편으로 건너가 갠지스강의 모래알을 세고 싶은 충동을 느끼니 말이다.

해가 중천에 뜨자 가트(계단)는 더욱 바빠졌다. 목욕하려는 힌두교도들이 강물에 들어가기 때문이다. 이는 단순히 몸을 씻는 것에 그치는 것이 아니라 일생 동안 쌓아왔던 업을 씻어내는 수행과정이다. 현세의 업을 씻어내야 다음에 좋은 업을 얻게 된다고 믿었기 때문이다. 요가를 하듯 서서히 물에 들어가는 사람이 있고 강물에 풍덩 빠지는 사람도 있다. 이렇게 신과의 만남은 제각각이다. 자신을 낮추고 태양을 향해 손을 모으고 있는 여인의 모습은 한 폭의 성화를 보는 듯하다.

가트는 4km나 이어졌다. 가트마다 야생 원숭이가 자유롭게 노닌다. 하누만 신화에서 영웅으로 등장하기에 잡지도 못한다. 원숭이 침입을 막기 위해 호텔마다 철망을 쳐놓았다. 원숭이 입장에서는 인간이 철망에 갇힌 꼴이다. 1,400년 전 『서유기』의 삼장법사로 알려진 현장스님이 쓴 『대당서역기』를 보면 갠지스강을 마주한 기록이 나온다.

"도성은 갠지스강을 만나고 있고 집이 잘 살고 기가 가득했다. 부처님을 공경하지 않고 대자대비만 공경한다. 알몸으로 옷을 입지 않고 온몸에 재를 바르고 있다."

갠지스강은 성스러운 젖줄이자 생활터전이기도 하다. 도비가트는 거대한 빨래터로 대대로 빨래만 하는 최하위 계층인 수드라의 애환이 서린 곳이다. 분노의 표현인지 삶에 대한 달관인지 돌에 천을 사정없이 내리치며 때를 뺀다. 알록달록한 천연색 옷감이 더욱 서글프게 보인다.

영혼에 이르는 길, 마니까르니까 가트

바라나시에서 가장 충격적인 곳은 화장터다. 노란 천으로 둘둘 만 시신이 미로 같은 골목을 지나 마니까르니까 가트에 도착한다. 깨끗한 육신으로 바꿔주기 위해 시신을 강물에 세 번 적신 다음 3단의 장작더미 위에 놓는다. 그 위에 한 단의 장작을 더 쌓는다. 시신 한 구를 태우는 데 님이나 망고나무 360kg이 필요하단다. 만약 돈이 없으면 덜 탄 시신을 그대로 강물에 쓸어 넣는다.

상주가 시신을 가운데 두고 서너 바퀴 돌고 나서 장작에 불을 붙인다. 곁에 개가 어슬렁거리다 타다 만 시신을 물어 가도 상주는 못 본 체한다. 시신이 더 잘 탈 수 있도록 톱밥과 송진까지 뿌리고 머리와 무릎이 잘 타게 뒤집어 주기도 한다. 이곳에는 25곳의 장작더

1. 갠지스강 일출, 해가 뜨는 동쪽은 신이 살고 있는 피안의 세계이기 때문에 건물이 없다
2. 신에게 길을 밝혀줄 디아를 강에 놓는다
3. 매일 저녁 강가강에 나가면 힌두전통 예식인 뿌자를 볼 수 있다
4. 뿌자 의식

갠지스강 가트

미가 있어 쉴 새 없이 시신을 태운다. 대략 한 시간 정도면 시신 한 구를 완전하게 태워 연기 속으로 사라지게 한다. 그 연기는 맑은 영혼으로 변해 갠지스강을 맴돌며 영원한 안식을 얻게 된다. 그런데 아이나 브라만 사제인 경우는 시신을 태우지 않고 돌에 묶어 수장한다. 이 죽음의 예식을 통해 지긋지긋한 윤회에서 벗어나 영원한 해탈을 얻을 수 있다고 믿고 있다. 아름다운 죽음을 위해 인도인은 바라나시를 찾는다. 장작 값을 벌기 위해서 노동을 하고 구걸까지 하면서 바라나시에서 멋진 죽음을 맞는다.

부처님의 최초 법문지, 사르나트

부처는 어렵게 집을 나섰다. 생로병사에서 해탈할 수 있는 길은 없을까? 참선과 고행의 길을 걸어도 진리는 신기루처럼 사라졌다. 결국 그것은 쟁취하는 것이 아니라 그걸 받아들이려는 마음에 있었다는 것을 믿었고 자신만의 싸움에 돌입한다. 49일 동안 보리수 아래서 마귀와 마녀의 유혹에도 굴하지 않고 정진하여 기어코 깨달음을 얻었다.

"유레카!"를 외치며 목욕탕을 뛰쳐나간 아르키메데스처럼 그는 당시 사상과 경제의 중심지인 바라나시까지 250km 거리를 단숨에 달려가 대중들에게 진리를 선포한다. 대중과의 첫 만남을 통해 부처, 법, 승의 삼보가 이루어졌고, 사성제와 팔정도의 법문이 만들어졌다.

그렇기에 불교의 4대 성지인 부처님이 태어난 룸비니, 깨달음을 얻은 붓다가야, 최초 법문을 펼친 녹야원(사르나트), 입멸한 구시나가라 그중 녹야원을 가장 높게 평가한다. 벽돌의

1. 신께 기도를 바치는 뿌자 의식
2. 갠지스강에서 기도를 바치고 있는 힌두교도
3. 갠지스강에 몸을 씻는 힌두교도
4. 소를 숭배하는 나라답게 골목의 주인은 소다
5. 태양을 향한 기도
6. 성스러운 기도

인도

인도 바라나시

1. 갠지스강 화장터인 마니까르니까 가트
2. 일생 동안 쌓아왔던 업을 씻어내는 수행 과정
3. 하누만 신화에서 영웅으로 등장한 원숭이

흔적만 남아 있어 사르나트는 우리네 폐사지로 보면 된다. 부처님은 열반했지만 사르트르에서 행한 사자후는 밀알이 되어 히말라야를 넘어 티베트, 중국, 몽골을 거쳐 한반도와 일본까지 전해졌고, 바다 건너 스리랑카, 미얀마, 태국의 황금사원을 만들고 앙코르와트의 황홀경을 만들어냈다. 세계인의 정신세계의 한 축을 차지한 첫 시발점은 사르나트다. 불교의 4대 성지에는 각 불교국가의 사찰이 지어졌는데 이곳에는 '녹야원'이라는 한국 사찰이 있다. 1층에는 여행자들이 숙박할 수 있는 방이 마련되어 있고 2층은 법당이다. 배낭여행객에게 한국음식을 접하게 해준다.

다마라지카 스투파

사르나트는 2개의 승원이 있다. 다마라지카 스투파는 부처가 처음 설법을 행한 자리로 아쇼카 왕은 이를 기념해 높이 30m의 탑을 세웠다고 한다. 1794년 힌두교도들이 바라나시에 건물을 짓기 위해 벽돌을 헐어가 지금은 돌덩이만 나뒹굴고 있었다. 『대당서역기』에서 현장 스님은 "담장과 전각이 즐비한데 61m의 정사가 있었고, 그곳 지붕은 황금으로 장식되어 있고, 정사 내부에는 청동제 등신불이 있다고 했다. 이 승원에는 1,500명의 승려가 면학하고 있다."라고 기록하고 있다.

인도 국보 중에 국보인 법륜상, 사자상, 초법륜상 등이 모두 다마라지카 스투파에서 발굴되었다. 연필처럼 부러진 아쇼카 석주는 현재 2.03m의 기단부만 남아 있지만, 원래는 높이 15.25m, 식성 71.1cm에 이르는 큰 외양을 지니고 있으며 그 위에 4마리 사자상과 법륜이 올라가 있었다.

부처가 처음으로 설법을 행한 다마라지카

이 사자상은 현재 인도 국장으로 쓰이며 인도 지폐에도 새겨져 있다. 털이 복스러운 사자 4마리가 동서남북에 새겨져 있는데 입모양이 제각각이다. 이렇게 사실적인 사자의 모습이 한반도에 넘어와서는 괘릉이나 영암사지의 사자처럼 감정과 익살까지 더하게 된다. 인간의 사상과 정신이 고스란히 녹아든 것이 바로 문화인 것 같다.

세계사 책에서 한 번쯤은 보았던 법륜상 부처다. 5세기 후반에 조성된 것으로 굽타시대의 최고 걸작 중의 하나며 인도미술을 대표하는 작품이다. 정교하게 새겨진 광배에 비천상이 있으며 온화하게 생긴 부처님이 연꽃에 앉아 있다. 그 아래 기둥에는 5명의 제자가 새겨져 있는데 그 옆 부인과 아이는 이 불상을 시주한 사람이 아닌가 추정하고 있다.

부처가 설법하는 것을 '법륜을 돌린다(전법륜)'라고 한다. 사자후는 부처의 목소리라고 하는데 높은 석주 위에 새겨진 법륜과 4마리의 사자가 상징하는 것은 부처님의 설법과 목소리가 사방에 퍼진다는 의미를 가지고 있다.

다메크 스투파

다메크 스투파는 비교적 원형이 잘 남아 있다. 탑은 지름 28.5m, 높이 33m로 마치 원자로를 연상케 한다. 부처님 입멸 후 약 200년이 지난 BC 3세기경 마우리아 왕조 아쇼카 왕이 이곳에 기념비를 조성했다. 외벽은 감실이 뚫려 있고, 연꽃과 당초문양 등 자세히 보면 무늬가 무척 정교하다. 불교도들은 탑돌이를 하는데 워낙 탑이 크다보니 한 바퀴 도는 데 시간이 걸렸다. 스투파 사이는 열주가 있었고 복도식의 건물이 있을 것이라는 추측을 하게 된다. 남아 있는 터 뒤편은 녹야원답게 사슴이 뛰어 놀고 있다.

바라나시-타지마할-자이푸르는 북인도의 핵심 코스라 골든트라이앵글로 불린다. 인도 땅이 넓기 때문에 차나 버스 이동 시 시간이 많이 소요된다. 음악이나 책을 준비하면 도움이 될 것 같다. 사원이나 무덤을 입장할 때는 맨발로 입장해야 하며 신발을 보관해야 하니 비싼 신발은 신지 않는 편이 좋다. 바라나시에서는 화장터를 보고 사진 찍는 것은 삼가야 한다.

1. 인도 지폐에 등장한 사자상
2. 아쇼카 석주
3. 다메크 스투파 탑돌이

인도

인도 바라나시

28
세계에서 가장 아름다운 건축물, 타지마할

북인도 4박 5일

1일	인천공항 → 델리공항
2일	뉴델리(자마마스지드 - 인디아게이트 - 바하이사원) → 아그라
3일	타지마할 → 아그라포트 → 자이푸르
4일	시티팰리스 → 잔타르만타르 → 하와마할 → 델리
5일	인천공항

추천여행 패키지
여행성격 건축, 문화, 역사
여행경비 140만 원(패키지 120만 원, 기타 20만 원)
추천계절 사계절

서쪽 모스크에서 바라본 타지마할

돔형 블루모스크

타지마할은 세계에서 가장 아름다운 건축물로 한국인이 인도 여행 시 가장 가보고 싶은 곳이다. 세계사 교과서에 빠지지 않고 등장하는 타지마할은 세계 건축의 불가사의로 인류건축기술의 극치를 말해주며 인도의 대표적 상징물이다.

터키 이스탄불의 소피아성당과 그 앞에 있는 블루모스크를 보고 무한한 감동을 받은 적이 있었다. 5세기에 건축된 소피아성당이 이슬람교를 만나면서 블루모스크를 만들었고, 그 돔 양식이 동진하여 아라비아 반도를 거쳐 인도에 와서 타지마할이란 전무후무한 꽃을 피어냈다. 이슬람 군주의 묘는 대개 이런 돔 형식을 가지고 있는데, 돔이야말로 천체를 상징한다. 비잔틴 시대에는 돔을 천국을 향한 통로로 보았고, 무슬림은 영원불멸의 삶의 공간으로 본 것이다. 코란에 따르면 세상 종말이 되면 모든 무덤에서 죽은 사람이 되살아나 알라의 심판을 받게 되는데 그 전까지 자손대대로 안락하게 잠들라고 이렇게 돔형 무덤을 조성한 것이다.

무굴제국과 타지마할

몽골제국의 재건을 꾀하는 티무르제국의 마지막 왕 바부르는 제국이 멸망한 뒤 군사를 이끌고 북인도를 침입해 무굴제국을 세웠다. '무굴'이라는 이름에서 '몽고'라는 어감이 나지 않는가. 아그라는 16세기 무굴제국의 수도였다. 당시 왕은 샤자한인데 왕비 뭄타스 마할은 14명의 아이를 낳다가 죽게 된다. 1631년 첫 삽을 뜨고 천문학적 비용을 들여 22년이 지난 1653년에 드디어 타지마할이 완성되었다.

인도 각지에서 최고급 대리석과 사암을 운반했고 건물의 장식을 위해 청금석, 공작석, 터키석 등을 수입했다. 자재 운반을 위해 1천 마리의 코끼리가 동원되었고, 터키, 이탈리아, 프랑스 등에서 차출된 장인만 2만 명이 넘는다. 그야말로 전 세계인 건축가들의 총집결이라 하겠다.

이와 같은 위대한 건물을 다시는 세우지 못하도록 건축 총감독의 목을 베었고 기술자의 손가락을 잘랐다고 하니 어쩌면 타지마할은 냉혈한이 쥐어 짠 피눈물의 산물일지도 모른다. 경복궁을 중건한 대원군이 인부를 위해 남사당패를 동원해 노고를 치하하는 모습이 더욱 아름다운 것 같다.

1. 화려한 문양을 가지고 있는 타지마할 정문
2. 완벽한 대칭과 태양의 각도에 따라 색을 달리하는 타지마할
3. 서쪽 모스크

원래 샤자한 왕은 야무나강의 반대쪽 기슭에 검은 대리석으로 자신의 무덤을 건설해 양쪽을 다리로 연결하려 했다. 만약 그가 아들 아우랑제브에게 유폐당하지 않았다면 민초들의 고통은 더 컸을 것이다. 아우랑제브는 생을 다한 아버지의 시신을 뭄타스 곁에 안장하도록 했다. 이렇게 빛나는 건물에는 짙은 그늘이 있으며 백성들의 피와 땀이 있었기에 가능했다.

타지마할

입장료는 거의 7만 원. 타지마할 총 공사비를 요즘 환율로 계산하면 720억 원에 육박한다고 하지만 한 해 관광수입으로 그걸 충분히 만회하고도 남는다. 가방은 들고 갈 수 없으며, 공항 검색대에 선 것처럼 삼엄한 검문을 받아야 한다. 정문의 기하학적 구조가 눈에 들어왔지만 그 안쪽의 하얀 건물이 나를 끌고 가는 기분이었다. 너무나 익숙한 타지마할은 내가 생각하는 것보다 훨씬 크고 웅장했다. "와~" 탄성만 내지를 뿐, 밀랍인형처럼 그 자리에 굳어졌다. 순백의 대리석은 태양의 각도에 따라 하루에도 몇 번씩 색깔을 달리 한다. 아침에 가면 여명을 받아 노란빛을 발한다. 돔의 높이는 무려 44m에 이른다. 하얀색을 띠고 있어 더욱 크고 숨 막힐 듯 아름답게 보인다. 4개의 작은 돔을 함께 배치해 거대한 돔의 크기를 분산시켰다. 삶과 죽음을 이어주는 공간이어서 그런지 돔은 거대한 기구처럼 보였고 앞에 수로가 조성되어서인지 건물은 지면에서 살짝 뜬 것 같은 기분이 든다. 독재국가의 사열식을 보는 듯 완벽한 대칭에 숨이 막힐 지경이다. 거기다 하늘로 치솟는 미너렛은 건물의 상승감을 더해준다. 지상에 천국을 재현해놓은 것이다.

거울 같은 수로는 타지마할을 담았다. 양 측면에도 수로가 있고 뒤쪽은 야무나강이 그 역할을 대신하고 있다. 땅속, 지면, 하늘을 하나로 묶어 삶과 죽음의

1. 타지마할 미너렛
2. 타지마할 후면에서 바라본 강

엄숙한 분위기의 타지마할 후면

1. 좌우대칭이 완벽한 티지마할 수로
2. 붉은 사암 건물인 아그라성
3. 무굴제국 역대 가족들이 살았던 아그라성

공간을 극대화시킨 것이다. 연못은 어머니의 양수였다. 생명의 근원답게 이곳에 서면 삼라만상 속에 자신의 존재를 확인하게 된다. 성문, 조경수, 영묘 그리고 양쪽 회당 등이 한 치의 오차도 없이 큐빅처럼 끼워 맞춰졌다. 하늘의 여백미는 균형과 질서의 모범답안을 보는 것 같다.

뭄타스 마할

무려 14명의 자식을 낳았으니 왕비의 몸이 허약할 수밖에 없다. 왕이 진정 왕비를 생각했다면 자식을 덜 낳게 하고 살아 있는 동안 왕비를 행복하게 해주는 것이 낫지 않을까 생각해본다. 왕비는 사랑스런 여장부였다. 정사도 의논했고 전쟁터까지 쫓아가며 행정 역할까지 담당했으며 억눌리고 가난한 이들을 돌보았다고 한다. 왕이 칸자한 전투에 참전했을 때 아내가 위독하다는 소식을 들었다. 단숨에 달려가 아내를 살리기 위해 백방으로 노력을 했지만 허사였다. 그저 죽음을 눈앞에 둔 왕비를 보고 회한의 눈물을 쏟아낼 뿐이다. 결국 왕비는 39세의 젊은 나이에 샤자한의 품에서 숨을 거두었다. 왕은 하룻밤 새 수염이 하얗게 셀 정도로 충격을 받았다. 왕은 사랑하는 아내를 영원히 품을 생각을 하고 세상에서 가장 아름다운 무덤을 조성할 생각을 가졌다. 타지마할이 완공되자 매주 금요일마다 샤자한은 뭄타스의 무덤에 와서 통곡을 했으며 아내의 유언에 따라 죽을 때까지 결혼을 하지 않았다고 한다. 그러나 많은 자식이 화근이었다. 4명의 왕자가 제위를 두고 피비린내 나는 싸움을 벌였는데 셋째 아들 아우랑제브가 형제들을 죽이고 황제에 올랐다. 그리고는 아버지 샤자한마저 아그라성에 유폐시키고 강 건너에서 눈물로 타지마할을 지켜보게 했다.

영묘 안으로

타지마할은 무굴제국의 유산이기에 이곳의 주인은 무슬림이다. 그래서 금요일에는 무슬림만 들어갈 수 있다. 인도에서 11%를 차지하고 있는 무슬림은 힌두교도에 눌려 차별을 받고 있다. 문맹율도 높고, 공무원 비율도 극히 낮아 밑바닥 일을 하는 사람들이 많다. 그럼에도 불구하고 알카에다와 연결된 무슬림이 한 명도 없다고 하니 다행이다. 영묘의 동서 양쪽에는 완전 대칭을 이루는 건물 2동이 있는데 서쪽에 있는 것은 모스크이며 동쪽의 것은 미학적 균형을 맞추기 위해 세웠다고 한다.

신발을 벗고 영묘에 올라야 한다. 복도 역시 기하학적 문양의 돌을 깔아놓았다. 영묘에서 바라본 정원은 아름답다. 영묘의 정문으로 들어가면 사자한과 왕비의 석관을 볼 수 있다. 관람객이 보는 무덤은 가묘이며 진짜 무덤은 도굴방지를 위해 본당 지하 깊숙한 묘실에 모셨다고 한다. 가묘를 감싸고 있는 병풍석은 화려하면서도 정교하다. 창을 통해 빛이 투과될 때 가묘 주위에 박혀 있는 43가지의 보석들이 영롱하게 빛을 발한다.

대리석에 문양을 파고 이라크산 홍옥, 중국산 옥, 이탈리아나 터키에서 수입한 천연색 돌과 스리랑카 청금석과 사파이어, 자수정 등 43종의 보석을 대리석에 감쪽같이 끼워 넣었는데 튤립, 아이리스, 장미꽃의 음영까지 묘사할 정도로 정교하다. 만약 내 허벅지의 솜털까지 표현했다면 얼마나 놀랄 일인가? 타지마할 벽면을 이렇게 세밀하게 표현하고 있다. 입구에서 검문이 삼엄한 것은 바로 칼로 파면 돌을 떼어낼 수 있기 때문이다. 투조와 격자세공은 '대리석의 환희'라고 부를 정도로 우아한 미를 지녀, 생전 왕비의 모습을 방불케 한다.

난 사람이 북적거리는 정면보다는 한적한 뒤쪽이 참 좋다. 앞쪽이 활기찬 공간이라면 뒤쪽은 엄숙한 분위기여서 삶과 죽음을 초월한 사랑을 곱씹어 볼 수 있기 때문이다. 건물 뒤

1. 기하학적 무늬의 복도 문양
2. 벽면은 천연돌과 보석을 끼워 장식
3. 투조와 격자세공으로 대리석의 환희라 불리운다

1. 화려한 조각의 아그라성 2. 아버지 샤자한을 감금한 무삼만 버즈

쪽은 야무나강이 흘러 마치 피안의 바다처럼 보인다. 인도 대시인 타고르가 타지마할을 보고 '영혼의 뺨에 흘러내린 한 방울의 눈물'이라 칭한 것에 고개가 끄덕여진다.

아그라성

아그라성은 타지마할과는 야무나강을 사이에 두고 북서쪽 2.5km 떨어진 곳에 서로 마주보고 있다. 아그라성은 알바르 대제가 아들인 자한기르를 위해 만든 건물로 좌우 대칭이며 이슬람과 힌두양식이 혼재된 문양이 볼만하다. 겉은 사암을 사용해 붉은색을 띠고 있으며 내부는 하얀 대리석으로 꾸며져 웅장함과 경건함을 동시에 느낄 수 있다. 이곳은 무굴제국의 역대 황제들과 가족들이 생활했던 흔적을 볼 수 있다.

샤자한의 아들 아우랑제브는 아버지인 샤자한을 타지마할이 잘 보이는 무삼만 버즈에 감금시킨다. 8년의 여생을 자신이 지은 요새에 갇혀 있다가 쓸쓸하게 죽고 만다. 아내의 무덤이 있는 타지마할을 바라보며 아내를 그리는 황제의 뒷모습이 보이는 듯하다. 자신이 만든 완벽한 창조물을 보면서 위안을 받았을까? 1666년 74세로 숨을 거두었고 그제야 유폐에서 풀려나 타지마할 왕비 곁에 누울 수 있게 되었다.

친절한 여행 팁 델리-아그라-자이푸르는 북인도 골든트라이앵글로 인도에서 가장 인기 있는 코스다. 아시아나항공과 인도항공이 직항편을 운행하며 8시간이 걸린다. 델리에서 아그라까지 5시간, 자이푸르에서 델리까지 5시간 정도 걸린다. 조각이 화려한 카주라호와 영혼의 고향 갠지스강을 넣으면 8일 일정이 된다.

29
미지근한 신앙인이여, 터키 데린쿠유를 기억하라

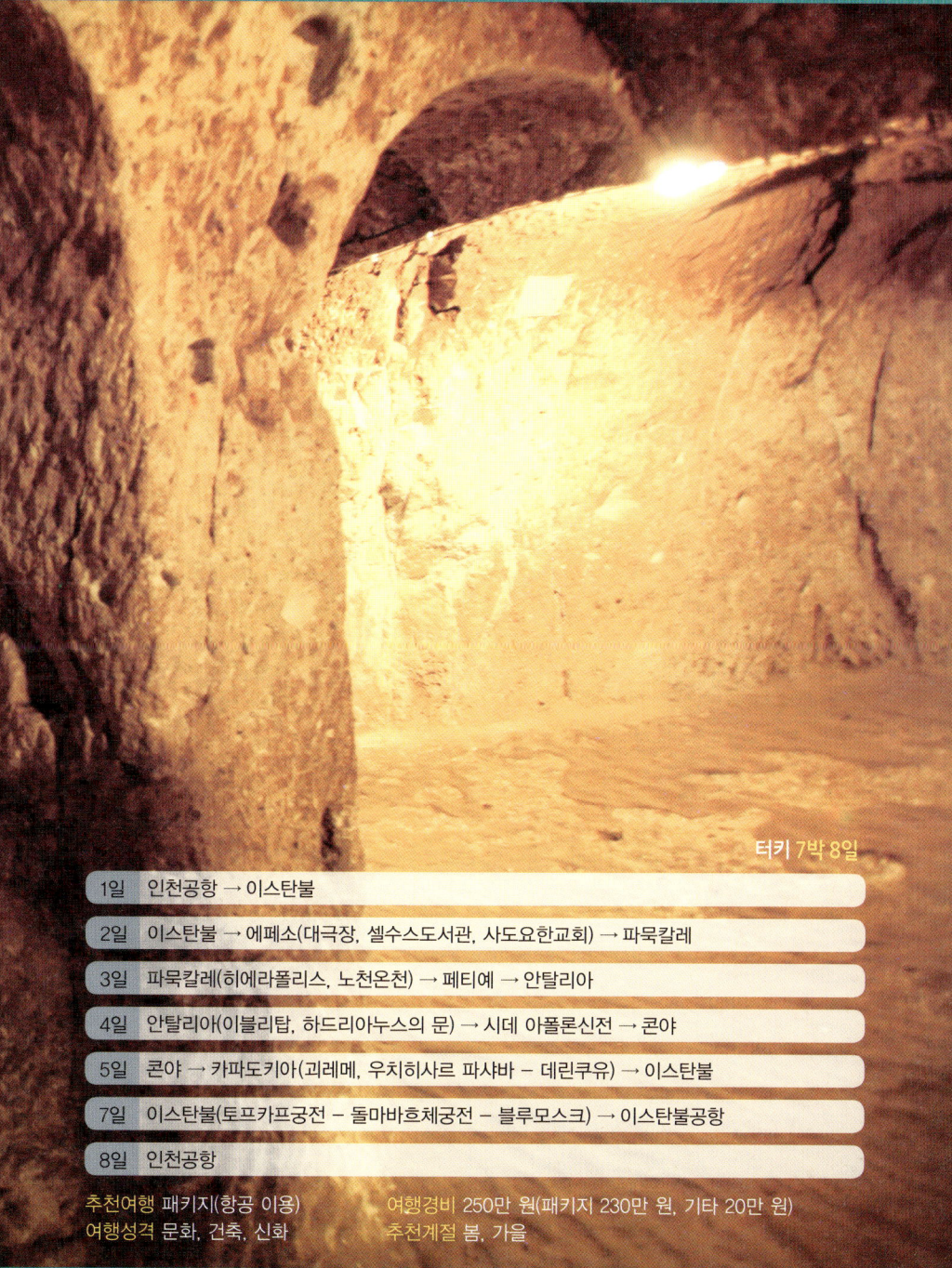

터키 7박 8일

1일	인천공항 → 이스탄불
2일	이스탄불 → 에페소(대극장, 셀수스도서관, 사도요한교회) → 파묵칼레
3일	파묵칼레(히에라폴리스, 노천온천) → 페티예 → 안탈리아
4일	안탈리아(이블리탑, 하드리아누스의 문) → 시데 아폴론신전 → 콘야
5일	콘야 → 카파도키아(괴레메, 우치히사르 파샤바 – 데린쿠유) → 이스탄불
7일	이스탄불(토프카프궁전 – 돌마바흐체궁전 – 블루모스크) → 이스탄불공항
8일	인천공항

추천여행 패키지(항공 이용) **여행경비** 250만 원(패키지 230만 원, 기타 20만 원)
여행성격 문화, 건축, 신화 **추천계절** 봄, 가을

1. 데린쿠유 들어가는 입구   2. 데린쿠유 계단

데린쿠유 지하도시

자신의 신앙을 한 번 돌아보라. 미지근한 신앙을 가지고 있지 않았는지 반성해보라. 주일 예배에 빠지는 때가 많고 기도할 수 있는 시간은 주어졌지만 잡념에 시달려 전혀 집중하지 못하지 않는가. 그렇다면 초기 기독교인들의 불타는 신앙심을 볼 수 있는 카파도키아의 데린쿠유를 가보라.

세계 9대 불가사의 중 하나인 데린쿠유는 겉보기에는 작고 평범한 마을이다. 화장실 딸린 매표소 건물만 달랑 서 있을 뿐 이곳이 거주지, 학교, 식당, 예배당을 갖춘 지하도시였다는 것이 도무지 믿기지 않는다. 정면에 있는 좁은 문이 지하도시로 들어가는 통로다.

높이 150cm, 너비 60cm의 지하동굴이 거미줄처럼 연결되어 있다. 지하로 내려가니 닳고 닳은 계단이 보인다. 신앙을 지키기 위해 수많은 사람들이 오르내리며 만든 흔적이다. '데린쿠유'는 '깊은 우물'이란 뜻이다. 1960년대 어린 목동이 잃어버린 양 한 마리를 찾다가 이 동굴을 우연히 발견했다고 한다. 그러니까 이 지하도시는 2천 년 동안 어둠 속에 묻혀 있다가 공개된 지 불과 50년밖에 되지 않았다. 현재 일반에게 공개된 것은 지하 8층까지 며 17~18층(120m)까지로 추정하고 있어 이들의 신앙의 깊이는 가늠하기 힘들다. 9km나 떨어진 인근 지하도시까지 연결되었다고 하니 그 스케일이나 대담함에 기가 찰 노릇이다. 데린쿠유 지하도시만 총 2만 명을 수용하는 규모란다. 경북 영양 전 군민이 통째로 이 지하도시에 들어가 산다고 보면 된다.

1~3세기 로마인들의 침입으로 아나톨리아 기독교인들이 박해를 받자 땅속에 지하도시를 만들고 이곳에 피난 왔다. 이런 지하도시는 한 곳이 아니라 터키에는 40여 개나 된다고 한다. 초기 기독교인들은 빛 한 점 없는 이 암흑도시에서 어떤 희망을 가지고 살았는지 궁금하다. 바위굴에서 태어났고 평생 빛을 보지 못하고 살다가 죽은 사람도 있을 것이다. 그 신앙의 원천은 어디에서 찾을까?

곳곳에 직경 1.5m, 무게 300kg의 맷돌 모양의 돌 빗장이 가로막고 있다. 위급할 때 안에

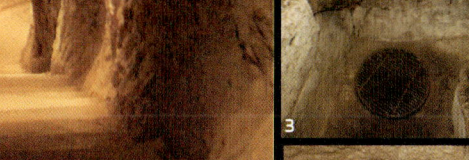

1. 거미줄처럼 연결된 지하도시
2. 무게 300kg 맷돌 형태의 빗장
3. 곳곳에 도사린 함정
4. 지하도시의 숨구멍 역할을 하고 있는 통풍관
5. 십자가 형태의 예배당
6. 주거지
7. 노새를 기르는 구유

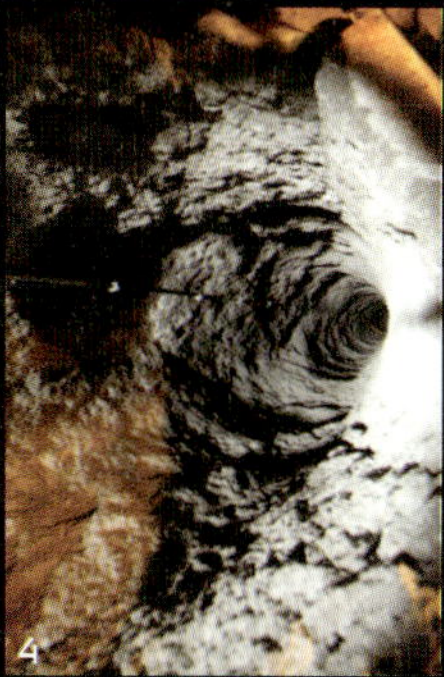

유럽

터키 데린쿠유

서 그 돌로 통로를 막음으로써 통행을 차단했던 장치다. 특이하게도 돌의 가운데 구멍이 뚫려 있는데 이를 통해 침입자를 감시했으며 적들이 나타나면 이 구멍으로 활을 쏘거나 창으로 적을 찔렀다고 한다. 지하에 있는 도시는 사계절 14~15℃를 유지했으며 기름등잔의 열기로도 난방이 가능했다고 한다. 포도주 공장도 보인다. 위에서 포도를 쏟아 부으면 창고로 쏟아지고 그곳에서 포도를 밟으면 즙이 배수구를 통해 아래 가죽부대로 떨어졌다고 한다.

아래로 연결된 통로는 미로같이 복잡해 만약 화살표시가 없다면 길을 잃어버리기 십상이다. 곳곳에 암호를 표시해 유사시를 대비했다. 지하로 빠르게 내려가는 길도 보이고 적을 유인해 나락으로 빠뜨리는 함정도 곳곳에 도사리고 있다. 무릎 높이 정도 될까. 돌을 파 홈을 만들어서 침실로 사용하고 있다. 어깨 높이의 홈에는 투박한 돌 십자가가 서 있었다. 이 동굴을 발견할 때 가재도구나 사람이 살았던 흔적이 전혀 발견되지 않았다고 하니 아마 박해가 끝나자 한꺼번에 굴을 빠져나온 것으로 추정하고 있다. 수백 년간 암흑 속에서 목숨을 부지하다가 '신앙의 자유'라는 선물을 받고 지상에 섰을 때 그들의 심정은 어떠했을까? 태양 볕이 내리쬐는 이 대지가 그들에게는 천국이었을 것이다.

1. 데린쿠유를 상징하는 기념품
2. 데린쿠유 교회
3. 개구쟁이 스머프의 모티브를 띠았다는 괴레메 계곡

허파 역할의 통풍관

그렇게 깊은 동굴이 있어도 숨이 막히거나 답답하지 않는 이유는 바로 허파 역할을 하고 있는 통풍관 때문이다. 바깥세상과 연결하는 유일한 통로로, 이런 통풍구가 무려 56개나 뚫려 있어 지하도시의 허파 역할을 하고 있다. 지하 사람들이 먹을 우물도 여럿 있다. 독약에 오염되는 것을 방지하기 위해 우물도 여러 개를 팠다. 바깥세상이 궁금한 사람들에게 천문관측대 역할을 겸했다. 그 아래는 까마득하게 깊다. 변고가 있을 때 바깥사람들은 이 통풍관을 통해 위급함을 알렸다고 한다. 자세히 살펴보면 홈이 패여 있어 위아래로 재빨리 오르내릴 수 있도록 했으며 줄이 매달려 물건을 올리고 내릴 수 있도록 했다.

지하 예배당

초대 교회의 지하 예배당은 위에서 내려다보면 십자가 형태를 띠고 있다. 이곳에서 수많은 신자들이 옹기종기 앉아 성가를 부르고 기도하며 신앙을 다졌을 것이다. 특이하게도 괴레메 야외성당처럼 프레스코화나 벽에 그린 성화는 없다. 오로지 말씀과 믿음 그리고 순명만으로 믿음을 지켰을 것이다. 정갈하고 무덤덤한 분위기여서 더욱 와 닿는다. 마치 옹기

성서 이야기를 빼곡하게 채워 놓은 괴레메 성당

에 십자고상을 넣고 전교했던 우리네 초기 한국천주교 신자들의 모습을 보는 것 같다.
스머프가 되어 엉금엉금 기어서 다시 위로 올라갔다. 신학교는 제일 위층에 자리 잡고 있는데 물을 받아 세례를 줘야 하기 때문이다. 학교 옆은 양, 말, 노새를 기르는 구유가 자리하고 있었다.
출구로 빠져 나왔다. 입구와 불과 10m도 떨어지지 않았다. 지상에서는 도무지 지하에 무슨 일이 있는지 알 수 있는 방법이 전혀 없다. 만약 내게 이런 상황이 주어졌다면 어떠했을까? 아마 답답함에 못 이겨 밖으로 뛰쳐나갔을 것 같다. 얼마나 어렵게 얻은 종교의 자유를 너무나 허망하게 보내는 것은 아닐까 반성해본다.
'신앙은 쟁취하는 것보다 지키는 것이 더 어렵다.'

대자연의 경이로움, 괴레메 계곡

괴레메 계곡은 '괴레메 파노라마'라고 부른다. 화장지의 올록볼록 엠보싱처럼 생긴 버섯모양의 바위가 제각각 다른 모양으로 서 있기 때문이다. '개구쟁이 스머프 마을'의 실제 모델은 바로 카파도키아에서 아이디어를 따왔다고 한다.
광활한 벌판에 솟아오른 기암괴석들은 자연이 빚어낸 천혜의 조각품에 인간이 얼마나 무력한 존재인지 깨닫게 된다. 자세히 보면 흰색, 녹색, 붉은색 바위가 함께 어우러져 있다. 바위는 나사처럼 홈이 팬 것이 있고, 암반처럼 부드러운 언덕을 이룬 것도 있다. 그 버섯바위는 파도가 되어 너울너울 춤추고 있었다. 로마에서 박해를 피해온 기독교인들은 암벽과

9~11세기 화려한 프레스코 벽화

유럽 | 터키 데린쿠유

초기 성화는 신앙의 상징만 그려 놓았다

계곡을 깎고 다듬어 굴을 만들고 그 속에 암굴교회와 지하도시를 건설했다. 해발 4,000m의 에르지예스산이 화산 폭발하면서 거대한 마그마가 엉기면서 굳어졌고 그 화산재가 비바람에 씻겨 이런 오묘한 버섯모양의 바위탑이 만들어졌다. 석질이 부드러운 화산재이기에 도구를 이용해 구멍을 파 쉽게 주거지를 만들 수 있었다. 거기다 겨울에 따뜻하고 여름에 시원해서 일부러 이곳을 찾아 집을 짓는 사람들이 늘어났.
고대에는 히타이트 사람들이 터전을 잡았고, 페르시아 때까지 주거용 또는 요새로 사용되었다. 또 로마의 지배를 받자 박해를 피해온 초기 기독교인의 은거지였다. 신앙의 자유를 걸으면서 절제와 금욕을 중시하는 수도사들의 신앙처가 되었다. 이 지역에서만 3,000여 개의 동굴수도원이 있다고 하니 그들의 신앙심을 되새겨볼 만하다.

한국 연계관광지

배론성지

첩첩산중 깊은 계곡에 숨어 있는 배론성지는 그 산세가 마치 배 밑바닥 같다고 하여 불린 이름이다. 1801년 신유박해 때 많은 천주교인들이 배론 산골로 숨어들어 옹기장사를 하면서 생계를 유지했다. 황사영은 당시 박해 상황과 천주교도의 구원을 요청하는 백서를 토굴에서 집필하였으며, 1855년에는 우리나라 최초의 사제배출을 위한 성 요셉 신학교를 이곳에 세웠다. 현재 토굴과 신학교가 복원되어 있으며 우리나라 최초의 유학생이자 두 번째 신부가 된 최양업 신부의 묘소가 성지로 조성되어 있다. 굳이 천주교 신자가 아니더라도 조용한 산책길을 거닐면서 자신을 돌아볼 수 있는 기회를 가져봄 직하다. 배 밑바닥 모양을 하고 있는 최양업 신부 기념 대성당의 천장이 이채롭다.

지붕 없는 노천교회이자 박물관은 총 13기로 이루어졌다. 암굴마다 수도사들이 하늘을 바라보며 기도를 했을 것이다. 산책로를 따라 교회가 이어지는데 바위 하나가 교회라고 생각하면 된다.

동굴교회에는 형형색색의 벽화가 가득하다. 안타깝게도 이슬람교는 우상숭배를 금지했기 때문에 프레스코화에 나오는 사람들의 눈은 거의 지워졌다. 벽에 회칠을 하고 물감을 입힌 프레스코화는 9세기부터 11세기의 것들이며 성상파괴시대 이후의 그림들이다. 기둥에도 치장을 했고 돔장식으로 기교를 부리기도 했다. 벽화 천장에는 푸른색과 붉은색의 성화가 가득하다. 천장에는 예수와 마리아, 그리고 요한까지 보인다. 신학성서를 그대로 천정에 옮겨 놓은 것이다. 굳이 글을 몰라도 그림이 주는 메시지에 신앙심이 절로 우러날 것 같다. 그리하여 이 벽화는 비잔틴 예술의 걸작으로 평가받고 있다. 예배당뿐 아니라 음식 저장실, 취사실, 식사실 등 세 부분으로 이루어져 있다. 동굴 안에 있는 식당은 30명이 앉을 수 있는 식탁이 놓여 있는데 하나의 돌로 만들어졌다. 굴을 파기 전에 미리 식탁을 설계한 것 같은데 수도사들이 단체 생활을 했을 것이다.

초기 성화는 어린이가 낙서해놓은 것 같이 단순한 무늬만 그려져 있다. 직접 인물을 그릴 수는 없고 원시벽화처럼 십자가와 포도송이, 물고기 등 신앙의 상징물만 그려 넣었다. 8~9세기경에는 실제 성상의 모습으로 장식하는 것을 금했기 때문에 이런 상징적인 무늬가 대신한 것이다. 이런 문양들은 훗날 이슬람교에 영향을 미쳐 '아라베스크'라는 기하학적 무늬로 발전한다. 이슬람과 기독교는 그 뿌리를 찾아가면 하나인데, 인간의 욕망이 불신을 만들었고 전쟁을 거치면서 영원히 만날 수 없는 평행선이 그어졌다.

괴레메 교회의 석관

친절한 여행 팁

터키 패키지의 기본은 이스탄불, 카파도키아, 파묵칼레, 에페소이며, 수도인 앙카라 안탈리아가 들어간다. 터키는 땅이 넓기 때문에 이동시간이 길어 비용이 들더라도 직항을 이용하고 국내선을 이용하는 것이 시간 절약에 도움이 된다. 터키에서는 고기, 양파, 마늘, 감자를 넣은 항아리케밥을 먹어보는 것이 좋다. 고등어케밥은 터키에서나 먹을 수 있는 별미인데 국민맥주인 에페스를 겸하는 것이 좋다. 터키 음식이 기름지기 때문에 컵라면과 고추장을 가져가면 느끼함이 사라진다. 오렌지, 석류, 당근 등 과일을 즉석에서 갈아주는 생과일주스를 수시로 먹어라. 개인 여행 시 성 소피아 성당과 블루모스크는 오전 일찍 입장해야 한적하게 둘러볼 수 있다.

30
피를 나눈 형제 국가, 터키 이스탄불

터키 7박 8일

1일	인천공항 → 이스탄불
2일	이스탄불 → 에페소(대극장, 셀수스도서관, 사도요한교회) → 파묵칼레
3일	파묵칼레(히에라폴리스, 노천온천) → 페티예 → 안탈리아
4일	안탈리아(이블리탑, 하드리아누스의 문) → 시데 아폴론신전 → 콘야
5일	콘야 → 카파도키아(괴레메, 우치히사르 파샤바 – 데린쿠유) → 이스탄불
7일	이스탄불(토프카프궁전 – 돌마바흐체궁전 – 블루모스크) → 이스탄불공항
8일	인천공항

추천여행 패키지   여행경비 250만 원(패키지 230만 원, 기타 20만 원)
여행성격 문화, 건축, 신화   추천계절 봄, 가을

1. 경부고속도로의 아시안 하이웨이 2. 아시아와 유럽을 잇는 보스포러스 다리. 부산부터 시작된 아시안 하이웨이 1번 도로의 끝이 이스탄불이다

한국과 형제의 나라, 터키

한국 사람들이 '코리아'보다 '대한민국'이란 호칭을 더 좋아하듯 터키도 '투르크'라는 호칭을 더 선호한다. 그 투르크가 바로 고구려와 손을 잡았던 돌궐로, 수나라와 당나라를 공포로 몰았던 우리의 혈맹이다. 거기다 연개소문이 돌궐의 공주와 결혼했다는 동화 같은 얘기도 들린다. 6·25전쟁 때는 터키에서 1만 5천 명이 참전해 3천 명이 넘는 군인이 사망하거나 부상을 당했다. 놀라운 것은 그들 대부분 자원병이었다는 것이며 현재도 생존자가 많이 남아 있다. 이들은 우리와 같이 우랄알타이어를 사용해 유사한 말이 많으며 유럽인임에도 불구하고 몽고반점이 있다. 음식, 문화, 다혈질 성격, 열정적으로 노는 것까지 닮은 점이 많다.

월드컵 3·4위전 때다. 자국에서 보지 못한 대형 터키국기가 한국의 관중석에서 펼쳐지는 순간, TV를 지켜보던 7천4백만 터키인들이 기립해 눈물을 쏟았다고 한다. 그 무렵 한국에 대한 사랑이 어찌나 대단했던지 한국인들에게 식사비와 숙박비를 받지 않아 배낭여행을 다녔던 대학생들은 공짜로 여행했다는 뒷얘기도 들린다. 2006년 독일월드컵 때는 100여 명의 터키인이 사비를 털어 독일까지 날아가 붉은 악마가 되어 한국을 응원했다고 한다. 급기야 터키가 한국산 탱크까지 수입하면서 고구려 때의 군사적 동맹을 다시 이어나갔고 스마트폰 매출 1위는 삼성전자, 아시아와 유럽을 잇는 보스포러스 제3대교는 현대건설이 맡아 경제적 동반자 관계를 유지하고 있다. 드라마는 물론 빅뱅, 비스트 등의 K-POP까지 터키 젊은이들이 따라 부를 정도로 이스탄불은 한류의 중심지다.

콘야의 메블라나 박물관에서 중년의 터키 남자를 만났다.
"혹시 터키가 한국전에 참전한 것을 아십니까?"
"그럼요. 우리가 얼마나 터키인에게 감사하는데요."
삼촌이 참전용사라고 하면서 함박웃음을 지으며 내게 악수를 청했고 난 힘찬 악수에다 포

1. 성 소피아 성당 외관
2. 40여 개의 창문에서 빛이 들어오는 성 소피아 성당

유럽

1. 성 소피아 성당 천장
2. 구멍 뚫린 기둥에 손가락을 넣고 한 바퀴 돌리면 소원이 이루어진다
3. 대리석 항아리

옹까지 더해 진한 형제애를 확인했다.

세월호 참사 때도 진도로 달려가 실종자 가족들에게 케밥을 만들어준 이들도 터키인이다. 투르크인은 세계에서 가장 한국인을 사랑하는 민족임이 틀림없다. 그래서 나의 터키행은 미지를 향한 여정이 아니라 오랜 친구를 만나러 가는 길이다.

이스탄불

이스탄불은 지구상에서 유일하게 아시아와 유럽에 걸쳐 있는 도시이며 기독교와 이슬람 문화가 함께 공존하는 도시다. 이스탄불은 반경 2km 이내에 4,500년 역사가 축적된 문명의 용광로다. 신라의 인삼, 중국의 비단, 인도의 향료는 이곳 콘스탄티노플(현 이스탄불)에 모여 유럽으로 퍼져 나갔으니 실크로드의 종착점이자 유럽을 향한 시발점이라 하겠다. 로마 제국, 비잔틴 제국 그리고 오스만 시대까지 황제가 사는 궁전이 있었던 심장부라 할 수 있다. 가장 큰 교회, 가장 화려한 사원 그리고 가장 큰 박물관들이 구시가지에 밀집해 있다. 성 소피아 성당, 토프카프 궁전, 술탄 아흐메트 사원, 고고학 박물관, 이슬람 예술 박물관, 모자이크 박물관 등 구시가지 전체를 인류 문명의 살아 있는 박물관이라 불러도 무방할 것 같다.

아야소피아

비잔틴 제국의 최고의 성당이다. 360년 콘스탄티누스 2세가 건립한 최초의 성당으로 지진으로 허물어졌다가 537년 완공되었다. 6세기 건축물이 지진과 전쟁의 소용돌이 속에서 여

1. 마리아와 요한이 인류구원을 위해 예수에게 간절히 소호하는 벽화인 디시즈
2. 성모마리아와 예수 천장 벽화
3. 슐레이만 사원에서 기도하고 있는 무슬림

유럽

터키 이스탄불

1. 새벽 예배시간을 알려주는 미너렛
2. 울림소리가 좋은 슐레이마니예 사원

태 남아 있는 것도 대단한데 그 웅장한 규모에 압도당한다. 천년 동안 교회로, 다시 5백 년 동안은 이슬람 사원으로, 그리고 1935년 이후에는 박물관으로 사용되고 있으니 이 위대한 건축물 역시 기구한 삶을 산 것 같다. 돔의 높이가 56m로, 15층 건물에 해당한다. 그 꼭대기에는 지름 33m의 대형 돔이 덮여 있으며 그 옆에 소형 돔을 연결해 무게를 분산시켰다. 5년이라는 짧은 시간에 이렇게 아름다운 건물이 선 것은 세계 건축학상 유례가 없어 세계 8대 불가사의 중 하나로 손꼽히고 있다. 이런 건축물은 이슬람 건축에 영향을 미쳐 훗날 인도의 타지마할 같은 건축물로 거듭나게 된다. 초기에는 모자이크로 된 기독교 성화가 가득 찼지만 오스만 투르크에 의해 점령당하자 일체의 우상숭배가 금지되어 5cm 회벽으로 벽화를 덮어버렸다. 다행히 회를 긁어내면 1,500년 전 황금 성화가 드러난다. 가톨릭과 이슬람의 분위기가 묘하게 어울려 있다.

황제의 문 위에는 '축복을 내리는 예수의 모자이크' 벽화가 걸려 있는데 오른손에 들고 있는 책에는 '너에게 평화를, 나는 세계의 빛이다.'라고 쓰여 있다. 이 모자이크는 9~10세기에 제작되었다고 한다. 황제의 문에 들어서면 성당 내부가 드러나는데 그 거대한 규모에 입이 딱 벌어졌다. 높이 56m, 동서 31m, 남북 32m 거대한 돔을 가지고 있다. 조명이 없음에도 40여 개의 창문으로 들어오는 빛이 내부를 환하게 밝히고 있다. 기둥에는 알라, 예

언자, 이슬람 초기후계자의 이름이 새겨진 원판이 걸려 있다.

성당 입구에는 페르가뭄에서 발견된 대리석 항아리가 있으며, 한쪽에 땀 흘리는 기둥이 서 있다. 엄지를 넣고 한 바퀴 돌리면 소원이 이루어진다고 하는데 기둥을 보호하기 위해 동판에 구멍을 뚫어놓았지만 얼마나 많은 사람이 손을 돌렸는지 동판이 닳고 닳았다. 2층 갤러리 가는 길은 계단이 아니라 언덕길처럼 완만한 경사로 이루어졌다. 수많은 사람들의 발길이 닿아 바닥이 반들거린다. 회랑에는 비교적 보존이 잘 된 성모마리아의 모자이크 등이 가득하다. 특히 비잔틴 최고의 명작으로 손꼽히는 '디시즈'라는 모자이크 벽화가 유명한데 성모마리아와 세례자 요한이 인류 구원을 위해 예수께 간절히 호소하는 모습과 고뇌에 찬 예수의 표정을 볼 수 있다.

술탄 아흐메트 모스크(블루모스크)

1616년, 오스만 시대에 술탄 아흐메트 1세에 의해 만들어진 터키 최대의 사원이다. 성 소피아 성당에 대해 이슬람 문화의 우위를 보여주기 위해 마주보는 곳에 세웠다고 한다. 높이 43m, 직경 23.5m의 중앙돔을 가지고 있으며 4개의 중간돔이 있어 실내 면적을 넓힐 수 있었다. 그러나 소피아 성당은 내부 기둥이 없지만 블루모스크는 육중한 기둥이 지붕을

1. 6개의 미너렛을 가진 블루모스크 **2.** 2만여 장의 푸른색 타일로 꾸며 블루모스크

받치고 있어 건축학적으로 볼 때 소피아 성당에 뒤진다는 평을 받고 있다. 푸른색과 흰색 등 2만여 장의 타일로 외부와 내부를 장식하고 있어 일명 블루모스크라 불린다. 원래 모스크는 메카 외에 6개의 첨탑을 세울 수 없었다. 최고의 모스크를 만들겠다는 생각을 가진 왕은 신하에게 미너렛(첨탑)을 모두 금으로 만들 것을 명령했지만 국가 재정을 염려한 신하가 재치를 발휘해 '금(알트)'과 발음이 유사한 '6(알튼)'으로 잘못 들었다고 말해 6개의 미너렛이 들어선 것이다. 그러나 메카의 성전과 개수가 같아 여러 이슬람 국가에서 문제제기를 하자, 권위를 위해 메카의 미너렛을 7개로 늘렸다고 한다.

새벽에 사원을 찾았다. 다소 추운 날씨임에도 불구하고 샤드르반, 즉 기도하기 전 손발을 씻는 우물에는 사람이 가득 찼다. 알라를 향한 무슬림의 지극정성을 엿볼 수 있는데 살을 에는 추위에도 이 예식은 이루어진다고 한다. 생전 처음으로 사원에 들어갔다. 미흐랍을 중심으로 신도들이 일렬로 앉아 몸을 엎드리고 코란을 외는 장면은 신성함 그 자체였다. 미흐랍은 아치형의 움푹 팬 벽감으로 사우디의 메카를 향하고 있다. 안타깝게도 여자들은 미흐랍 앞으로 갈 수 없고 뒤쪽 구석에 따로 예배를 드려야만 했다. 남녀불평등이라고 서운할지 모르지만 치마를 입은 여성들이 엎드려 기도하면 남녀 모두 불편한 것은 당연할 것이다. 천장을 보니 아랍어의 코란 장식과 아라베스크라고 불리는 기하학적인 꽃이 벽면을 가득 채우고 있어 그 화려함에 입이 다물어지지 않는다. 우리네 사찰의 당초문양과 넝쿨문양도 보이지만 인물이나 동물 그리고 조각상을 찾을 수 없다. 이는 우상숭배로 흐를 수 있기 때문에 이슬람교에서는 엄금하고 있다.

미너렛(첨탑)과 모스크

터키에서 늘 새벽잠을 설치게 하는 것이 바로 아잔소리다. 원래는 '미너렛'이라고 불리는 첨탑에 사람이 올라가 새벽 예배시간을 알려주는데 요즈음은 상단에 설치된 스피커에서 나오는 기도소리가 대신한다. 미너렛은 사원 입구에 연필처럼 우뚝 솟아 있는 구조물로 원래 이방인들에게 그 지방 모스크의 위치를 알려주기 위한 상징물인데 사찰의 당간지주와 같은 역할을 한다. 높이 올라갈수록 소리가 멀리 들린다고 해 모스크가 클수록 첨탑의 높이도 올라간다. 나중에는 첨탑의 수가 권위의 상징으로 바뀌게 되는데 둥근 돔과 더불어 이슬람의 아이콘으로 자리 잡았다.

이스탄불의 스카이라인을 장식한 슐레이마니예 사원

슐레이만 대제는 46년간 통치하면서 제국의 영토를 가장 크게 넓혔던 왕이다. 그 치적에 걸맞게 사원 역시 이스탄불에서 가장 규모가 크다. 중앙돔의 높이가 무려 55m. 4개의 거대한 기둥이 돔을 받치고 있다. 기둥 하나의 무게만 30톤인데 레바논 제우스 신전, 알렉산드리아, 토프카프 궁전에서 가져온 기둥이란다.

이 사원의 특징은 음향이 뛰어나다는 것이다. 목청 좋은 사람이 마이크 없이 코란을 낭송하면 맨 뒤까지 쩌렁쩌렁하게 들린다. 이스탄불 첫날 새벽에 그 장엄한 목소리에 흠뻑 빠져들었다. 신을 향한 인간의 내면의 울림이 얼마나 아름다운지 내 심장까지 뒤흔들었다. 그 소리를 못 잊어 이스탄불에 머물렀던 3일 내내 새벽이면 어김없이 슐레이마니예 사원을 찾았다. 슐레이마니예 사원에서 내려다본 일출 또한 기가 막히다. 아시아에서 뜬 태양이 유럽을 비추고 있다. 사원은 슐레이만 술탄이 헝가리를 정복하고 돌아와 시난에게 명하여 만든 대사원으로, 첨탑인 미너렛이 4개가 된 최초의 사원이다. 사원 주변에 의료원, 학교,

세계에서 가장 오래된 시장인 그랜드 바자르

급식소, 식당, 도서관 등 부속시설이 잘 배열되어 있다. 정원에는 슐레이만 술탄의 능묘가 있다.

그랜드 바자르

동로마 시대 콘스탄티노플은 중국의 장안과 이라크의 바그다드와 더불어 세계 3대 도시였다고 한다. 지정학적으로 동양과 서양의 한가운데 있어 두 문화가 교류되다보니 시장이 발달되었다. 동양의 비단은 이곳을 거쳐 프랑스 궁전에 전해졌다. 어쩌면 고려의 인삼이 이 시장에서 팔렸을지도 모른다. 60여 개의 골목에 상점 5,000여 개, 입구만 20곳, 매일 40만 명이 찾는 국제시장으로, 세계에서 가장 크고 오래된 시장이다. 아치형 지붕에 길은 미로처럼 연결되어 처음 간 사람은 같은 자리를 맴돌기 쉽다. 원래 노천시장이었다가 지붕을 가진 건물 안으로 들어와 날씨에 구애받지 않게 되었다. 19세기 중반까지 노예시장까지 있었다고 하는데 동양의 진귀한 향신료와 유럽의 레이스, 침대커버 등을 볼 수 있다. 특히 아몬드, 피스타치오, 말린 무화과 등 견과류를 저렴하게 구매할 수 있다. 피곤에 지친 상인은 터키 홍차인 짜이를 배달해 마신다. 커피가루, 설탕, 물을 넣고 한꺼번에 끓여낸 터키 커피도 별미다. 입안에 가루가 들어와 기분이 묘하지만 진하고 독특한 맛이 일품이다.

그랜드 바자르에서 터키 홍차인 짜이를 마시고 있는 시민

친절한 여행 팁 이스탄불은 따뜻하고 하늘이 쾌청한 봄과 가을에 여행하는 것을 권한다. 뮤지엄 패스를 구매하면 저렴하기도 하지만 표를 사는데 길게 줄을 설 필요가 없다. 선물은 악마의 눈이라 불리는 '나자르 본주' 액세서리를 구입하면 된다. 파란 눈은 액운을 막아주고 행운을 상징한다고 한다. 바자르에 가면 형형색색의 스카프를 만날 수 있다. 양가죽 제품을 국내보다 30~50% 저렴하게 구매할 수 있으며 행운을 상징하는 하늘색 보석인 터키석도 인기 있다.

Storytelling
내가 있는 곳에 포격을 가하라, 터키 고넨츠 중위

2014년 5월, 보훈처가 선정한 6·25전쟁 영웅은 유엔군 소속 터키 제1여단의 한 포병부대 관측 장교로 참전한 메흐멧 고넨츠(Mehmet Gönenç) 중위다. 1951년 4월 22일 경기도 연천군 대광리 인근 장승천 일대. 고넨츠 중위가 소속된 터키군은 중공군 사단과 치열한 전투를 벌이고 있었다. 중공군 최대 병력에다 한반도에서의 마지막 총공세였다. 이에 맞서 싸우던 9중대 전방 포병관측 장교였던 고넨츠 중위는 본부로 급히 무전을 보냈다.

"적군은 우리 중대가 주둔하고 있던 언덕을 점령했다. 많은 군인들이 교전 중에 사망했으니 포병부대가 발포해야 하는 좌표를 줄 테니 포격을 가하라."

하지만 고넨츠 중위가 연대본부에 넘긴 좌표는 그가 위치한 곳의 좌표였다. 연대 포병연락장교는 "그곳의 좌표는 당신 중대가 있는 곳입니다!"라며 무전에 답했고 다시 돌아온 고넨츠의 대답은 단호했다.

"그렇다. 우리는 적군의 포로가 되길 원하지 않는다. 우리가 적의 손에 넘어가도록 하지 말라. 아군의 총에 죽고 싶은 것이 우리의 마지막 유언이다. 정확한 좌표를 다시 주겠다. 모든 포병부대는 이곳에 발포해야 한다."

이 메시지 이후 메흐멧 고넨츠 중위와 연락이 되지 않았다. 중공군의 남하를 막기 위해선 다른 방도가 없었기 때문에 본부는 메흐멧 고넨츠 중위의 요청을 들어주기로 결정했고, 포병부대에 발포 명령을 내렸다.

모든 사단의 포병대대는 눈물을 흘리며 중위가 남긴 좌표 지점에 발포를 했다. 그날 울려 퍼졌던 화포의 굉음은 유난히 무겁고 슬프게 들렸다. 발포가 있은 이후 고넨츠 중위를 포함한 터키군은 장렬히 산화했고 중공군의 남하도 멈추었다. 아군에 대한 사격은 전쟁사에서도 매우 이례적이라 한다.

한국전에 참전한 터키

1. 터키의 별미인 케밥 2. 화려한 색상의 도자기

31
모차르트와
<사운드 오브 뮤직>의 감동,
오스트리아 잘츠부르크

중부 유럽 6박 7일

- **1일** 인천공항 → 프랑크푸르트
- **2일** 프랑크푸르트 → 프라하(카를교 - 틴교회 - 구시청사 - 프라하성)
- **3일** 프라하 → 비엔나(쉔부른궁전 - 슈테판성당 - 벨베데레성)
- **4일** 할슈타트 → 잘츠부르크(미라벨정원 - 호엔잘츠부르크성 - 모차르트생가 - 대성당)
- **5일** 잘츠부르크(게트라이데거리 외 자유시간) → 퓌센의 노이슈반슈테인성 → 뮌헨
- **6일** 뮌헨 → 로텐부르크 → 프랑크푸르트
- **7일** 인천공항

추천여행 패키지
여행성격 가족, 음악, 건축
여행경비 280만원(패키지 250만 원, 기타 30만 원)
추천계절 봄, 가을

1. 글을 모르는 서민을 위한 배려인 게트라이데 거리 철제 간판 2. 모차르트가 태어나 17세까지 살았던 생가

한국인이 가장 좋아하는 영화 〈사운드 오브 뮤직〉

모 방송국에서 한국인이 가장 좋아하는 영화 50편을 선정했는데 1위가 〈로마의 휴일〉, 2위가 〈바람과 함께 사라지다〉, 3위가 〈사운드 오브 뮤직〉이다. 특히 〈사운드 오브 뮤직〉은 명절 때면 성룡 영화와 더불어 TV에 단골로 등장해 한국인이라면 이 영화를 3~4번 보지 않은 사람이 없을 정도로 우리네 감성과 맞아 떨어진다. 실화를 바탕으로 1965년 처음 영화로 만들어졌으니 50년이 지난 오늘날, 당시 영화를 본 중학생들은 지금은 초로의 신사가 되었을 것이다. 여전히 줄리 앤드류스의 풋풋한 모습을 그리워하겠지만 그 청순한 여배우도 지금은 쭈글쭈글한 80대의 할머니가 되었을 것이다. 그렇게 오랜 세월이 흘렀어도 잘츠부르크는 그 흔적과 감동을 고스란히 지켜내고 있다.

거기다 잘츠부르크는 모차르트의 고향이기도 하다. 도시를 가로지르는 잘츠강은 가녀린 모차르트의 선율 같다. 유려한 물길은 클라리넷 협주곡을, 만년설 알프스의 산세는 웅장한 교향곡을, 포근한 호수는 잔잔한 소야곡의 모태가 되었을 것이다. 음악의 도시인 잘츠부르크는 최소한 이틀 이상 머물러야 한다. 모차르트를 위해 하루를 투자하고 또 하루는 〈사운드 오브 뮤직〉의 배경지를 둘러봐야 비로소 이 도시의 가치를 발견할 수 있다.

잘츠부르크 인구는 고작 15만 명에 불과하지만 한 해 이 도시를 찾는 관광객은 900만 명이나 된다. 이 중 600만 명은 모차르트가 유인했다면 300만 명은 아마 〈사운드 오브 뮤직〉의 감동에 끌려 온 영화팬이 아닐까 싶다.

중세의 게트라이데 거리

알프스 언저리에 자리한 도시답게 새벽 공기가 차갑다. 호텔에서 터널을 지나면 구시가지

1. 5천여 종의 모차르트 문화상품
2. 〈사운드 오브 뮤직〉에서 마리아가 수녀원을 빠져나오는 장면의 논베르크 수녀원
3. 잘츠부르크에서 바라본 알프스 산자락

유럽

오스트리아 잘츠부르크

구시가에서 바라본 호헨잘츠부르크성

인 게트라이데 거리와 연결된다. 소금무역으로 돈을 번 사람들이 모여들기 시작해 도시가 형성되고 이렇게 북적거리는 거리가 형성되었다. 잘츠부르크는 소금의 의미인 잘츠(Salz)와 성(Brug, 城)의 합성어다.

눈여겨봐야 할 것은 철제로 장식된 간판이다. 모양만 봐도 무엇을 파는 가게인지 알 수 있는데 문맹률이 높은 중세시대, 서민들을 위한 배려라고 보면 된다. 간판의 홍수로 몸살을 앓고 있는 우리가 벤치마킹할 필요가 있다. 바닥은 돌을 다듬어 깔았다. 새벽의 여명이 비치니 돌은 보석처럼 반짝인다. 이걸 만끽하기 위해서는 새벽에 움직여라.

모차르트 생가

게트라이데 거리 9번지는 전 세계인에게 음악의 기쁨을 선사한 모차르트의 생가가 자리하고 있다. 이 집 3층에서 1756년 1월 27일 볼프강 아마데우스 모차르트가 태어났고, 이곳에서 17세까지 돈 많은 상인의 집에 월세를 내며 힘겹게 살았다고 한다. 지금은 모차르테움 협회에서 인수한 후 박물관으로 이용되고 있다. 당시 모차르트가 사용했던 침대, 피아노, 바이올린, 악보, 서신 등이 전시되어 있다.

모차르트는 4살 때 건반 지도를 받고 5살 때 작곡을 했다. 6살 때 마리아 테레지아 앞에서 연주를 했다. 11세에 3곡의 교향곡을 작곡해 신동이라 불렸으며 13세에는 잘츠부르크 궁정악단에 들어갔다. 나중에 대주교와의 관계가 좋지 않아 잘츠부르크를 떠나 빈으로 가게 된다. 판에 박힌 음악이 아니라 대중을 사로잡는 음악을 추구했으며 미사곡, 교향곡, 협

유럽에서 가장 오래된 모차르트 동상

주곡, 가곡, 피아노곡 등 모든 장르에 능통했다. 그는 비록 잘츠부르크에서 비애를 느끼며 떠났지만 훗날 잘츠부르크 사람들은 모차르트 덕에 먹고 산다고 해도 과언이 아닐 정도로 문화산업이 번창하고 있다. 모차르트 관련 카페도 즐비하고 컵, 비누, 초, 인형 등 관련 상품만 무려 5천 가지가 넘는다. 그의 얼굴이 그려진 쿠겔 초콜릿은 100년의 역사를 지닌 지역 명물로 누구나 한 번쯤은 먹게 된다. 신이 선택한 모차르트의 여운이 오래 갈 것이다.

전통시장과 축제극장

모차르트 박물관 뒤편으로 매일 전통시장이 열린다. 영화 〈사운드 오브 뮤직〉에서 토마토를 받지 못한 막내가 울음보를 터뜨리려고 했던 장소로 나온다. 이곳에서는 신선한 야채와 과일, 소시지를 살 수 있다. 지금은 덩치가 큰 오스트리아 여인들이 과일을 팔고 있는데 과일마다 가격표가 붙어 있어 차라리 우리 시골의 5일장이 영화 속 분위기에 어울리는 것 같다. 따끈한 바게트 한 조각을 구입해 노상 카페에 들어가 에스프레소 커피와 곁들이면 좋을 것 같다. 축제극장은 잘츠부르크 음악제가 열리는 장소로 영화 속에서 대령 일가가 「에델바이스」를 애절하게 불렀던 장소다. 음악회 때 호명을 했음에도 나타나지 않고 수녀원을 거쳐 알프스 산맥을 넘었던 명장면이 떠오른다.

논베르크 수녀원

한때 대주교의 궁전이 있는 레지덴츠 광장이 나온다. 영화 속에서는 마리아가 논베르크 수녀원을 나와 대령집으로 가정교사가 되기 위해 광장을 가로지르며 「I Have Confidence」를 불렀던 장소로, 말이 뛰노는 분수는 여태 건재하다. 1661년에 완공된 분수로, 높이 15m에 달하며, 이탈리아를 제외하고는 세계에서 가장 큰 바로크 분수로 알려져 있다. 뒤편 바로크탑은 매일 오전 7시, 11시, 오후 6시에 35개의 종이 화음을 들려준다. 레지덴츠(대주교관)는 모차르트가 10살 때 작곡한 「오라토리오」가 공연된 곳으로, 2년 뒤에는 모차르트의 첫 오페라가 공연된 곳이다.

동쪽 주청사는 영화 속에서 나치의 사령부가 있던 곳으로 나온다. 알록달록한 유럽의 민가를 감상하며 골목을 누비는 재미가 쏠쏠하다. 호엔잘츠부르크 성채까지 오르려 했지만 도무지 성에 올라가는 길이 보이지 않는다. 성채를 바라보며 남쪽으로 휘감아 올라가니 저 멀리 만년설인 알프스 산자락이 눈에 들어온다. 돌담길을 따라 타박타박 거닐어보니 운 좋게도 논베르크 수녀원을 만나게 되었다. 714년에 처음 개원했다고 하니 독일어권에서는 가장 오래된 수녀원이다. 내부를 공개하지 않지만 묘지와 성당은 둘러볼 수 있다. 영화 속에서는 둥근 아치문을 통해 마리아가 기타를 들고 수녀원을 빠져나오는 장면이 나왔다.

호엔잘츠부르크성

호엔잘츠부르크성은 케이블카를 타고 오르면 된다. 1분 정도 소요가 되는데 너무 빨리 올라 풍경사진을 담을 틈이 없다. 마치 타임머신을 타고 중세로의 시간여행을 떠나는 듯하다. 해발고도 120m, 성이라기보다는 요새와 가깝다. 한 번도 함락된 적이 없는 성채로 천연암반을 기단 삼아 견고함을 높였다. 1077년 게브하르트 대주교가 창건한 중세 고성으로 이곳에 서면 사방 조망이 가능하다.

11세기 후반에는 로마교황과 제후들이 황제의 임명권을 두고 대립한 때였다. 교황 편에 선 게브하르트 대주교는 독일제후의 공격에 대비할 필요가 있어 성을 쌓게 된다. 중부 유럽에서 파손되지 않고 보존된 성채 중에 최대 규모를 자랑한다. 중세 모습 그대로 무기와 대포가 전시되어 있다. 이곳은 바이에른 뮌헨과 국경을 맞대고 있는 당시의 역사를 말해주고 있다. 성채에 오르면 잘츠부르크 시내를 한눈에 볼 수 있다. 멀리 알프스의 설경이 보이기도 하는데 전망 좋은 곳에는 카페가 자리 잡고 있다.

멀리 숲속에 레오폴츠크론성이 보인다. 1744년 레오폴트 대주교의 명령으로 세운 성으로 로코코풍 건물로 영화 〈사운드 오브 뮤직〉에서 대령의 집으로 나온다. 먼발치에서나마 가족들의 단란한 모습을 그려본다. 성안에는 3개의 콘서트홀이 있는데 하이든과 모차르트가 사용하였다는 수동식 파이프오르간을 볼 수 있다. 내부는 텅 비어 있는데 이곳을 함락한 나폴레옹이 성 안에 있는 보물을 프랑스로 가져갔기 때문이다. 성채 안에는 마리오네트 박물관이 있다.

1. 〈사운드 오브 뮤직〉에 등장한 대령의 집
2. 〈사운드 오브 뮤직〉의 주무대인 미라벨 정원

유럽 오스트리아 잘츠부르크

1. 〈사운드 오브 뮤직〉의 미라벨 정원
2. 「도레미송」에 마지막 장면에 나온 미라벨 정원 입구
3. 미라벨 정원 조각상

잘츠부르크 대성당

성 아래로 내려가면 잘츠부르크 대성당이 반긴다. 2개의 탑은 높이 80m, 외부와 내부 모두 잘츠부르크에서 생산된 대리석을 사용해 외관이 깔끔하다. 알프스 이북에서 이탈리아 바로크양식을 응용한 최초의 성당인데 이 바로크양식은 이곳을 거쳐 독일로 전파된다. 그래서 잘츠부르크를 '북방의 로마'라 칭한다. 길이 78m, 돔의 높이가 무려 71m로 돔 성당이라 부른다. 1만 명을 수용할 수 있는 규모로 매년 신년 음악회가 이곳에서 열린다. 모차르트가 세례를 받은 성당이며, 그 세례함이 여태 남아 있다. 돔을 얹은 대리석, 화려한 조각이 눈을 휘둥글게 한다. 내벽과 천장에 그려진 회화가 볼만한데 화가가 높은 천장까지 올라가 성서의 내용들을 일일이 손으로 그렸다고 한다. 6천 가닥에 달하는 파이프오르간이 뒤 벽면을 차지하고 있는데 유럽에서 가장 크다고 한다. 모차르트가 어린 시절 고사리 손으로 이 오르간을 연주했다고 한다.

미라벨 정원

구시가지를 벗어나 잘츠강 강변을 따라 걸었다. 언덕에 아스라이 자리한 호엔잘츠부르크성과 돔 교회가 한눈에 잡히니 가끔 걷다가 뒤를 돌아보는 것을 잊지 말아야 한다. 운치 있는 철교를 건너게 되는데 바로 대령의 아이들이 노래를 부르며 건넜던 다리다. 다리를 건너면 작은 공원이 나온다. 근사한 조각상도 있고 고목 아래 나무벤치가 놓여 있어 잠시 사색에 잠겨도 좋을 장소다. 신초목 산니밭을 지나면 미라벨 정원이 나온다. 영화 속에서 마리아와 트랩 대령이「도레미송」을 불러 익숙한 곳이다. 페가수스 기마상이 있는 분수, 그리스 신화에 나오는 조각, 튤립과 장미가 가득한 정원이 영화 속 추억에 빠질 수 있도록 도와준다. 잘 다듬은 정원수는 미로 같아서 그 속내를 산책하는 재미가 쏠쏠하다. 미라벨 궁전 안에 있는 대리석 홀에서는 모차르트가 대주교를 위해 공연한 장소로 지금도 실내악 연주가 열린다고 한다.

잘츠부르크 역사상 가장 강력한 권력을 가진 볼프디트리히 주교는 평민의 딸 살로메 알트를 사랑해 10명의 자식을 낳았다. 1606년 사랑하는 여인과 자식을 위해 강변에 지어준 궁전이 바로 미라벨 정원이다. 이후에 영주들과의 정치적 대립을 했고 결국 성채 꼭대기에 감금당해 쓸쓸히 생을 마감했다고 한다.

친절한 여행 팁

유럽 가는 비행기 안에서 영화〈사운드 오브 뮤직〉을 미리 보고 가면 영화 속 감동을 되새기기에 좋다. 미리 모차르트 음악을 다운 받아 스마트폰에 저장해 가는 것도 좋은 방법. 중세의 거리를 거닐 때 모차르트 음악을 듣는다면 감동 백배다. 되도록 호텔은 구시가지에서 가까운 곳을 구하도록 하자. 한국과 9시간 시차가 나기 때문에 대개 새벽 3~4시면 눈이 떠진다. 귀한 새벽 시간을 잘 활용하면 중세 유럽 도시의 빈 공간을 제대로 감상할 수 있다. 낮에는 인파로 북적거려 아무래도 감동을 더하기에는 무리다.

32

드라마 <프라하의 연인>의 현장, 체코 프라하에서 로맨스를 꿈꾸다

동부 유럽 6박 7일

1일	인천공항 → 프랑크푸르트
2일	프랑크푸르트 → 프라하(카를교 – 틴교회 – 구시청사 – 프라하성)
3일	프라하 → 비엔나(쇤부른궁전 – 슈테판성당 – 벨베데레성)
4일	할슈타트 → 잘츠부르크(미라벨정원 – 호엔잘츠부르크성 – 모차르트생가 – 대성당)
5일	잘츠부르크(게트라이데거리 외 자유시간) → 퓌센의 노이슈반슈타인성 → 뮌헨
6일	뮌헨 → 로텐부르크 → 프랑크푸르트
7일	인천공항

추천여행 패키지
여행성격 가족, 음악, 건축

여행경비 280만 원(패키지 250만 원, 기타 30만 원)
추천계절 봄, 가을

1. 프라하의 봄의 현장인 바츨라프 광장 2. 프라하 최고 번화가인 바츨라프 광장

〈프라하의 연인〉

도시 전체가 하나의 예술품이라 불리는 '프라하'는 어감이 상쾌하고, 가슴속에 연정을 품은 이상향의 도시 같다. 드라마 〈프라하의 연인〉에서 전도연과 김주혁의 상큼한 이야기가 아지랑이처럼 피어오른다. 프라하에 가면 왠지 백마 탄 남자가 나타날 것 같은 기대감 때문일까. 한국 여인들이 가장 좋아하는 도시 중에 하나로 손꼽힌다. 20년 전만 해도 프라하는 배낭여행객의 천국이었다. 파리, 로마는 물가가 비싸 햄버거로 끼니를 때웠던 대학생들이 프라하와 부다페스트에서는 모처럼 정찬을 즐겼다고 할 정도로 물가가 저렴했고 먹을 것이 많았다. 그러나 지금은 웬만한 서유럽 뺨칠 정도로 물가가 치솟았다. 프라하의 여행지는 도시에 집중되어 있어 도보로 전부 둘러볼 수 있다.

체코 역사의 현장, 바츨라프 광장

체코 최고의 번화가는 바츨라프 광장이다. 지하철 무스테크역에서 국립자연사박물관까지 길이 750m, 폭 60m 거리로 프라하 최대의 번화가다. 20세기 초까지는 시장이었다가 제1차 세계대전 후 오스트리아-헝가리 제국이 몰락하면서 체코가 독립을 얻게 되었는데 바로 이곳 바츨라프 광장에서 공화국이 선포되었다. 1948년에는 공산당이 장악해 사회주의공화국이 되었고 1968년 봄, 자유를 갈망하는 프라하 시민들은 이곳 광장에 집결해 소련군의 탱크부대에 맨몸으로 맞서 싸웠지만 100여 명이 희생되면서 '프라하의 봄'은 실패로 끝나고 만다. 밀란 쿤데라 소설『참을 수 없는 존재의 가벼움』에서 등장한 프라하의 봄은 바로 바츨라프 광장부터 시작된다.

1989년 공산정권에 항의하는 시위를 벌였던 벨벳혁명의 중심지로, 결국 공산주의 정권의 종말을 고한 현장이기도 하다. '벨벳'이란 조용한, 평화적인 의미의 형용사로 무혈혁명의 동의어다. 당시 시민들은 열쇠와 꽃을 경찰에 꽂아줌으로써 피 한 방울 흘리지 않고 체코의 민주화를 이뤄냈다. 동상 앞에는 프라하의 봄이 왔을 때 소련군에 저항하다 희생된 사람들을 추모하는 동판이 놓여 있다. 이곳에는 항상 꽃을 볼 수 있는데 6·25전쟁, 4·19혁명, 5·18민주항쟁을 겪었기에 동병상련을 느껴본다.

틴 성모 성당

프라하의 심장이라고 할 수 있는 구시가 광장. 이곳에 첨탑 2기를 가지고 있는 틴 성모 성당이 있다. 새벽에 이곳을 거닐었는데 때마침 틴 성

참 종교와 자유를 꿈꾸었던 얀 후스 동상

모 성당 첨탑 사이로 해가 떠올랐다. 가히 북쪽의 로마라는 말을 실감케 해주는 장면이었다. 프라하에서 성 비투스 성당 다음으로 크고 화려한 성당으로 높이는 80m, 성 비투스 대성당과 더불어 프라하를 대표하는 건축물이다. 틴 성당은 기도할 때 두 손을 모은 모양으로, 일명 쌍둥이 탑으로 통한다. 아담과 이브를 상징한다고 한다. 첨탑 사이의 성모상은 황금 성배를 녹여 만들었다고 하는데 해가 비치면 빛이 난다.

디즈니랜드의 동화 속 분위기와 달리 성당은 슬픈 전설을 간직하고 있다. 성당에 잘생긴 신부가 있었는데 첼레트나 거리(틴 성당에서 화약탑 가는 거리)의 여인이 이 신부에게 흠뻑 반한 모양이다. 스토커처럼 사랑이 지나쳐 신부는 혼자서 성당 밖을 나가기가 부담스러울 정도였다. 어느 비오는 날 교회의 십자가를 밖으로 옮기려고 하는 순간 그 여인이 신부에게 달려들었다. 이에 놀란 신부는 무거운 십자가를 놓쳤고 그 여인은 그만 십자가에 깔려 죽고 만다. 그래서 지금도 비오는 날이면 첼레트나 거리를 배회하면서 남자들의 영혼을 빼앗는 귀신이 있다고 한다.

드라마 〈프라하의 연인〉에 등장했던 얀 후스 동상

광장에는 드라마 〈프라하의 연인〉에서 소원의 벽으로 등장했던 얀 후스 동상이 서 있다. 1915년 그의 서거 500주년을 기념해 광장 한가운데 동상을 세웠다. 〈프라하의 연인〉에서 전도연이 이 벽면에 김주혁과 사랑의 결실이 맺어지길 바라는 소원지를 붙여 놓는 곳으로 유명세를 탔다. 이곳은 프라하의 만남의 장소로 인파가 몰리는 곳 중에 하나다. 주인공이 타고 다녔던 마차는 변함없이 광장을 가로지른다.

1. 두 손을 모은 모양의 틴 성모 성당
2. 시계탑 전망대
3. 시계탑에서 바라본 체코 시내

유럽

1. 프라하 시민의 자부심인 오를로이 천문시계
2. 부조를 만들면 소원이 이루어진다는 네포무츠키 조각상
3. 체코 음악의 아버지 스메타나 박물관

얀 후스가 살던 중세 시대에는 가톨릭의 폐해가 심각했다. 흑사병이 돌아 인구가 반으로 줄었고 물가는 하늘 높은 줄 모르고 치솟았다. 모리비아 지역의 토지 80%가 성직자의 손아귀에 있었건만 그것도 모자라 면죄부까지 발행하는 등 부정부패가 만연했다. 심지어 미사 때는 귀족과 성직자에게만 빵과 와인을 줬고 서민에게는 빵만 제공해 공분을 샀다.

불의를 보고 참지 못한 성직자 얀 후스는 대학에서 "하느님의 말씀은 성경에 있지 교회나 교황의 입 속에 있는 것이 아니다."라고 설파했으며 체코어로 된 성경을 출간하고 체코어로 미사를 바쳐 대중의 열렬한 환호를 받았다. 그러나 1415년 7월 6일 독일의 콘스탄츠에서 열린 종교회의에 불려나가 재판을 받게 된다.

"만약 잘못을 인정하면 풀어주겠다."

그는 일언지하에 거절했고 기꺼이 화형대에 올라 죽음을 받아들였다. 그러나 그는 죽은 것이 아니었다. 예수님처럼 다시 부활해 체코인의 가슴에 정의의 불꽃을 심어주었다. 후스가 화형에 처하자 분개한 보헤미안 영주들과 농민들은 후스파를 조직해 종교의 자유를 요구하며 시청으로 몰려가 13명의 시의원을 창으로 찌르고 창밖으로 내던졌다. 이것이 그 유명한 제1차 프라하 투척사건이다. 이 사건으로 인해 15년간 신구교도간 후스 전쟁이 일어났는데 결국 정의로운 후스파가 승리해 체코는 200년 동안 종교의 자유를 만끽하게 되었다. 그가 순교한 7월 6일은 국가 공휴일로 지정되어 있다. 동상 아래에는 다음과 같은 문구가 새겨져 있다.

'서로 사랑하라. 모두에게 진리를 베풀라.'

구시청사 시계탑 전망대

구시청사 꼭대기 시계탑에는 전망대가 놓여 있다. 입구에서 표를 사면 매표소 직원이 어디서 왔냐고 묻는다. 한국에서 왔다고 하면 어떻게 올라가는지 설명이 적힌 한국어 쪽지를 건네 주는데 꼭 난수표를 닮았다. 사방 풍경이 거침없다. 가까이는 성 니콜라스 교회, 멀리는 프라하 성과 성 비투스 교회가 보인다. 붉은 지붕을 하고 있어 프라하는 도심 자체가 건축박물관이라 불러도 손색이 없다. 2차 세계대전 때는 지붕에 '이 집은 민가입니다.'라는 표시를 걸어두면 폭격을 면했다고 한다. 매시 정각에는 나팔수가 나팔을 불게 되는데 이때 광장은 개미처럼 사람들이 몰려든다.

한국 연계관광지

부안 줄포자연생태공원

줄포자연생태공원은 체코 프라하 구시가지 중앙광장에 있는 얀 후스의 동상을 재현해냈다. 2005년 방영됐던 드라마 《프라하의 연인》이 촬영됐던 곳이다. 김주혁, 전도연이 주연으로 출연했던 드라마로, 당시 주인공 검사의 별장으로 이용됐던 건물이 있다. 지금은 생태공원으로 갈대와 띠풀 등이 무성해 산책코스로 좋다. 갈대숲 10리길, 야생화단지, 은행나무숲길 등을 조성해 아기자기한 멋을 가미했다.

구시청사에 인파가 몰리는 이유는 바로 오를로이 천문시계 때문이다. 700년 전 당시 프라하 대학 수학교수인 하누쉬와 조수 미쿨라세가 함께 만들어 시청사에 걸었는데 이 시계에 대한 프라하 시민들의 자부심은 대단했다. 위쪽 시계는 칼렌다륨으로 천동설의 원리에 따라 해와 달과 천체의 움직임을 묘사했고, 아래 플라네타륨은 12개의 계절별 장면을 묘사했다. 그러니까 위쪽은 시계, 아래쪽은 달력으로 보면 된다. 정시가 되면 칼렌다륨 위쪽 창문으로 해골이 나타나고 그 뒤로 12명의 사도들이 창문을 통해 지나간다. 시계 위쪽에 황금색 닭이 튀어 나와 울면 시간을 나타내는 벨이 울린다.

사랑이 이루어지는 다리, 카를교

프라하의 아이콘인 카를교는 카를 4세 때 점성술사와 천문학자를 동원해 1357년 9일 7월 5시 31분에 공사를 시작했는데 '135797531' 홀수를 나열해 다리가 영원히 튼튼해지길 기원했다고 한다. 다리를 건설할 때 우유와 날계란을 풀어 돌의 접착력을 높였다고 하며 와인으로 회반죽을 했다고 하니 괜히 다리를 어루만지고 싶은 충동이 인다.

유럽 최고의 다리로, 길이 520m, 폭 10m로 넓어 예전에는 차량도 다녔다고 하는데 지금은 보행자만 허용하고 있다. 다리 입구에는 다리를 만든 카를 4세 동상이 서 있다. 카를대학 설립 500주년을 기념해 만든 동상답게 오른손에는 대학설립 인가증을 들고 서 있으며 그 아래에도 4명의 여인들이 서 있다. 설립 당시 4개의 학부인 신학, 의학, 철학, 법학을 상징한다고 한다.

다리에는 30여 기 성인상이 도열해 있어 마치 야외조각전시장을 연상케 하는데 재질이 사암이어서 시커멓게 변한 것이 못내 아쉬웠다. 유심히 보면 대리석 조각도 볼 수 있는데 네포무츠키상만 유일하게 청동으로 제작되었다.

가장 오래되었고 가장 인기 있는 성인상은 1683년에 제작된 성 네포무츠키상이다. 머리에는 5개의 별이 빛나고 있다. 카를 4세의 아들 바츨라프 4세는 포악한 왕으로 소문이 났는데 하루는 왕비 소피아가 네포무츠키 신부를 찾아가 자신이 외도했다는 사실을 털어놓았다. 이때 고해소 뒤에서 신하가 몰래 엿듣고 이를 왕에게 고자질한다. 포악한 왕은 즉시 신부를 불러 고해성사 내용을 털어놓으라고 다그쳤지만 고해성사 내용은 절대 밝힐 수 없다는 신념 때문에 입을 닫고 만다. 화가 난 왕은 그의 혀를 뽑고 다리 아래로 던져 죽였다. 얼마 후 그의 시신이 물위에 떠올랐는데 5개의 별이 빛나는 것이었다. 그 후 네포무츠키는 다리의 수호성인이자, 프라하에서 가장 존경 받는 성인으로 추앙받게 되었다. 성인상 아래 받침대에는 성인이 다리 아래로 던져지는 장면과 충직한 강아지의 부조가 있는데 이를 만지면 소원이 이루어진다 해서 전 세계 관광객이 줄을 서고 있다. 성 루이트가르트상은 카를교의 30개 조각상 중에서 가장 아름답다는 평을 받는다. 십자가 위에 못 박힌 예수님을 성녀가 입을 맞추려고 하고 있으며 그 뒤로 천사가 날고 있다.

카를교를 제대로 감상하려면 동틀 무렵에 찾아야 한다. 우선 조용해 카를교 본연의 스산

1. 유럽 최고의 다리인 카를교
2. 마리오네트 공연
3. 프라하 전차

한 분위기를 만끽할 수 있다. 도시를 S자로 휘감아 도는 블타바강에서 피어오르는 물안개가 깔린다면 더욱 운치 있겠다. 운 좋으면 새벽에 웨딩 촬영하는 연인도 만나게 된다.

체코 음악의 아버지 스메타나와 드보르작

카를교 왼쪽에는 '체코 음악의 아버지'인 스메타나 박물관이 서 있다. 이곳은 카를교와 프라하성을 볼 수 있는 전망포인트다. 1863년부터 1869년까지 스메타나가 이곳에서 살았으며 그의 명곡 「팔려간 신부」를 작곡했다고 한다. 오스트리아로부터 자유를 얻고자 그는 주로 민족적인 곡을 주로 썼다. 「팔려간 신부」, 「블타바」 등 명곡을 남겼다. 이 밖에 체코는 드보르작이라는 걸출한 작곡가를 배출했는데 그는 「슬라브 무곡」 등 민족적인 춤곡 등을 작곡했다.

프라하는 새벽 시간과 밤 시간을 활용하면 좋다. 특히 새벽에는 중세의 거리풍경을 만날 수 있어 아침 일찍 호텔을 나서는 것이 좋다. 새벽 시간을 활용하기 위해서는 숙소를 시내 한복판에 잡는 것이 중요하다. 역시 관광지답게 새벽에는 술 취해 배회하는 취객과 마약에 취한 사람이 많으니 혼자 다니면 위험하다. 반드시 3~4명이 함께 움직이는 것이 좋다.

33
유럽 속 아시아 섬마을, 헝가리 부다페스트를 누비다

중부 유럽 6박 7일

1일	인천공항 → 뮌헨공항 → 프라하공항
2일	프라하(카를교 – 틴교회 – 구시청사 – 프라하성)
3일	프라하 → 카를슈테인성 → 카를로비바리
4일	프라하 → 유레일패스 → 부다페스트
5일	부다페스트(어부의요새 – 마차시사원 – 부다왕궁 – 국회의사당 – 성이스타반 – 영웅광장)
6일	부다페스트 → 프랑크푸르트공항
7일	인천공항

추천여행 지역
여행경비 230만 원(호텔팩 140만 원, 식사 30만 원, 교통비 30만 원, 기타 30만 원)
여행성격 음악, 건축 추천계절 봄, 가을

우랄산맥을 넘어서

헝가리인들은 우랄산맥 동쪽에서 넘어왔다. 오늘날 카자흐스탄, 우즈베키스탄, 몽고와 우리나라까지도 선조일 가능성도 있다. 어쩌면 헝가리의 조상들이 경주에 드나들었거나 고려 때 개경의 벽란도에 들어와 비단과 인삼을 샀는지도 모를 일이다.

외모는 서양인이지만 정신적인 부분에서 동질감을 느끼게 하는 것들이 많다. 헝가리를 세운 시조가 주몽처럼 알에서 태어났고, 아이들 엉덩이에 몽고반점이 있으며, 이름 앞에 성을 쓰고 존댓말까지 구사한다. '빨리 빨리'라는 문화가 있으며 매운 음식인 고추를 즐겨 먹으며 '궁상각치우' 음계까지 있으니 우리와 묘하게도 닮았다. 블라디보스토크에서 모스크바까지 말 타고 가는데 2년이 걸린다고 하는데 그보다 더 먼 헝가리에서 우리와 같은 삶의 방식을 만나니 마냥 신기할 따름이다.

'Hungary'의 이름에서 보듯 헝가리인의 뿌리가 한때 유럽을 공포로 몰아넣은 훈(Hun)족으로 추측이 된다. 헝가리인들은 조상을 마자르족이라고 부르지만 10세기 이전의 기록들이 모두 사라져 그 뿌리야말로 수수께끼라 할 수 있다. 훈족은 우리 역사책에도 등장하는 흉노족을 말한다. 한 무제 때 쫓겨 서쪽으로 이동했고 로마의 멸망을 재촉한 장본인이기도 하다. 하긴 영웅광장에 서 있는 마자르 조상의 청동상들이 거의 말 타고 있는 것을 보면 그들은 초원을 누비며 세상을 호령했던 북방 유목민임이 틀림없다. 천년 동안 외침에 시달렸던 역사도 우리와 빼닮아 괜히 동질감이 든다.

밀레니엄 기념탑이 있는 영웅광장

헝가리의 시작은 영웅광장이다. 마자르 정신이 사라지지 않고 열강 틈 속에서 오늘날까지 버틴 것은 이들 영웅들의 힘이 컸다. 너른 광장에는 헝가리 건국 천년을 기념해 만든 밀

1. 영웅광장의 가브리엘 대천사
2. 영웅광장의 마자르 7족장
3. 평양 것과 비슷한 부다페스트 전차

레니엄 기념탑이 서 있다. 35m 높이의 탑 위에는 대천사 가브리엘이 서 있으며 오른손에는 헝가리 왕관을, 왼손에는 로마교황의 십자가를 들고 있다. 가브리엘 대천사가 로마 왕의 꿈에 나타나 이슈트반 1세에게 왕위를 내리도록 했다는 전설을 담고 있다. 기둥 아래는 마자르 7족장의 기마상이 탑을 수호하고 있는데 가운데 족장이 바로 수장인 아르파트다. 그 아래 무명용사 기념비가 자리하고 있는데 기념비를 중심으로 역대 국왕은 물론 독립에 기여한 장군 등 헝가리를 빛낸 인물 14명을 모시고 있다. 연대순으로 인물이 놓여 있어 가장 왼쪽은 건국의 아버지 이슈트반 왕이 차지한다. 부조에는 왕관을 받는 모습이 그려져 있다. 세계 각국의 정상들이 헝가리를 방문하면 이들에게 헌화하게 되는데 김영삼, 김대중 대통령도 영웅광장에서 참배를 했다고 한다.

북한의 우방이었던 헝가리

파리에 샹젤리제 거리가 있다면 부다페스트에는 안드라시 거리가 있다. 영웅광장에서 엘리자베스 다리까지 2.3km, 1872년 당시 외무장관이었던 안드라시 백작은 파리를 다녀와서 영감을 얻어 길가의 작은 집을 헐어내고 5층짜리 저택을 지은 것이 이 거리의 시작이었다. 극장과 찻집, 펍 등이 도열하고 있으며 세계적인 작곡가 리스트와 코다이의 기념관도 이 거리에서 만날 수 있다. 1896년 헝가리 건국 천년을 기념해 유럽 대륙 최초의 지하철 1호선이 바로 발밑을 관통하고 있다.

부다페스트의 전기버스는 평양의 전차를 빼닮았다. 김정일의 이복형제인 김평일이 헝가리 대사를 지냈을 정도로 북한과 가까웠다. 전 세계를 놀라게 한 KAL기 폭파범 김현희도 북한 여권을 가지고 김승일과 함께 헝가리 부다페스트까지 와서 오스트리아 빈으로 가는 도중 북한 여권을 반납하고 마유미 명의로 위조된 일본 여권을 받았다고 한다.

유네스코가 지정한 문화유산, 겔레르트 언덕

안드라시 대로를 지나 엘리자베스 다리를 건너면 높이 235m의 겔레르트 언덕이 나온다. 부다페스트 관광 1번지로 유럽에서 두 번째로 길다는 도나우강을 편안하게 내려다볼 수 있는 전망포인트다. 부다페스트가 '도나우의 진주'라고 불리는 이유는 도나우강이 지나는 8개 국가 중에서 가장 빼어난 모습을 지녔기 때문인데 그중의 백미는 바로 겔레르트 언덕에서 내려다본 강과 도시 풍경이다. 강을 중심으로 좌측 언덕이 있는 곳이 부다 지역이고, 오른쪽 평지가 페스트 지역이다. 부다는 고대 로마의 군사기지였고 훗날 왕궁이 들어섰으며 페스트는 13세기 이후에 도시를 이루기 시작해서 중세 이후 상업과 예술의 중심지로 성장했다.

1849년 세체니 다리가 연결되면서 두 도시는 하나가 되었다. 영화 〈글루미 선데이〉에서 독일 사업가 한스가 일로나에게 청혼을 거절당한 뒤 「글루미 선데이」라는 곡을 듣고 다리에서 자살을 시도한다. 그때 식당 주인 자보가 그를 구해내는데 이것이 비극의 씨앗이 된다. 마약처럼 사람을 중독시키는 죽음의 성가인 「글루미 선데이」를 들으며 다리를 건너보면 영화 속 장면이 떠오를 것이다. 오늘날에도 이 다리에서 뛰어내리는 헝가리인이 많아 다리 옆에는 늘 보트가 대기하고 있다. 헝가리와 한국이 자살률 1, 2위를 다툰다고 하는데 이런 것까지 닮으니 안타깝기만 하다.

겔레르트 언덕 정상에는 치터델러 요새가 있다. 합스부르크 왕가가 헝가리를 감시하기 위해 세웠다고 한다. 제2차 세계대전 때는 독일이 주둔해 부다페스트 시내를 향해 포를 쐈던 장소이기도 하다. 그때 왕궁과 세체니 다리 등 구시가지 대부분이 폐허가 되고 만다. 전쟁 당시의 사진과 시내에 포격을 가했던 대포를 전시해놓아 역사의 교훈으로 삼고 있다. 독일과 소련의 전쟁터였던 부다페스트, 성벽의 총알구멍은 당시 격전의 흔적이다. 뒤편에는 종려나무를 들고 있는 여신상 탑이 서 있는데 모스크바 하늘을 바라보고 있다. 독일로부터 도시를 해방시킨 소련군을 추모하기 위해 세운 조형물이다.

부다왕궁과 어부의 요새

하얀 대리석 건물이 하늘을 향하고 있다. 폭이 넓은 계단을 오르는 재미가 그만이다. 부다왕궁은 14세기에 만들어졌으며 중부유럽 르네상스의 중심이었다. 그러나 오스만 투르크와의 전쟁으로 피해를 당했고, 다시 합스부르크 가문의 지배하에 재건되었으나 19세기 대화재로 소실되고 개축을 거듭하다가 두 번의 세계대전으로 거의 폐허가 되어버린다. 부다왕궁에서 바라본 낭만적인 야경이 볼만한데 국회의사당과 도나우강에 비친 불빛이 반짝인다.

어부의 요새 광장에는 헝가리 건국의 아버지 이슈트반의 기마상이 서 있고 모서리에는 사자상이 왕을 수호하고 있다. 네오로마네스크 양식의 요새로 고깔모양의 뾰족한 탑 7개가 도나우강을 바라보고 있다. 이는 헝가리 7개 부족을 상징한다고 한다. 외적의 침입을 받

1. 겔레르트 언덕에서 바라본 다뉴브강
2. 2차 세계대전 전적지
3. 어부의 요새
4. 헝가리 건국의 아버지 이슈트반

유럽

헝가리 부다페스트

1. 가톨릭과 이슬람의 분위기가 혼재한 마차시 성당 2. 마차시 성당 내부에서 이슬람 문양을 볼 수 있다

을 때 시민군은 왕궁을 지켰고 도나우강가에 살던 어부들은 강 건너 기습하는 적들과 싸웠다고 한다. 어부들이 축조했다고 해서 어부의 요새라는 이름을 얻게 되었다. 이곳에서 페스트 지역과 국회의사당 건물을 멋지게 볼 수 있다.

가톨릭과 이슬람의 분위기가 혼재한 마차시 성당

헝가리 건물의 특징이 바로 주황, 파랑색 등 형형색색의 지붕인데 도자기를 구워 일일이 붙였다고 한다. 색깔이 화려하고 독특한데 낡은 지붕을 통째로 교체할 때 내려진 지붕은 일반인에게 판매한다고 한다. 황금색 지붕과 하얀 대리석 건물이 잘 어우러진다.
마차시 성당은 왕의 명으로 지은 성당으로 왕의 대관식과 두 번의 결혼식을 거행한 장소로 내부는 마치 왕궁을 연상케 한다. 특히 제단은 온통 황금색이며 배경이 되는 스테인드글라스도 화려하다.
1541년 터키에 점령당하고 교회는 회교사원으로 바뀌어 150년 동안 사용되었는데 이때 중앙제단이 모두 파괴되었으며 기둥도 이슬람 고유의 아라베스크 무늬로 바뀌게 되었다. 투르크가 물러나자 다시 성당으로 바뀌었고 바로크 스타일로 개축되었다. 엄숙한 분위기에다 전쟁의 상흔까지 품고 있다. 거기다 제2차 세계대전 때 심각한 피해를 입었으며 다시 복구하는 데 무려 20년의 세월이 필요했다고 한다. 이슬람과 가톨릭의 분위기가 혼재된 특이한 성당이다. 프란츠 오제프와 그의 황후 엘리자베스의 대관식이 거행되었는데 당시 작곡가 리스트가 대관미사곡을 지휘했다고 한다. 바닥은 화려한 꽃무늬이며 기둥은 여전히 이슬람 아라베스크 무늬를 가지고 있고 스테인드글라스가 화려하다.
성당 바깥은 대통령집무실과 왕궁으로 이어진다. 왕궁은 국립갤러리, 역사박물관, 도서관으로 이뤄져 있다. 초입의 왕궁극장은 폭격으로 인해 사라졌고 지금도 총탄자국을 간직

1. 영화 〈글루미 선데이〉에 등장했던 세체니 다리
2. 베토벤이 머물렀던 왕궁극장
3. 부다페스트 민주화 운동의 현장
4. 세체니 다리

유럽

헝가리 부다페스트

헝가리 국회의사당

하고 있다. 왕궁극장은 베토벤이 머물면서 그의 명곡「월광소나타」와「엘리제를 위하여」를 작곡한 곳이기도 하다.

헝가리 국회의사당

세계에서 두 번째로 큰 헝가리 국회의사당은 헝가리 건국 천년을 기념해 세웠다고 한다. 외벽엔 헝가리 역대 통치자 88명의 동상이 서 있으며 1년을 상징하는 365개의 첨탑을 가지고 있다. 유럽에서 가장 화려하다는 평을 듣고 있는데 총 691개의 집무실이 있으며 카펫의 길이를 모두 합치면 무려 3,456m나 된다고 한다.

의사당 옆 코슈트 광장은 김춘수 시인의「부다페스트에서의 소녀의 죽음」의 배경이 되었던 곳으로 1956년 소련군의 철수와 민주화를 요구하며 연좌데모를 벌이다가 헝가리인이 총탄에 쓰러져간 곳으로 꺼지지 않는 불꽃이 타오르고 한쪽에 기념비가 서 있다. 1989년 헝가리가 사회주의를 버리고 자유국가로 태어난 역사의 현장도 바로 이곳이다.

도나우강(다뉴브강) 유람선에서 바라본 야경이 그만이다. 고딕양식의 국회의사당, 다양한 건축기법을 사용한 세체니 다리, 겔레르트 언덕, 부다왕궁 등은 밤에 감상하면 더욱 황홀하다. 온천수가 쏟아져 나오는 마르기트섬 안에는 호텔이 자리하고 있어 이곳에 묵으면 온천욕과 삼림욕을 동시에 즐길 수 있다. 이병헌, 김태희 주연의 첩보 드라마〈아이리스〉에는 영웅광장, 어부의 요새, 겔레르트 언덕, 세체니 다리 등이 등장하니 드라마 속 감동을 되새겨보는 것도 괜찮다. 시내에서의 이동은 노란색, 적색, 청색 등 3개 노선의 메트로를 이용하면 대부분 관광명소를 다닐 수 있다.

> **Storytelling**
>
> **성 이슈트반 왕관**
>
> 성 이슈트반 왕관은 십자가가 비뚤어진 것이 특징. 십자가를 매달고 있는 나사 구멍이 비스듬히 뚫려 있기 때문이라는데 원본은 국회의사당에 전시되어 있다. 2차 세계대전 후 헝가리 의장병이 이 왕관을 소련에 빼앗기지 않기 위해 미군에게 맡겼고 미국 포트녹스에 보관했다가 1978년 헝가리에 돌려주었다고 한다.

천장 돔이 화려한 성 이슈트반 대성당

기독교를 헝가리에 전파한 초대 왕 이슈트반을 기리기 위한 성당으로 부다페스트에서 가장 큰 성당으로 50년에 걸쳐 완공되었다. 탑의 높이는 96m로, 건국의 해인 896년을 의미한다고 한다. 도나우강변의 모든 건물은 시야확보를 위해 이 성당보다 더 높게 지을 수 없도록 규제하고 있다. 8천 명을 수용하는 거대한 성당으로 기둥은 비대칭인 데다 육중한데 이는 기둥이 지탱하는 아치가 너무 많기 때문이란다. 천장에는 예수의 모습이 그려져 있다. 특이하게도 주 제단 가운데 모신 분은 예수가 아니라 이슈트반 왕이다. 유럽의 큰 성당에는 성인들의 유체를 보존하는 경우가 많은데 이곳 역시 이슈트반 왕의 오른손 미라를 보존하고 있다. 돋보기까지 있어 크고 자세하게 '거룩한 손'을 볼 수 있도록 해주었다. 헝가리에서 세례를 받은 최초의 왕으로 가톨릭을 공인하며 나라의 기틀을 세웠다.

1. 성 이슈트반 대성당의 천장
2. 밤에 다뉴브강에서 바라본 마차시 성당
3. 천장 돔이 화려한 성 이슈트반 대성당

바이칼 호수와 알혼섬 평원

한국인에게
더 특별한
세계여행지

초판 1쇄 | 2014년 8월 11일

지은이 | 이종원

발행인 겸 편집인 | 유철상
책임편집 | 이유나
교정·교열 | 이유나, 홍은선
디자인 | Luna Design
마케팅 | 조종삼, 남유니

펴낸 곳 | 상상출판
주소 | 서울시 동대문구 정릉천동로 58, 306호(용두동, 롯데캐슬피렌체)
구입·내용 문의 | 전화 070-8886-9892~3 팩스 02-963-9892
이메일 | cs@esangsang.co.kr
등록 | 2009년 9월 22일(제305-2010-02호)
찍은 곳 | 다나니

※ 가격은 뒤표지에 있습니다.

ISBN 978-89-94799-84-1(13980)

© 2014 이종원

※ 이 책은 상상출판이 저작권자와의 계약에 따라 발행한 것이므로
본사의 서면 허락 없이는 어떠한 형태나 수단으로도 이용하지 못합니다.
※ 잘못된 책은 구입한 곳에서 바꿔 드립니다.

www.esangsang.co.kr